公司治理与国企改革研究丛书

—— 主编 高明华 ——

政府规制与国有垄断企业公司治理

Government Regulation and Corporate Governance
of China's State-Owned Monopoly Enterprises

高明华 王延明 著

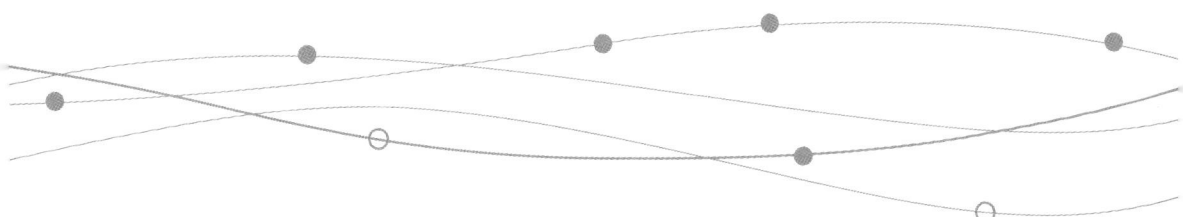

中国出版集团 东方出版中心

国家社科基金重大项目(批准号 14ZDA025)阶段性成果

国家社科基金重点项目(批准号 12AZD059)阶段性成果

作者简介

高明华,经济学博士、博士后,北京师范大学公司治理与企业发展研究中心主任,经济与工商管理学院教授,博士生导师,国家社科基金重大项目首席专家。兼任教育部工商管理类专业教学指导委员会委员,新华社特约经济分析师,上海证券交易所第一届信息披露咨询委员会委员,中国出版集团顾问委员会委员,中国社会科学院、清华大学、南开大学、中央财经大学、首都经济贸易大学等单位学术机构的学术委员或研究员。先后就职于南开大学、北京大学和中国银行总行。

2001年初,高明华创立北师大公司治理与企业发展研究中心,这是最早的公司治理专门研究机构之一。早在20世纪90年代初期,作为最早研究中国公司治理问题的学者之一,高明华就提出了国有资产三级运营体系的设想,对国企公司治理做了较深入的探索。其关于国有资产三级运营体系、国企分类改革和分类治理、国企负责人分类和分层等观点均为国家及有关政府机构所采纳。25年来,作为中国公司治理理论的探索者和先行者,高明华及其研究团队取得了丰硕的成果,奠定了其在学术界的领先地位。2008年,在国内外率先提出"中国公司治理分类指数"概念,并创立"中国公司治理分类指数数据库",推出"中国公司治理分类指数系列报告",目前已出版6类14部指数报告,出版指数报告居国内首位,并建成了国内最大规模的公司治理分类指数专业性数据库。中国公司治理分类指数系列被国内外专家认为是"可以列入公司治理评级史册的重要研究成果"。2014年10月,发起成立"中国公司治理论坛"。

高明华主持及参与的国内外课题有40余项,独立、合作出版著译作49部,发表论文和研究报告200余篇。相关成果(包括合作)曾获第十届和第十一届孙冶方经济科学奖等各种奖励,其代表性著述主要有:《关于建立国有资产运营体系的构想》(1994)、《权利配置与企业效率》(1999)、《公司治理:理论演进与实证分析》(2001)、《公司治理学》(2009)、《中国国有企业公司治理分类指引》(2016)、"中国公司治理分类指数报告系列"(2009~2015,包括高管薪酬、信息披露、财务治理、企业家能力、董事会治理和中小投资者权益保护6类14部),主编《治理译丛》(4部)和《公司治理与国企改革研究丛书》(8部)。

研究方向:公司治理、企业理论、国资监管与国企改革、民营企业发展等。

总　序

　　两年多前，我在自己的办公室接待了中国出版集团东方出版中心副总编辑祝新刚先生以及财经编辑部主任鲁培康先生。他们从上海赶来北京向我约稿，并向我介绍了中国出版集团努力发挥国家队的使命担当，围绕中心、服务大局，建设财经产品线的战略规划。近年来，由于国企改革渐成热点，公司治理广受关注，所以他们希望我发挥自己的学术专长和资源优势，为他们组织和主编一套丛书。我听了他们的想法和思路很受触动，所以一拍即合，当即就接受了他们的约稿。

　　20 世纪 90 年代初，我开始致力于企业理论与公司治理问题的研究。多年来有关公司治理理论和实践的探索和研究，使我深刻体会到中国公司治理行政化的积弊根深蒂固。2014 年，在国务院国资委职业经理人研究中心举办的"经理人大讲堂"上，我做了题为"公司治理与国企发展混合所有制"的演讲，演讲结束后，国务院国资委一位官员说，中国企业家需要进行公司治理 ABC 的普及工作。他说的没有错，也曾有多次，我给企业家做报告，企业家反馈的信息是：公司治理原来是这个样子，我们原来的理解很多都错了。可见，公司治理在中国确有普及之必要，更有研究之急需。

　　公司治理的本质属性是契约，它要求企业必须尊重每个利益主体的法律地位和独立人格，要在充分尊重每个利益主体意见的基础上提出企业发展的战略决策，同时要使企业的每个行为主体都能够为自己的行为独立承担责任，这是契约之应有之义。然而，现实中很多中国企业，拥有话语权的只是少数特权者，而且还不用为自己的行为承担独立责任。权力和责任的不对称是中国企业公司治理的通病，也是中国畸形政商关系形成的土壤。

有鉴于此,自 2007 年开始,我做了三件事情,试图为促进中国公司治理的规范化发展尽自己的绵薄之力:一是从高管薪酬、信息披露、财务治理、董事会治理、企业家能力、中小投资者权益保护等六个方面,研制中国公司治理分类指数。目前已出版六类 14 部指数报告,从而全方位、多角度地阐述了中国公司治理的现状,以图找出中国公司治理的病症所在;二是主编"治理译丛"。这套译丛出版了四本(原计划五本),均是国外著名出版社的最新公司治理著作,所选书目以学术著作为主,兼及实务性著作。我们力求通过这套译丛的出版,为中国企业的公司治理规范化提供资料和借鉴;三是出版《公司治理学》,试图能够为大学开设公司治理课程提供支持。目前,开设公司治理课程的大学越来越多,这表明,中国公司治理规范化的教材得到了越来越多高校认同。

我现在所做的是第四件事,也是以上工作的延续和深化,这就是策划和出版这套"公司治理与国企改革研究丛书"。这是我多年来的一个夙愿,希望通过出版这套丛书,把中国学者(尤其是青年学者)最前沿的公司治理和国企改革研究成果奉献给社会,一方面扶持公司治理研究中的青年才俊;另一方面则是把脉中国国企改革中的公司治理"病症",以利于探索和建立有中国特色的公司治理模式,因为这些研究成果均是以中国公司治理,特别是以国有企业的公司治理为研究对象的。

中国公司治理的不规范,尤其是政府介入公司治理的错位,导致中国滋生畸形的政商关系,而这种畸形的政商关系又是官商勾结和腐败的温床。改革开放以来,这种官商勾结已经达到触目惊心的程度。为什么存在如此严重的官商勾结?一个明显的且公认的原因是政府权力过大,且不受法律约束,造成公权可以随意介入和侵害私权,导致创租和寻租盛行,进而导致腐败。显然,杜绝官商勾结和腐败,必须从依法治企、压缩公权入手,而依法治企的实质是强化公司治理。

2013 年 11 月,党的十八届三中全会通过的《中共中央关于全面深化改革若干重大问题的决定》明确提出,要"健全协调运转、有效制衡的公司法人治理结构。建立职业经理人制度,更好发挥企业家作用……建立长效激励约束机制"，由此开启了中国企业尤其是国有企业公司治理制度改革和机制创新的新局面。2014 年 10 月，党的十八届四中全会通过的《中共中央关于全面推进依法治国若干重大问题的决定》提出"依法治国"的执政治国方针，从企业层面讲，这意味着企业改革和发展必须着眼于"依法治企"，而"依法治企"的本质就是公司治理的制度化（尤其是法治化）和规范化。2015 年 9 月，中共中央、国务院发布《关于国有企业深化改革的指导意见》以及国务院《关于国有企业发展混合所有制的意见》，进一步强调，要"依法治企，健全公司法人治理结构。切实保护混合所有制企业各类出资人的产权权益"。无疑，国家已经把公司治理的规范化提到了国企改革的战略层面上。

　　本丛书即将付梓之时，正值党的十八届五中全会闭幕。五中全会报告再次强调："发展是党执政兴国的第一要务"，而且必须"运用法治思维和法治方式推动发展"。可以说，党的十八大及十八届三中、四中、五中全会，为我国国企改革的不断推进和公司治理的深入发展奠定了理论基础。就此机会，着眼当前的国企改革与公司治理现状，我谈几个具体问题。

一、政府直接介入导致公司治理行政化

　　公司治理是通过建立一套制度安排（尤其是法律制度安排）或制衡机制，以契约方式来解决若干在公司中有重大利益关系的主体之间的关系，其实质是各利益相关者之间的权利安排和利益分配问题。换言之，公司治理是制度范畴，尤其是法律范畴，从这个角度，政府公权力（行政权力）是不能介入公司治理的。但是，政府作为制度尤其是法律的制定者，又是可以介入公司治理的。此时，政府是作为财产保护者而存在的，即政府要为企业发展提供规范、秩序和公平，其相应的收益是税收。对于国有企业，政府还作为国有财产所有者的代表而介入公司治理。此时，政府是作为投资者（国有股东）而存在，它要通过监督（法律监督和经济监督）获取最大化投资收益。但是，不管政府是作为法律的制定者，还是作为国有企业财产的所有者(代表),政府的行为都限定在公司治理制度的框架内,而不是以自己掌握的行政权力介入。

然而,政府介入公司治理的方式却经常错位。现实中经常发生这样的情况,一方面,如果政府是股东,尤其是大股东的情况下(国有控股企业),则政府不仅派出代理人,而且必须让自己的代理人担任董事长,还可以越过董事会直接派人担任公司的总经理、副总经理、总经济师等高管人员。无疑,这是政府行政权力介入公司治理。当然,对于派出的高管人员,可能通过了董事会,但其实通过董事会仅仅是走形式,实质上董事会是被架空的。在很多情况下,尤其是在中央企业和地方重点国有企业中,政府派出的高管人员很多都具有行政级别,最高行政级别可达副部甚至正部级别。在政府公开招聘的国有企业高管中,即使没有赋予其行政级别,他们的行政色彩也是客观存在的。从国务院国资委多次全球公开招聘副总经理等高管情况看,由于招聘企业中并非只有国有独资企业,还有股份有限公司和有限责任公司,这类企业的高管聘用,按照公司法,无疑只能由董事会负责独立选聘,国家作为非单一股东,是无权单独招聘的。在政府直接任命或聘用的情况下,高管出现问题的概率不仅高,而且将无人对此负责。像中石化的陈同海、中石油的蒋洁敏、中国一汽的徐建一、东风汽车公司的朱福寿等,由于聘任他们的主体实际上是国资委或上级组织部门,而不仅仅是走形式的董事会,因此董事会是不可能对此负责的,而任命他们的国资委或上级组织部门由于是一个个集体组织,也无人对此负责,集体负责等于无人负责。

另一方面,如果政府不是股东,则政府通过设租,让公司治理服从于自己的意志,而企业(主要是民营企业)也乐于(或者无奈)通过寻租,寻求政府的支持,这使企业发展会因政府政策或领导人的变化而起伏,甚至走向不归路,同时也加大了投资者的投资风险。在民营企业中,寻求具有政府背景的人员担任公司高管具有相当的普遍性,这反映了中国企业与政府难以割舍的关系,聘请人大代表、政协委员,或聘请离退休的前任政府官员进入企业,是很多民营企业的追求。例如,在 2013 年度上市公司中,有 31.84% 的企业曾有政府官员到访(企业对此视为荣耀而大力宣传),有

12.08％的 CEO 曾在政府部门任职,有 9.77％的 CEO 为各级人大代表,有 6.93％的 CEO 为各级政协委员。如果统计的对象是董事长,则曾在政府任职、担任人大代表和政协委员的比例将会更高。另外,同一企业还经常有多位政府背景的高管。如"七匹狼",其高管中有政府背景的比例高达 40％。

二、公司治理行政化导致畸形政商关系

公司治理行政化,是对法律的背离。公司治理的核心问题是股东大会、董事会和经理班子(执行层)的关系。三者是什么关系?对此各国公司法都有明确的规定,且所有国家的公司法在这方面几乎没有什么差别。公司法的规定是:股东大会选举产生董事会,董事会选聘总经理(CEO)。很显然,股东(大会)、董事会和经理班子相互之间不是一个纵向的等级关系(只有在经理班子领导的生产和经营系统,才是一个纵向的行政管理系统),而是一组授权关系。每一方的权力和责任都受到法规的保护和约束,也就是说各方都有相对独立的权力运用空间和对应的责任,任何一方都不能越过边界、违反程序、滥用权力。如果股东大会和董事会被"架空"或"虚置",则会出现股东对董事会,以及董事会对总经理监督上的"真空"。

仅就董事会和总经理的关系来说,他们代表的是不同的主体。董事会(包括董事长)作为股东的代理人,代表的是股东利益(现在已演变为以股东为核心的众多利益相关者的代表,独立董事作为"中立者",就是代表这些不同的利益相关者的利益的);而总经理作为从市场上选聘来的职业经理人,代表的是个人利益,他通过与董事会的契约关系获得授权。董事会是会议体制,董事会成员代表不同的利益主体,在董事会中,每个成员是平等的,没有身份高低之分,他们通过契约联系在一起,董事会的决策通过讨价还价而形成,包括董事长在内的任何人都没有凌驾于其他人之上的权力,所不同的只是投票权多少的不同(其实在美英习惯法系发达国家里,由于公司董事会的构成发生了很大变化,绝大部分都是独立董事,这种投票权的差异正在大大缩小），而董事长则不过是董事会的召集人，并没有高于他人的权力。基于董事会和总经理的这种差异，为了保证公司决策的科学性和高效性，并形成相互制衡的机制，董事长与总经理两个职务应该是分开的。

当然，在公司实际运作中，董事长和总经理是否分开可视具体情况而定，一般情况下取决于公司的规模，以及资本市场（尤其是控制权市场）和职业经理人的发育程度。当公司规模较小时，两职合一可以提高决策效率。当资本市场和职业经理人发育成熟时，来自这两个市场的强大的约束力量足以让同时担任董事长职务的总经理实现自我约束。但是，即使两职是合一的，在行使职权时也必须明确当时所处的角色，这样可以保证董事会和经理层两个权力主体的协调和相互制衡。当公司规模较大时，董事长和总经理则必须分开，因为此时二者代表的是更大的群体，二者合一会加大彼此的冲突。当资本市场和职业经理人发育不成熟时，由于来自这两个市场对经理人的约束力量偏弱，同时担任董事长的总经理的权力就会被放大，或者说，总经理侵害股东等利益相关者利益的可能性就会加大。因此，此时两个职务也必须分开。总之，无论董事长与总经理的职位是否分开，董事长与总经理的职权都要分开，应各负其责。董事长和总经理不相互兼任的原则，体现着公司的权责明确以及公司决策的科学性和效率性。

那么，公司治理是如何演化为行政治理的？这与对公司治理的错误认识有关，恐怕还存在着故意认知错误。行政治理实际上是沿用政府权力机构的"一把手"观念来治理公司，"一把手"被视作公司治理的核心，而董事长经常被作为"一把手"的不二人选，总经理则是董事长属下的"二把手"，甚至干脆由董事长直接兼任总经理，即使不兼任，总经理的目标也是"升任"董事长。这种"一把手"观念使得规范的公司治理变得扭曲，甚至成为董事长和总经理之间矛盾的根源。本来，独立董事是可以在一定程度上化解这种矛盾的，然而，由于独立董事缺乏资本市场的支撑，在客观上和主观上都难以做到独立。加之独立董事人数太少，公司设立独立董事只满足于证监会的 1/3 的要求（2014 年，全部上市公司独立董事比例平均只有36.79％），这更进一步加剧了独立董事的非独立性。加之，在国有企业（包括国有控股企业)中,董事长这个"一把手"又是政府任命的,因此,公司治理的行政化也就在所难免了。即使是在民营企业中,董事长"一人独大"也同样充斥着行政色彩,尽管这种行政色彩和政府的行政权力介入有一定的区别,但在"权力"行使上并没有根本性区别,公司治理本应具有的契约属性基本上不复存在。

近些年接连发生的公司腐败(如窝案)以及其中的官商勾结,在很大程度上其实就是董事会(董事长)和经理层(总经理)两个角色混同,以及企业负责人任免掌握在政府手中或与政府官员有瓜葛的必然结果,是畸形政商关系的具体表现。在这种畸形的关系中,本来的监督和授权关系变成了利益共同体关系。从这些腐败案中,我们不难发现,或者总经理和董事长合二为一,权力过大;或者在董事会中,经理层占据多数席位,而董事长也自认为是职业经理人。在这种情况下,董事长显然就不再是股东的代理人,而是演变为典型的追求自身利益的经理人。对政府,他们寻求租金;对投资者,他们制造信息不对称,侵害股东利益。尽管国企高管被政府作为"干部"来管理和监督,但由于信息不对称,内部人控制和企业资产流失仍普遍存在。

三、消除公司治理行政化,强化公司治理规范化

如何减少畸形的政商关系导致的官商勾结和高管腐败?高管腐败曝光后,人们往往归因于高管的贪婪和无耻。无疑,高管的贪婪是官商勾结和腐败的推动力。但事实上,个体的贪婪不是官商勾结和腐败的根本原因,真正引起官商勾结和腐败的原因是公司治理制度的缺陷,更进一步说,就是公司治理的官僚化或行政化。个体的贪婪只是经济人的本性,在面对丰厚利益时,贪婪永远是理性经济人的最优选择。真正使这些经济人偏离正轨、铤而走险的,是人们对预期非法利益与惩戒风险的权衡,而这种权衡最终取决于公司治理制度的完善与否。因此,要从根本上杜绝官商勾结和

腐败,最关键的是要完善公司治理制度,首先需要分清何者是治理主体,何者是治理客体。股东大会和董事会毫无疑问是治理主体,经理层则是治理客体,二者绝不能混同。其次要提高官商勾结和腐败行为被发现的概率,加大对官商勾结和腐败的惩罚力度,而这一点又是以治理主体和治理客体的区分作为前提的。

在市场化的企业中,对企业负责人的基本监督体制是法律监督和市场监督。法律监督的核心是强化公司治理,实现依法治企;市场监督的核心是健全市场体系,促进自我约束,而市场监督也是建立在法律基础上的。

以国企发展混合所有制为例。国企负责人可以分为政府董事(外部非独立董事)、独立董事、高管董事和非董事的高管。他们的来源不同,监督机制应有所不同。由于政府董事、独立董事、高管董事都是董事会成员,因此均应接受股东的监督和市场约束;对于高管董事和非董事的高管,则必须接受董事会的监督和市场约束。从规范的公司治理角度,必须强化以下制度和机制建设:

第一,要调动所有股东监督的积极性,以形成监督合力,防止大股东侵害和政府公权力介入。对此,一是实现股东权利平等,国有股东不应享有特权,对中小股东应该实行累积投票制,以保证他们参与公司决策的权利。二是大幅度降低股东行权成本,提高中小股东参与公司治理的动力。三是出台集体诉讼和索赔方面的法律,切实保护股东利益。四是实行股东满意度调查制度(类似于民调),如果董事会支持率低于80%,则应启动董事会解体程序。五是在公司控股形态上,尽可能采用国有相对控股,最终股权形态是竞争的结果。六是股东对董事要采取不同监督体制。对于政府董事,由于政府股东是代表公众的,同时考虑到公司经营的独立性,政府董事应设置为外部非执行董事(外部非独立董事),并借鉴公务员监督方式对政府董事进行监督;对于独立董事和高管董事,要通过对这些董事的市场(经理人市场)选择,以及满意度和惩罚等机制来实施强约束。

第二,要强化董事会对经营者的监督,并健全董事自我约束机制。对此,必须把董事会和经营层的职能区分开来,这有利于避免国有股东和政府干预企业经营问题。董事会中必须有较多独立董事,应不少于50%,否则独立董事难以发挥作用。独立董事必须是高度专业化的,而高度专业化的独立董事又来自高度职业化的经理人市场。要根据公司法,实行董事会独立选聘总经理(CEO)机制,并通过董事会备忘录制度使每个董事承担选错总经理的责任。

第三,应在厘清董事会职能的前提下,高度重视企业家的独立性和能动性,并建立企业家自我约束机制。高管董事和其他高管应来自经理人市场,应明确企业的企业家不应是董事长,而是总经理。董事会(包括董事长)负责监督,但监督不是干预,要充分发挥总经理的能动性,为此必须给予其独立性,包括赋予独立权力和独立承担责任,以实现企业家的自我约束。市场化选择是高能力企业家(总经理)产生的重要机制。高能力企业家有两个要素:一是能力,二是忠诚。这样的企业家是在激烈的市场竞争中涌现出来的,靠政府的"独具慧眼"是选不出来的,也是不合法的。必须建立职业化的经理人市场,市场的惩戒机制能够对现任经理人产生强激励和强约束,从而造就和涌现更多的高能力企业家。市场选聘的总经理不再具有行政级别,成功的民营企业家也可以做国有控股的混合所有制企业的总经理。要以贡献(企业价值或股东回报)来对企业家进行考核,市场选择和淘汰是重要的考核机制。

第四,要"分层"确定负责人激励方式,以实现国企负责人的自我约束。对于政府董事(外部非独立董事),应实行"公务员基准+贡献+行政级别"的激励机制,薪酬待遇可以略高于同级公务员的薪酬待遇;对于独立董事,应采用国际通行做法,即车马费加少部分津贴,应通过经理人市场,建立独立董事声誉机制,强调薪酬机制是不利于独立董事的独立的。对于高管董事和非董事的高管,应实行市场化薪酬,但前提是由董事会独立从经理人市场选聘。在经理人市场上,高能力的企业家应有高价格,这是建立企业家自我约束机制的重要方面。

第五,严格信息公开。充分的信息披露对于防止代理人的违规行为(如内部人控制、国资和民资流失、内幕交易等),以及形成企业家的均衡价格,都具有重要意义。因此,应确保及时准确地披露公司所有重要事务的信息,包括财务状况、绩效、所有权结构和公司治理。不能只满足强制性信息披露,更要高度重视自愿性信息披露,这在中国尤为重要,根据笔者在《中国上市公司自愿性信息披露指数报告 2014》中提供的数据,中国的自愿性信息披露对于投资者理性投资的需求具有很高的信息含量。

总之,要依法治企,消除公司治理行政化,实现公司治理规范化,建立企业各行为主体的外部监督与自我约束有机契合的机制,要使每个行为主体能够对自己的行为独立承担责任,这是防止官商勾结和腐败的重要制度保障。

最后,非常感谢东方出版中心的鼎力支持,感谢祝新刚先生和鲁培康先生,他们是这套丛书的积极推动者。希望在中国出版集团以及东方出版中心的支持下,使这套丛书能够延续下去,成为公司治理和国企改革研究的品牌产品。

高明华

2015 年 10 月 29 日

目　录

第1章 绪 论

长期以来,国有垄断企业改革一直是国内外学术界、政府有关部门以及社会公众共同关注的热点问题。中国有着世界范围内规模最大的国有企业,其中大量国有企业都分布在垄断行业,对国民经济有着不可忽视的影响。因此,如何有效地推进国有垄断企业改革就成为中国改革不能回避的重要问题。

1.1 选题背景

从 1998 年拉开对国有垄断企业改革的序幕到今天,中国对电信、电力、民航、铁路等行业的传统国有垄断企业进行了不同程度的以分拆为主要方式、以引入和强化竞争为主题的变革。然而,与打破国有垄断、强化竞争机制的变革浪潮局面极不对称的是,政府规制下的国有垄断企业公司治理建设严重滞后,从而极大地影响了国有垄断企业的改革绩效。实践证明,不进行以公司治理为核心的公司化再造,不进行公司治理创新以提升企业绩效,仅仅在分拆重组方面做文章,国有垄断企业改革是没有出路的。

1.1.1 加快推进国有垄断企业公司治理的必要性和紧迫性

目前存在的国有垄断企业,在中国特定的情况下,是指存在于自然垄断、公用事业、网络型基础领域,以及涉及国家安全、经济命脉的具有很强或较强垄断性质的国有企业。这些企业在产权形式上通常表现为国有独资或控股。这些行业主要包括：(1) 保障社会和国家安全的部门,这些部门中的国有企业的首要任务是保障社会和国家的安全,如军工制造企业、造币企业等。(2) 某些自然垄断部门的企业,如铁路运输、输电、管道天然气等。(3) 满足居民的某些基本需要和社会共同需要的公益性部门,这些部门中的国有企业不以盈利为目的,如政府专营的食盐、城市的公交和环卫等。(4) 某些基础设施部门的企业,如高速公路、港口等。(5) 某些高科技部门的企业,如信息产业企业等。需要注意,在较强竞争性的、并不关乎国民经济命脉和国家安全的领域,也存在不少较强垄断的国有企业。这些企业通常能够获得政府的资源和政策支持,使得它们与其他企业竞争者相比居于较优势地位。

国有垄断企业的公司治理,就是在科学合理的政府规制架构下,通过建立现代企业制度和完善公司治理结构,提高国有垄断企业的运营效率和产品/服务供给质量,从而增益社会公共福利。

加快推进国有垄断企业公司治理的必要性首先源于市场经济的内在逻辑。作为国民经济的一部分,一个提供基础设施的、在经济运行中处于极其重要地位的部分,如果这些行业或企业继续沿袭计划经济下的运作模式,治理方式游离于现代公司治理体系之外,完善的市场经济体制肯定难以真正建立。从中国改革的实践来看,国有垄断企业的改革,是推进最晚、难度最大、争议最多的改革。显而易见,国有垄断企业的改革不到位,就不能建立起规范的公司治理体系,早已提出的国有企业转轨和经济体制转型目标将不可能实现。

如果说建设市场经济的内在要求提供了推进国有垄断企业公司治理的"合理性",而现实中国有垄断企业的治理无序和经营低效则提供了强化国有垄断企业公司治理的"紧迫性"。现实中,国有垄断企业的变革压力更多地来自经济增长中的"瓶颈"以及人们对国有垄断企业低效和腐败的不满。改革开放 30 多年来,已经多次出现增长中的"瓶颈"现象,即当宏观经济增长速度加快后,出现能源、交通运输等基础设施的"瓶颈"约束。在2002 年开始的新一轮经济增长中,"煤电油运"全面紧张,产业结构出现严重失衡。近些年,这种"瓶颈"仍然存在,甚至出现国有垄断企业与政府讨价还价人为制造"瓶颈"的现象。这种局面的出现,一方面是因为这些企业仍在较大程度上处于行政性垄断之下,行业之外能够做出积极反应的投资者难以进入;另一方面,国有垄断企业落后的治理模式导致其不能对需求变化做出积极的和正确的反应,当供给短缺引致的"瓶颈"现象严重的时候,也是这些行业的低效和腐败问题突出的时候,社会公众不满情绪将会合乎逻辑地上升。①

1.1.2　国有垄断企业公司治理的目标

国有垄断企业的重要性和特殊性,决定了其生产经营需要承载双重目标:一是社会目标,包括提供普遍服务,安全、稳定、连续地提供质量优良、价格合理、数量充足的产品(或服务);二是经济目标,即合理的投资回报,保障企业维持生产和扩大再生产能力。政府对国有垄断企业的规制主要是保证其社会目标的实现,而公司治理是实现政府目标和企业目标的重要制度安排。为了协调社会目标与经济目标,就要在政府规制的框架下,健全国有垄断企业的治理制度,完善其治理机制,健全其治理结构。只有形成系统的、规范的治理体系,才能使国有垄断企业的社会绩效和经济绩效同时提高。

鉴于目前中国国有垄断领域中,国有独资公司、国有控股公司是主流形式,在政府规制框架内,通过分类改革和分类治理,使不同类型国有垄断企业依各自属性各归本位,并建立起国企各类主体都能够为各自行为承担责任的机制,是现阶段的现实选择(高明华、杜雯翠,2014)。

1.2　研　究　意　义

当前对国有垄断企业问题的研究主要是从政府规制和分拆重组这两

---

① 刘世锦,冯飞,等.垄断行业改革攻坚[M].北京:中国水利水电出版社,2006.

个视角进行的,而实际上国有垄断企业的公司治理建设更为迫切。从中国国有垄断企业公司制改革的实践看,事实上存在着两种迥异的改革路径:一是维系国有独资,使企业承载经济社会多元目标,并沿袭传统计划体制下国有垄断企业的所谓"公司治理结构",即"形似神不似";二是模拟现代公司制度,建立国有控股的、拥有多元投资主体的有限责任公司或股份有限公司,并形成"形神兼备"的公司治理结构。前者,试图维护国有垄断企业的企业形象和运作机制;后者,则试图在国家掌握对国有垄断领域控制力的前提下,引进或利用外资和民间资本,增加供给,并通过规范的现代公司治理体系的建立把传统国有垄断企业逐步改造成独立的法人主体或市场竞争主体。

由国有垄断企业的技术经济特征,在经济社会发展中的特殊意义以及中国目前的发展阶段所决定,国有垄断领域不能采取与一般竞争性领域同样的退却或"蒸发"策略,而应该强化国有经济的控制力。但强化国有经济控制力与政企不分、政资不分不可同日而语。在中国,国有垄断领域中国有企业体制的政企不分、政资不分、政府规制机构与企业没有界限的状况,不是政府为克服市场缺陷而进行的制度安排,而是传统计划经济体制的有机组成部分,是建立社会主义市场经济体制过程中的改革对象。这一背景决定了中国没有必要去模拟国有经济民营化以前的西欧、日本,在国有垄断领域建立按照公法制运作的所谓公企业。国有经济对国有垄断领域的控制力,不一定都要通过国有独资来体现,部分国有垄断企业实施控股经营也可以很好地体现国家的控制力和政府的政策意图。

基于上述判断,应该在对当前国有垄断企业中的垄断业务与非垄断的竞争性业务作出明确界定的基础上,除了在某些特殊的国有垄断领域采取国有独资有限责任公司的财产组织形式及相应的公司治理结构外,大多数国有垄断领域可以采取国有绝对控股或相对控股形式,其中非垄断的竞争性业务,在与垄断业务进行剥离以后,国有经济可以完全退出,同时放开外资和民间资本的市场准入。

在国有垄断企业主要按照公司法运作的情况下,国家的控制力、政府的政策意图及需要国有垄断企业承载的多元目标的整合,主要应该通过政府规制下国有垄断企业的公司治理体系构建和创新来实现。既然国有垄断企业公司治理变革已成为国有企业转轨的必然,在把其改造成法人主体或市场竞争主体的同一目标下,为了实现国有垄断企业的高效运营,加快推进国有垄断企业公司治理,已经是大势所趋。

1.3 研究方法、分析框架与创新

1.3.1 研究方法

1.3.1.1 规范分析和实证分析相结合

规范科学(normative or regulation science)是探讨有关"应该是什么"的系统化知识体系;实证科学(positive science)是关于"是什么"的系统化知识体系。上述二者并不是相互割裂的,而是相互补充,相互促进的。因此,本书拟采用规范分析与实证分析相结合的研究方法,研究国有垄断企业的社会目标时主要采用规范分析,而研究利润目标和公司治理有效性时则以实证分析为主,即在政府规制和公司治理的理论框架下结合经验数据进行实证研究。本书构建了一个分析框架(见图 1-1),该框架兼容了逻辑推理性规范研究、比较性规范研究、描述性实证研究与解释性实证研究的内容。

1.3.1.2 统计分析方法

本书以国有上市公司为例,通过实证的数据分析,考察国有垄断企业公司治理的真实情况和有效性。同时,本书的实证研究除了对统计数据的分析以外,还包括对已经发生的事实的分析,即特征化事实的分析。这是因为很多国有垄断企业的数据没有向社会公开,通过公开渠道难以得到,受制于数据,本书无法对国有垄断企业全体做大量计量检验。因此有些内容只能通过描述统计,以及多元统计方法来进行分析。同时本书结合使用规范方法与实证方法,在实证分析结果的基础上进行规范分析。

1.3.1.3　实地调查分析方法

为了更全面、更深入地了解国有垄断企业公司治理的实际状况,我们调研了三家中央企业和四家地方国有企业,与这些企业的高管进行了深入交流,从中获得了大量值得思考的信息,以及对于国有垄断企业改革的思考。

1.3.2　分析框架

本书的结构框架如图1-1所示:

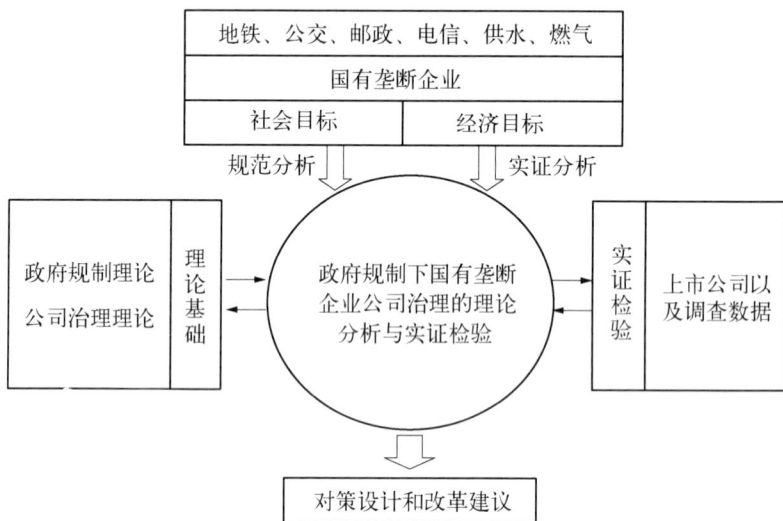

图1-1　本书研究框架

1.3.3　创新之处

本书的创新之处主要表现在三个方面:

(1) 政府规制框架下的公司治理分析:一个新的研究思路

传统上对国有垄断企业的研究都是基于政府规制的角度,近年的研究中有人开始考虑公司治理的角度。本书把政府规制作为背景,在此背景下研究国有垄断企业公司治理的特殊性,这是一个新的研究思路。

(2) 构建了国有垄断企业规制和治理相融合的委托—代理模型

本书从董事会监督和激励机制角度,以兰伯特(Lambert, 2001)的代理模型为基准模型,分析了在代理人参与、激励相容以及财富约束的条件下如何使委托人的预期效用达到最大化。进而将基准模型进行扩展,放松经理人是代理人的单一假设,分析经理人类型(管家型或代理人型)不确定下的委托人效用最大化。最后基于国有垄断企业的特殊性,提出"管家型"经理人是使委托人效用最大化的最佳选择。

(3) 提出了国有垄断企业业绩的"放大效应"

本书论证了在政府规制下,国有垄断企业"业绩对高管努力程度的敏感度"大于非垄断企业,即在高管付出同样努力的情况下,国有垄断企业业绩具有"放大效应"。

(4) 对国有垄断企业公司治理的实证分析:基于分类指数的系统评价

目前中国理论界对国有垄断企业公司治理的认识已经比较充分,但是往往侧重于某一个方面。本书基于北京师范大学"中国公司治理分类指数",主要使用董事会治理指数、财务治理指数、自愿性信息披露指数和企业家能力指数等对国有垄断企业和竞争性企业的公司治理水平进行实证和比较分析。

(5) 提出了国有企业"分类改革、分类治理"的基本思路

本书基于作者以往的研究,将国有企业区分成三类,即公益性国有企业、合理垄断性国有企业(又包括自然垄断性国有企业和稀缺资源垄断性国有企业)和竞争性国有企业。前两类就其实质来说,都是垄断企业。之所以这样划分,是因为它们的目标不同,从而改革方向和治理机制也不同。

第2章 文 献 综 述

　　本书试图把规制经济学研究与国有垄断企业公司治理研究相结合,走交叉型研究的道路。根据目前的文献检索情况,该领域尚没有系统的专门研究,但是就上述两个方向本身而言,都是持续了较长一段时间的研究热点,并且在两个方向的前沿研究成果中已经出现相互渗透的动向。下面就两方面的研究现状和经典文献加以综述。

2.1 政 府 规 制

2.1.1 政府规制的界定

　　现代意义的规制在不同的文献和经济学家那里有不同的解释。《新帕尔格雷夫经济学大辞典》(中译本 1996)解释,规制是政府为控制企业的价格、销售和生产决策而采取的各种行动,政府公开宣布这些行动是要努力制止不充分重视"社会利益"的私人决策。规制的法律基础由允许政府授予或规定公司服务权力的各种法规组成。《社会科学纵览——经济学系列》对规制给了一个更为详尽的解释:规制是公共政策的一种形式,即通过设立政府职能部门来管理经济活动;通过对抗性立法程序而不是无束缚的市场力量来协调产生于现代产业经济中的经济冲突。它是社会管理的方式,存在于极端的政府所有制(government ownership)和自由放任的市场之间,通常发生在资本主义市场经济和市场取向的经济中。规制包括对商业行为的经济规制和社会规制(Magill, 1991)。伯吉斯(Burgess,中译本 2003)在市场不完善的基础上提出了经济规制,在外部性的基础上提出了社会规制。日本经济学家植草益(中译本 1992)也对规制进行了经济规制和社会规制的划分。经济规制是指在自然垄断和信息不对称的领域,主要为了防止发生资源配置低效和确保利用者的公平利用,政府机关运用法律权限,通过许可和认可手段,对企业的进入和退出、价格、服务的数量和质量、投资、财务会计等有关行为加以规制。社会规制是指处理外部不经济和非价值物问题,以确保国民安全、防止公害和保护环境为目的的规制。从上述对规制解释的相应文献来看,规制是政府机关(规制机构)依据法律授权而做出的一种政府行为,是为了克服市场失灵,"维护良好的经济绩效"(Kahn, 1970)。这些定义建立在"公共利益"的规范分析的基础上,有时与实证分析得出的结论——规制并非为了公共利益——发生偏差。

以施蒂格勒(Stigler, 1971)为代表的芝加哥学派提出了另一范式的定义:规制作为一项规则,是对国家强制权的运用,是响应利益集团的要求为实现其利益而设计和实施的。尽管施蒂格勒此处的定义仅限于对产业的控制,过于狭窄,但他不再将规制看作是单纯的政府行为,而是看作政府与产业之间的一种互动,这在一定程度上拓展和丰富了规制的内涵。

史普博(Spulber,中译本 1999)则另辟蹊径,在综合经济学、法学、政治学定义的规制的基础上,重新界定了规制的内涵。他认为尽管市场是规制政策存在的理由和前提,但所有定义都倾向于把市场忽略掉。他试图将行政决策模型和市场机制模型统一起来,将规制视为消费者、企业和规制机构互相结盟并讨价还价(博弈)的过程。

中国学者也对规制内涵进行了界定。王俊豪(2001)认为,政府规制"是具有法律地位的、相对独立的政府规制者(机构),依照一定的法规对被规制者(主要是企业)所采取的一系列行政管理与监督行为"。张红凤(2005)认为定义规制需要考虑多重因素,比如规制目的(涉及规范目的和实证目的)、规制主体与客体、规制程序、规制发生的时机等问题,否则会以偏概全。因此,现代通常意义上的规制是指在市场经济条件下,政府(或规制机构)利用国家强制权依法对微观经济主体进行直接的经济、社会控制或干预。其规范目标是克服市场失灵(包括微观经济无效率——自然垄断、外部性、公共品、信息不对称、社会不公平),实现社会福利的最大化,即实现公共利益;而实证目标则是实现利益集团的利益。曲振涛、杨恺钧(2006)则对规制主体进行了扩展,认为在新的规制实践不断发展的背景下,规制主体应包括具有相应规制强度的各国政府规制执行部门、国际组织、区域性组织和行业自律性组织,核心是政府规制执行部门。

总之,现代通常意义上的规制是指政府(或规制机构)利用国家强制权依法对微观经济主体进行直接的经济、社会控制或干预,其规范目标是克服市场失灵,实现社会福利的最大化,即实现"公共利益",而实证目标则是实现利益集团的利益。

2.1.2 政府规制的理论演进

19世纪末以来,以美国为代表的西方发达国家的垄断企业经历了从严格规制到放松规制的过程,实践的变化正是规制理论演进的写照。

垄断的传统理论是20世纪80年代以前西方发达国家实施严格规制的重要依据。传统理论认为,为了保证垄断企业的规模经济(economies of scale)效率,同时解决边际定价导致企业亏损的难题,政府须对其实行严格的进入规制和价格规制。严格规制政策是传统垄断理论的产物,对垄断的重新定义与可竞争市场理论的提出,改变了政府规制的传统思路。传统理论以规模经济来定义垄断,20世纪80年代初,鲍莫尔、潘札与威利格(Baumol Panzar and Willig, 1982)用成本弱增性(cost subadditivity)和范围经济(economies of scope)重新定义了垄断,从而扩大了垄断的范围,为政府规制的多样性提供了依据。可竞争市场理论(contestable market theory)也是由上述三位学者提出并系统化的。该理论认为,迫于潜在竞争者的进入压力,产业内原有的垄断者不能获得超额利润,从而整个市场可以实现效率。这样,即使是在传统的垄断企业,只要能够形成可竞争市场,那么无需政府规制,同样可以实现效率。

传统规制理论是以包括垄断在内的市场失灵为基础的,认为政府规制的目的在于纠正市场失灵,增进公共利益。20世纪70年代出现的规制俘虏理论(capture theory of regulation)对此进行了否定,认为政府规制是为了满足产业利益集团对规制的需要而产生的。该理论的代表者施蒂格勒(Stigler,中译本1996)认为,经济规制理论的中心任务是解释谁是规制的受益者或受害者,政府规制采取什么形式以及政府规制对资源分配的影响。

经济性规制理论的最新成果得益于新制度经济学和信息经济学近年来的迅速发展。在规制过程中,规制机构与被规制企业的行为目标也存在一定的差异,表现在:规制机构主要关注企业效率和社会福利(消费者剩余与生产者剩余之和)最大化的实现,而企业则主要追求自身利润的最大化。由于信息的非对称性以及规制双方行为目标存在着差异,垄断企业的规制问题就可以作为一个委托—代理(principal - agent)问题来加以处理(杜传忠,2003)。劳伯和马盖特(Loeb and Magat, 1979)最先将规制过程看成了委托—代理关系。由于信息的不对称,规制者就面临着激励与约束的问题。梅尔森(Myerson, 1979)、拉丰和梯若尔(Laffont and Tirole, 1986)分别通过模型对信息不对称条件下的政府规制做了深入分析。他们的结论是,由于存在不对称信息,效率与信息租金是一对共生的矛盾。也就是说,效率提高的同时会增加企业的信息租金,从而带来社会成本。而且,为了提高规制效率,政府应该尽可能利用企业的私有信息,实现企业的自我选择。

2.1.3 中国国有垄断企业政府规制的特殊性

中国对国有垄断企业的政府规制与西方国家的政府规制背景完全不同。20世纪70年代在西方国家兴起的放松规制运动,针对的是在成熟市场经济环境中形成的政府规制,是内含在市场经济条件下政府经济性规制之中的(陈富良,2001)。而本书的研究,针对的是在中国市场化过程中,市场经济环境还不成熟情况下政府对国有垄断企业规制体制和规制方式的改革。中国对国有垄断企业的政府规制与西方国家规制对象的所有制结构也存在差异。以美国为首的发达国家政府规制的对象主要是私人垄断企业,其初衷是为了限制私人垄断企业做出一些不符合社会公共利益的决策。而中国的国有垄断企业实行的是国有制垄断,不同的所有制基础使企业有不同的约束条件并进行不同的行为选择(王俊豪,2001)。刘灿等(2005)认为,中国国有垄断企业政府规制还有一点中国特色,即国有垄断和行政垄断的同一。此外,沈宏亮(2011)还指出,中国政府规制还体现为一个供给主导型的制度变迁过程,政府规制内生于市场化条件下中央政府的目标函数,并且规制制度演化体现出明显的路径依赖特征。

2.1.4　中国政府规制研究的不足

概括地说,关于中国政府规制的研究存在以下不足:

第一,实证研究不足。规制的基础理论研究和规范分析主要集中于对当代规制理论的介绍和引入,且绝大多数文献更多地局限于罗列现象,缺乏结合中国国有垄断企业特点的应用性研究和实证分析。

第二,对规制改革的一个阶段或一个方面的研究较多,而忽略了规制改革和规制体制的系统过程。实际上,规制体制的各个环节是密切相关的。

第三,对某些国有垄断企业的讨论较多,而忽略了国有垄断企业的一般性特征。某些研究比较明显地带有部门利益的视角。缺乏对国有垄断企业整体和全面的审视。

第四,在建立有效的规制体制方面,对规制的某些环节讨论较多,而缺乏全面、细致和深入的研究。

2.2　公　司　治　理

2.2.1　公司治理研究的演进

从思想渊源上看,公司治理最早可追溯到亚当·斯密的《国富论》(1776)。在该著作中,斯密认为,股份公司中的经理人员使用的是别人而不是自己的钱财,不可能期望他们会有像私人公司合伙人那样的积极性去管理企业……因此,在这些企业的经营管理中,或多或少地,疏忽大意和奢侈浪费的事总是会流行。显然,斯密已经触及到了公司治理所要解决的一个核心,即代理问题,它源于经理人员与投资者之间潜在的利益不一致。1932年,美国法学教授伯利(Adolph A. Berle)与经济学教授米恩斯(Gardiner C. Means)合作发表著作《现代公司与私有财产》(Modern Corporation and Private Property),这部著作一般被视为公司治理探讨之始,因为它第一次明确提出了"所有权与控制权分离"的观点,而公司治理的焦点就在于使所有者和经营者的利益相一致。1960年,罗纳德·科斯(Ronald H. Coase)发表《社会成本问题》(The Problem of Social Cost),建立了交易费用与产权理论。而他在1937年所发表的《企业的性质》(The Nature of the Firm)已经暗含交易费用的观点,并提出了后续的公司治理(不论是从经济学或法学)研究方向。詹森和梅克林(Jensen and Meckling,1976)使用代理成本(agency costs)来解释公司经营者与股东之间的关系。股东与经营者双方在本质上属于代理契约,股东是委托人,经营者是代理人。两位学者剖析了代理问题的成因,并探讨、寻找各种降低因代理问题所带来的成本的策略。法马和詹森(Fama and Jensen,1983)进一步提出,公司治理研究的是所有权和经营权分离情况下的代理人问题,其中心问题是如何降低代理成本。施莱弗和维什尼(Shleifer and Vishny,1997)认为公司治理要处理的是公司的资本供给者如何确保自己得到投资回报的途径问题,认为公司治理的中心课题是要保证资本供给者(包括股东和债权人)的利益。上述学者对公司治理内涵的界定偏重于所有者(一般情况下即为股东)的利益,因此称他们的理论为"股东治理模式"。

20世纪90年代初,中国经济学界对公司治理问题开始从各个不同的角度进行介绍和阐述,张维迎(1994)、吴敬琏(1994)、高明华(1994)等提出要在国企改革中借鉴和吸收当代公司治理理论。接着,理论界在公司治理的内涵(林毅夫,1997)、有效的制度安排(林毅夫,1997)、委托—代理问题(张维迎,1995)、产权(张维迎,2005;高明华,1999,2001;孙永祥,2001)和治理模式的比较(李维安,2001)等方面均取得了一定的进展。

2.2.2 公司治理的内涵之争

关于公司治理的概念,最初由国外引进,其英文是"corporate governance"。20世纪80年代初期,"公司治理"概念最早出现在经济学文献中。此前的1975年,威廉姆森曾提出"治理结构"(governance structure),这个概念与公司治理已十分接近。

关于公司治理的具体定义有很多(郑红亮,2000)。从公司治理的目的和主体看,公司治理的定义可分为两大类:一类是"股东至上",公司治理的主体是股东,这类定义许多人称为传统观点,坚持这一观点的学者包括伯利和米恩斯(Berle and Means,1932)、詹森和梅克林(Jensen and Meckling,1976)、法马和詹森(Fama and Jensen,1983)、施莱弗和维什尼(Shleifer and Vishny,1997)等。在中国,吴敬琏(1994)认为公司治理结构是指由所有者、董事会和高级执行人员即高级经理人员三者组成的一种组织结构。要完善公司治理结构,就要明确划分股东、董事会、经理人员各自的权力、责任和利益,从而形成三者之间的关系。林毅夫(1997)是在论述市场环境的重要性时论及这一问题的。他认为,"所谓的公司治理结构,是指所有者对一个企业的经营管理和绩效进行监督和控制的一整套制度安排",并随后引用了米勒(1995)的定义作为佐证,他还指出,人们通常所关注或定义的公司治理结构,实际上指的是公司的直接控制或内部治理结构。另一类是"利益相关者至上",公司治理主体是多元的:包括公司的股东、员工、信贷者、供应商及当地社区等。这类观点的主要代表是科克伦和沃提克(Cochran and Wartick,1988)、布莱尔(Blair,1995)、OECD(2001)、特内夫(Tenev,2002)等。科克伦和沃提克认为,公司治理要解决的是高级管理人员、股东、董事会和公司的其他利益相关者相互作用产生的诸多特定的问题。布莱尔(1995)认为公司治理是指有关公司控制权或剩余索取权分配的一整套法律、文化和制度性安排,这些安排决定公司的目标,谁拥有公司,如何控制公司,风险和收益如何在公司的一系列组成人员,包括股东、债权人、职工、用户、供应商以及公司所在的社区之间分配等一系列问题。以上学者对公司治理的阐述把利益相关者放在与股东相同的位置上,因而他们提倡"利益相关者治理模式"。目前,在西方文献中占主导地位的还是前一种定义,但后一种定义自 20 世纪末也开始流行起来。中国也有许多学者开始采用这一种定义分析问题,如钱颖一(1995)、费方域(1996)、杨瑞龙(2000)、高明华(2001)等。其中,钱颖一(1995)曾指出:公司治理结构是用以处理不同利益相关者即股东、贷款人、管理人员和职工之间关系,以实现经济目标的一整套制度安排。它包括:(1)如何配置和行使控制权;(2)如何监督和评价董事会、经理人员和职工;(3)如何设计和实施激励机制。良好的公司治理结构能够利用这些制度安排的互补性质,并选择一种结构来降低代理人成本。

还有些学者综合了以上两种观点,对公司治理(或公司治理结构)进行了广义和狭义的区分。李维安(2001)认为狭义的公司治理,是指所有者(主要是股东)对经营者的一种监督与制衡机制。其主要特点是通过股东大会、董事会、监事会及经理层所构成的公司治理结构开展的内部治理;广义的公司治理则是通过一套包括正式或非正式的内部或外部的制度或机制来协调公司与所有利益相关者(股东、债权人、供应者、雇员、政府、社区)之间的利益关系。张维迎(2005)的观点是,狭义的公司治理结构是指有关公司董事会的功能与结构、股东的权利等方面的制度安排;广义地讲,指有关公司控制权和剩余索取权分配的一整套法律、文化和制度性安排,这些安排决定公司的目标,谁在什么状态下实施控制,如何控制,风险和收益如何在不同企业成员之间分配这样一些问题,并认为广义的公司治理结构是企业所有权安排的具体化。

综上可见,公司治理的定义是"股东至上"还是"利益相关者至上",学术界分歧很大。我们认为,他们争论的假设前提是所有的企业都是同质的,这与现实情况不符。处于不同产业的企业,如垄断性企业,就与竞争性企业存在巨大差异,二者在经营目标和控制权配置方面都存在非同质性,这决定了处于不同产业的企业治理内涵的差异。垄断性企业与社会公共利益密切相关,治理目标更应强调"利益相关者至上",而竞争性企业以市场利润目标为导向,更应强调"股东利益至上"。因此,公司治理内涵的适用性,须视企业性质和产业类型而定。

2.2.3 垄断企业的公司治理①

在成熟的市场经济国家,政府会许诺让市场独立运行免受公共行政系统的干预,但政府有时也会否认这种许诺,政治机会主义(opportunism)和政治寻租(rent-seeking)活动便会出现。而这种情况使得垄断企业的公司治理机制成为必要。这些治理机制决定了企业组织在多大程度上被保护,以免受"寻租"和政治机会主义的负面影响(Whincop, 2005)。

2.2.3.1 垄断企业公司治理问题的提出

在西方经济体中,垄断企业在具有垄断性质的市场中普遍存在。在新兴和转轨经济体中,由于市场经济还不够发达,垄断企业因而起着更重要的作用(Kuznetsova, 1999;McCarthy, 2000;Pagoulatos, 2001)。无论是发达经济还是新兴和转轨经济,在传统意义上,政府规制都是确保垄断企业处于正确方向的主要手段。随着世界范围的公司治理运动的兴起,垄断企业亦引起了应有的注意。特别是,通过公司化改革和完善公司治理,原来作为政府部门的垄断企业,已经转变为一个实质上拥有同一般竞争企业的章程一样的自治团体(Collier and Pitkin, 1999)。

在美国,由于垄断企业长期以来由私人垄断资本以家族或公司制企业来经营,即美国的垄断企业主要受以公司法为主的私法的调节,为了实现垄断企业社会目标与利润目标的调和,政府对垄断企业实施较为严格的规制政策,因而公司治理处于从属地位(Goodrich, 1967;Stevens, 2000)。20世纪70年代以后,由于传统规制政策的若干缺陷,美国率先放松政府规制,健全垄断企业的公司治理结构,规范其治理机制,探索有利于激励企业在追逐利润最大化目标的同时实现社会目标的新手段(Jensen and Meckling, 1976)。

---

① 由于缺乏关于国有垄断企业公司治理的专门研究,该领域的文献通常散见于公营企业、公用事业、网络型企业、基础领域企业等的公司治理方面。或许在概念和内涵上和国有垄断企业有所出入,但它们在公司治理的研究上是相通的。

在西欧国家和日本,针对垄断企业私人垄断经营的弊病和由此产生的政府规制难题,一度曾对垄断企业实施国有化政策,公司治理方面主要采取政府监管的形式(Chandler,1983)。垄断企业实际上是按照公法体制来运行的,企业治理也就表现为所谓的"政企不分"、"政资不分"。作为政府政策工具,垄断企业本身就是政府功能的一部分,企业领导人也被纳入政府官员系统。20 世纪 70～80 年代以后,伴随着垄断企业民营化浪潮的出现,国有资本或者退出,或者以参股、控股的形式体现自身的存在,垄断企业也逐渐脱离国有国营的公企业的运行轨道,开始以受私法即公司法调节的公司形象出现。垄断企业的公司治理也相应地表现为公司制的产权形式及治理结构,公司治理建设迈入了市场化轨道(青木昌彦、奥野正宽,1999)。

在中国,国有垄断企业虽然没有像西欧和日本一样实行所谓私有化,但却面临着西欧和日本部分国有垄断领域国有经济私有化以后类似的课题,都需要强化和完善其公司治理机制(谢地、高光勇,2004)。同时,国有垄断企业改革的目标与其现实中仍作为政策工具的矛盾,使其改革模式的选择和公司治理必然受到不同方向的"信息干扰"(information interference),国有垄断企业公司治理问题凸显(戚聿东,2001)。在实现"政企分离"、"政资分开"的趋势和构建"市场竞争主体"、"法人主体"的目标下,如何通过完善国有垄断企业的公司治理提高其经济绩效,是国有垄断企业进一步改革的关键(高明华、王延明,2007)。从垄断行业改革的目的来看,自然垄断行业改革的目的显然不是简单地将自然垄断行业转变为完全竞争行业,而是要遵循客观经济规律,在自然垄断存在的状态下,将自然垄断的范围控制到最小,并且将自然垄断行业利用垄断优势的寻租行为降低到最低程度。要实现自然垄断行业改革的上述目的,需要在政府外部规制下实施行业兼并重组的基础上,通过以公司治理改革为核心的股权多元化而逐步推进(孙文,2008)。

2.2.3.2 垄断企业公司治理的复杂性

在大多数国家的垄断企业中,政府仍然是主要的利益拥有者。胡契特(2003)认为,改善国有垄断企业公司治理要比改善一般竞争性私营企业的治理复杂得多。这是因为,改善国有垄断企业的公司治理,相当于在改善私营企业治理之外再加上改善政府的政府规制,甚至于要对政府的权力进行重新考量和界定。

从物权法的角度看,国有垄断企业的最终所有者是全体国民。从垄断企业特点考虑,其治理结构是为了保证社会福利的最大化。垄断企业的这种复杂特性决定了全民的代理者——政府——必然要参与其中以保证目标的实现。政府对国有垄断企业治理的参与是多面的。政府是国有垄断企业的主要股东,然而,它同样也是国有垄断企业的规制者,并且它决定着垄断企业存在和经营的法律环境。行使管理和规制的权力,使得垄断企业出现"强政府规制"和"弱公司治理"的不对称局面。政府规制权力的过度膨胀,尤其是这种权力异化为直接干预时,政府官员便以此要挟经理层,以影响或者控制公司运营过程。由于这个原因,就需要进一步加强公司治理结构以免受这种权力的影响(Walker, 1998)。

除此之外,垄断企业公司治理的复杂性还在于其治理目标是一个多目标函数(Whincop, 2004)。只要政府继续参与商品供给的领域,就要面对效率目标和社会目标相抵触的问题。不同目标之间的交织使得治理机制复杂化,也使私营企业公司治理成功经验的推广变得复杂。

2.2.3.3 垄断企业的所有权与经济绩效

垄断企业公司治理的难题在很大程度上是国有企业公司治理的痼疾。国外目前尚无垄断企业公司治理的系统研究,研究文献大多集中于国有企业的公司治理,而没有把垄断国有企业公司治理的特殊性分离出来。如阿尔钦和德姆塞茨(Alchian and Demsetz, 1972)运用联合投入与团队生产理论(group production),对以盈利为目的的私有企业与国有企业的差异作了简要论述。詹森和梅克林(Jensen and Meckling, 1976)指出国有企业在运行过程中,对个人而言往往得不到适当激励。

在国有股份与经济绩效的文献中,鲍德曼(Boardman, 1989)考察了加拿大国有股份对经济绩效的影响。研究发现,政府取得控制权造成股票价值下降了25%。科勒和缪赫林(Kole and Mulherin, 1997)研究了19家由美国联邦政府持有普通股35%至100%的公司,结果未证实鲍德曼的发现,即由政府控制的公司与其他公司之间的绩效并没有显著的差异。戴温特和马拉特斯塔(Dewenter and Malatesta, 1997)认为,政府股权变动如何影响企业经济绩效是很模糊的。但希伯斯和帕罗蒂(Huibers and Perotti, 1999)在研究新兴经济体时提出,在一个没有显著外部性的竞争市场中,政府股权是劣于私有股权的。这是因为政府对于社会及政治政策的选择超越了利润极大化目标,国有企业经理层的雇用也多是基于政党关系而非管理能力,或是政府与企业有较大的信息不对称及较高的交易成本。

关于转轨国家国有企业的治理状况,博伊科克、施莱弗和维什尼(Boycko, Shleifer and Vishny, 1994)对国有企业私有化的不同方式作了探讨。博伊科克认为私有化是解决政府官员腐败的有效手段,国有企业私有化后必将提高效率,不过不同的私有化方式其效率是不同的。他们指出,民主德国、匈牙利和亚洲一些国家采取直接出售方式,而东欧与前苏联由于历史与现实的政治原因采用的大众化私有方式相对低效且充满矛盾。琼斯和迈金德(Jones and Mygind, 1999)对爱沙尼亚私有化公司的实证分析显示,私有化导致所有权结构优化的假设可能并不成立。埃斯特林和罗斯维尔(Estrin and Rosevear, 1999)对 1997 年 150 家乌克兰私有化公司的实证研究也表明,私有化对于乌克兰公司没有产生绩效的改善和预想中的重组,其结论是所有权与经济绩效无关。

事实上,垄断企业最优经济组织形式的确定存在着固有的困难。在垄断企业存在的种种组织和控制问题,通过私有化未必会得到缓解,在某些情况下甚至可能变得更加尖锐,此时公有制反而也许是最佳选择。当存在规模经济、严重的市场进入障碍以及外部性时,私有制会表现得非常糟糕。垄断企业从消费者那里赚取利润的动力和可能性会给社会分配效率带来威胁,同时竞争基准的缺乏会导致社会效率低下。因此,有些学者对国有垄断企业私有化的前景感到担忧是有一定根据的(约翰·维克斯、乔治·亚罗,中译本 2006)。

2.2.3.4 中国国有垄断企业的公司治理

由于对国有垄断企业公司治理的研究历史不是很长,目前国内该领域的研究还处于起步阶段。青木昌彦、钱颖一(1995)最早提出国有企业的

"内部人控制"(insider control)理论,对转轨经济这种独特经济形态中国有企业的公司治理进行了探讨。施莱弗和维什尼(Shleifer and Vishny, 1997)进一步分析,转轨经济的公司治理没有注意将所有权与经营权分开,计划经济衍生的"内部人"控制与干预,使得公司所有者与经营者之间缺乏必要的制衡,并经常和各种利益集团纠缠在一起,结果使转轨国家国有垄断企业的公司治理呈现出"外部治理内部化,内部治理外部化"的"行政型治理"(executive-type government)特征,并最终演化为"内部人主导"的治理模式。

针对这种状况,李维安(2001)提出了"从企业治理到公司治理,从行政型治理到经济型治理"的国有企业改制路径。高明华、王延明(2007)对国有垄断企业公司治理的研究发现,由于国有垄断企业单一的产权关系,导致了国家股东主导的单边治理结构,这种治理结构本质上是一种带有政府行政色彩的"治理垄断"(government monopoly)。而国有垄断企业的国家股东向国有法人股东转移股票,是一种帕累托改进,是对国家股东单边治理的"治理垄断"的一种修正。刘灿、张树民(2005)等在对中国国有垄断企业公司治理的研究中指出了下一步需要解决的问题:(1) 明确行使所有权职能的主体及其职能;(2) 构建一个合理有效的董事会结构;(3) 解决好高层管理者的激励和业绩评估问题。卢东斌、魏翔和杨振(2008)在分析国有控股垄断型产业中上市公司基本情况并确认其地位和作用的基础上,对公司治理结构与经营绩效之间的关系进行了实证分析。研究发现,公司股利政策、公司设立的专门委员会数目、与其他利益相关者的关系这三个变量分别对所有者权益报酬率有重要影响。柳学信和戚聿东(2010)认为,目前中国垄断行业的企业形态主要是国有独资或国家控股企业,建立有效的治理结构仍然有很长的路要走。他们通过分析目前中国垄断行业公司治理现状及其存在的问题,指出了垄断行业公司治理的目标及其实现路径,提出了深化和完善中国垄断行业的公司治理模式改革的具体建议。

作为公司治理的一个重要方面,高管薪酬在近年来引起了学者的极大兴趣,相关文献不断涌现,但是专门针对国有垄断企业高管薪酬的研究还比较少见。高明华等(2010)采用基于业绩的高管薪酬评价方法,计算出

2009 年沪深两市 1 581 家上市公司的高管薪酬指数,发现国有垄断企业的高管薪酬指数普遍较低。但他们认为,这不能说明国有垄断企业高管存在激励不足问题,因为垄断企业的业绩不完全来自高管人员的努力。高明华和杜雯翠(2010)按照赫芬达尔-赫希曼指数将上市公司分为垄断企业和非垄断企业两类,提出了垄断的"放大效应",认为垄断企业"高管薪酬—企业业绩相关度"应该低于非垄断企业"高管薪酬—企业业绩相关度",但现实则正好相反,这恰恰证明了垄断企业高管薪酬的不合理性。高明华(2011)认为盈利性国有垄断企业的利润更多地来源于政府赋予的垄断优势,将垄断租金排除在外后,盈利性国有垄断企业的净利润大幅下降。因此,盈利性国有垄断企业高管薪酬要与其实际业绩挂钩,而不是名义业绩。另外,高管薪酬也不能仅考虑显性薪酬,还要考虑隐性薪酬。

目前中国理论界对国有垄断企业公司治理的认识已经比较充分,对股权结构、融资方式、公司接管、董事会构成等相关子问题的深层次定量分析,将是今后的研究方向。

2.3 垄断企业和竞争性企业公司治理的差异

2.3.1 股权的异质性和股东性质差异

相比于一般竞争性企业,垄断企业的国有股权难以自由交易。阿尔钦和德姆塞茨(Alchian and Demsetz, 1972)曾指出国有股权无法自由地在市场上交易(untradeable state's ownership right)造成政府监督上的问题,并进一步导致国有企业的无效率。该论点进一步可阐发为政府虽然拥有国有企业,但由于国有股交易的种种障碍,以至于无法以国有股股价的波动来评估其经济绩效。

股权的异质性决定了不同股东的性质差异。温科普(Whincop, 2004)认为,在垄断企业的治理结构中,国有股东至少在三个方面不同于商业性的私人股东：(1)二者的利益诉求不一样。私人股东追求的目标是投资回报率，而国家除投资回报率之外，对垄断企业还有大量的社会目标的要求。(2)垄断企业的股东具有代理性质。垄断企业的产权属国家所有，其股东由政府机构委派，这种代理特征决定了其履职过程中的机会主义，造成高昂的代理成本。而一般私人企业，其产权落实到自然人，股东的行为更忠实于企业利益。(3)私人股东通常主要依托董事会治理其企业，但在垄断企业，董事会治理在多数场合还只是一个目标。应当属于董事会的经营决策权或者由党政机关行使，或者由经理层行使。国有股东和私人股东性质上的不同直接决定了其在公司治理层面的差别。

2.3.2 公司治理目标的差异

垄断企业所具有的公有性、垄断性和盈利性，使其成为国有企业中的一个特殊群体。垄断企业除了与一般企业相同的追求利润的目标外，还必须承担一定的政治责任(political accountability)和社会责任(social accountability)。这些责任可以分解为多重目标，包括国家经济安全、普及化服务、稳定市场价格、所得再分配及提供就业机会等(喻宝才，2006)。以提供就业机会为例，徐小年、王燕(2000)建立了一个关于劳动生产率的估算模型，得出了全员利润率随国家股比重的上升而下降，从而证明了国有股确实存在对充分就业目标的追求倾向。这些多重目标不但难以客观衡量其实现程度，有时甚至彼此冲突。利特柴尔德(Littlechild，1981)以政治学观点，认为公部门的目标主要受到中间选民(median voters)的影响而经常改变。特定利益团体也可通过动员和游说而左右政客们的判断。行政部门的资源(如国有垄断企业)也常被执政党视为政治优势而加以操纵(Millward and Parker，1983)。模糊或矛盾的目标也使得国有垄断企业经理人的行为难以观察及预期，即国有垄断企业目标越复杂，股东监督的成本就越高(Pryke，1981)。同时，在权力多极化的情况下，国有股权职能的分散实施，导致缺乏对董事会的明确要求以及缺乏对企业治理的战略观。它也促使企业把对规制或社会因素的考虑与商业利润上的考虑混杂起来

(查尔斯·皮考特,中译本 2005)。

垄断企业的经理层(也就是受托人)必须服务于两个委托人:规制者和股东。而规制者和股东之间的目标冲突被视作受规制企业无效率的一个主要来源。很显然,规制者和股东的目标是不可能完全合为一体的,因此,委托人的多目标情形削弱了对经理层的激励,产生了低强度激励方案和较高的经理层租金。这也就不难理解为什么中国的垄断企业会产生超出一般国有企业的政策寻租问题和内部人控制问题(谢地、景玉琴,2003)。

此外,即便是完全市场化运作的条件下,国有垄断企业的公司治理与一般竞争性企业的公司治理在治理方式上也仍然有着明显的区别。一般竞争性企业的结构性治理(内部治理)功能明显强于国有垄断企业,而国有垄断企业的功能性治理(外部治理)功能则强于一般竞争性企业的功能性治理。这是国有垄断企业受到更多、更严格的经济性规制的必然结果。

2.4　发达国家垄断企业的政府规制和公司治理改革趋势

2.4.1　放松规制运动和独立规制机构兴起

20 世纪 70 年代以来,西方国家放松对电信、航空、铁路、电力等垄断企业的规制成为一种趋势。实践证明,竞争机制的引入并没有出现传统理论所推断的效率损失,而是明显地改善了垄断企业的经营效率和服务质量,提高了整个社会的福利水平。例如,格雷哈姆、卡普兰和西布莉(Graham, Kaplan and Sibley, 1983)对美国航空业进行的研究表明,放松规制后,生产率明显提高。放松规制(loosing regulation)并不意味着政府规制会消亡。事实上,政府规制正沿着"规制—放松规制—再规制"的道路不断演变(张红凤,2005)。像英国和美国这样率先进行"放松规制"的国家,其放松规制的运动也还没有发展到要削减对健康、安全和环境等领域的规制。应当说,政府规制所发生的变化是多样的,其中包括在不适合保留规制的领域里放松规制;在政府规制保留的领域里,引入"激励性规制"
(incentive regulation)以提高企业的内部效率;社会性规制出现,并主张应
尽量采用较少的限制或减轻企业负担的干预方法;新的规制的出现等。①
因此,在现阶段,政府规制以什么样的形式存在已不十分重要,关键是如何
实现通过规制以促进竞争的目的。

独立规制机构最早兴起于美国,它的兴起反映了行政权力的膨胀与扩
张。独立规制机构集司法、立法、行政三权于一身,享有高度的独立性,被
称为"无首领的第四部门"(headless fourth branch)(宋华琳,2005)。由于
独立规制机构职能单一、技术专业性强,在解决专业经济事务方面具有效
率优势,因而20世纪70年代后受到众多发达国家的纷纷效仿。当然,纵
观经济发达国家,无论是美国的规制机构,还是英国的规制机构,其独立性
都是相对的,它们不仅受法律的约束,必须认真执行有关法律,而且要接受
其他规制机构和司法审查。同时,它们也受新闻舆论和社会公众的监督。

在这一背景下,规制经济学的研究开始向两方面发展:一是针对原自
然垄断产业中不再具有自然垄断性的环节,进行以引入竞争为目的的产权
改革和市场结构改革;二是针对仍具有自然垄断性质的环节(物理网络),
探索更加有效率的规制方法。规制经济学这两方面的发展,共同构成了规
制改革的内容(于彬,2011)。改革内容主要包括四项:一是重组国有企
业,使之能够按照商业规则自主运营并在很大程度上脱离政府部门的控
制;二是将竞争性或可竞争环节与自然垄断环节分离,并解除竞争环节的
规制;三是将部分或所有资产民营化,特别是竞争环节;四是利用激励性规
制方法提高对自然垄断环节的规制效率(Kessides,2005)。这些规制改革
内容实际上可以总结为以下几个方面:针对被规制对象——自然垄断企
业的产权改革;针对被规制产业引入竞争机制的结构改革;针对规制主
体——规制机构的规制制度改革,包括规制者使用的规制方法以及规制体
制(规制机构设置以及规制的法律依据)。

---

① 史普博认为,放松管制并不意味着政府管制结束的开始。政府管制的历史是不断变换政府行
　为的重点和焦点的动态过程。丹尼尔·F.史普博.管制与市场[M].上海:上海三联书店、上海
　人民出版社,1999:15.

2.4.2 国有企业公司治理准则推出和机构投资者崛起

20 世纪 80 年代以来,在经济合作和发展组织(OECD)国家的垄断企业发展中,私有化已经成为占据主导地位的主题。然而,垄断企业在许多经济体中仍然发挥着重要的作用,而努力改进依然由国家控制的垄断企业的公司治理,在近年内重新变得重要起来(查尔斯·皮考特,中译本 2005)。比利时在 2000 年发布了针对网络部门治理的"巴克尔报告"(Barker Report),法国在 2003 年发布了针对公营企业治理的"杜斯白济报告"(Douste-Blazy Report),这些报告对国有企业的公司治理发展产生了重大的影响。OECD 的"国有资产公司治理和私有化工作小组"在总结有关国家国有企业公司治理的最佳经验的基础上,于 2005 年颁布了《OECD 国有企业公司治理指引》。它定位于与国有企业相关的特别治理问题。该指引基于这样的观点,即把国家看成一个专注于确保良好公司治理的政策特性和构成的所有者,因而它们用来处理以下问题:所有权职能在国家行政监管部门内应该如何组织构造、董事会的职责应该如何被指定和授予、透明度应该如何被确保等。① 2013 年 9 月,OECD 邀请中国专家和企业家在北京召开《OECD 国有企业公司治理指引》修订会②,预期修订后的《OECD 国有企业公司治理指引》将于不久之后面世。

放松规制运动对企业的生存环境和治理结构产生了重大影响(Thompson, 2001)。巴纳德(Barnard, 1991)认为,放松规制后金融市场的迅猛发展使越来越多的普通投资者通过互助基金、养老金等机构投资者对公司进行投资。机构投资者在传统意义上一般不对企业的治理结构进行干预,主要使用"用脚投票"(vote by food)来对企业施加压力以促使其改善经营管理。20 世纪 90 年代的机构投资者改变了投资方法,越来越多地采用对企业进行长期的关系投资来获得高额的收益。这种长期的关系

---

① 经济合作与发展组织(OECD). OECD 国有企业公司治理指引[M]. 李兆熙,译. 北京:中国财政经济出版社,2005.
② 本书作者高明华教授作为中国高校唯一代表参与了本次修订讨论会。

投资使机构投资者更注重参与企业的治理,并提出了一系列原则,对企业的治理结构产生了重要影响(梁能等,2000)。机构投资者一般选出满意的公司进行长期投资,具有较大效率提升空间的垄断企业自然受到青睐,而这一时期的公营企业民营化浪潮恰好为其提供了机会(杨瑞龙,2001)。

2.5   政府规制下国有垄断企业的公司治理

国家政府和股东一样,也是现代公司治理的一个主体(冯根福、赵健,2002)。从各国公司治理的发展实践可以看出,任何一个国家的公司治理模式(尤其是上市公司)都是一个系统。该系统至少包括三个相互联系的子系统:基础运行系统、基本控制机制运行系统、公司内部运行系统。基础运行系统主要包括竞争环境的有效性、法律保障体系的有效性及行政监管的有效性等。基本控制机制运行系统主要包括公司治理结构基本控制工具及其相互作用的过程,它主要由与公司治理相关的法律法规等因素所决定,如美、英两国的基本控制机制运行系统的特征是"内弱外强",即以外部治理工具为主,内部治理工具为辅,而日、德两国则是"内强外弱",即以内部治理为主,外部治理为辅。公司内部运行系统主要是指各个公司带有自己特色的运行系统。任何一个国家的公司内部运行系统都是在前两个系统框架内运行的。而前两者主要是由国家来提供和实施的。美、英、日、德等国公司治理机制之所以不同,主要是由其基本控制机制运行系统不同造成的。如美国法律规定银行不能直接持有公司股票,而日本、德国法律则允许银行直接持有股票,这就决定了它们的股权结构有着根本的不同,而股权结构的不同则对基本控制工具作用过程有着很大的影响。由于西方发达国家市场经济发展比较充分,公司治理的基础运行系统比较健全,所以它们在公司治理上的主要任务是补充和完善基本控制机制运行系统。即使如此,许多发达国家始终都对上市公司实行严格的监管(Boehmer,2001)。对于发展中国家或正处于经济转型时期的国家而言,政府不但承担着建立现代公司治理结构基础运行系统和选择基本控制机制运行系统的重任,而且还承担着保障和完善整个系统有效运行的重任,所以在这一时期政府作为公司治理主体的地位就显得格外突出和重要。可以说,任何一个国家,如果没有政府直接参与公司治理,都难以建立有效的公司治理结构和机制。也许正是因为如此,OECD才把建立有效的现代公司治理结构框架的任务盯在了各国政府身上,才把建立有效的现代公司治理结构的任务留给了各个国家的行政立法者、监管者和公司(Shelton,2001)。综上可见,现代公司治理的主体有两个:一个是宏观治理主体,即国家;另一个是微观治理主体,即公司。卡德伯里(Cadbury,2002)指出:近期世界各国普遍把公司治理提到经济和政治的议事日程上的一个重要原因是资本市场全球化的迅速发展和吸引国外投资的需要,然而,各个国家若要吸引国外投资者来本国投资,首先要使国外投资者相信本国有一个可靠的公司治理结构在运转,这不仅体现在政府规制水平上,而且体现在具体的公司治理水平上。我们认为,政府与公司在公司治理问题上应有明确的分工,政府一般情况下不会也不应参与公司内部的日常治理过程。

长期以来,中国国有垄断企业一直采取国有国营、地方政府运作的发展模式。政企不分、政资不分问题比一般竞争性领域国有经济更为典型。要改变这种局面,使国有垄断企业走出困境,就要在基础运行系统和基本控制机制运行系统的框架下构建规范的公司内部运行系统,即在政府规制框架下对国有垄断企业根据功能进行分类,对不同类型国有垄断企业实行不同的规制和治理,使不同类型国有垄断企业围绕社会目标或利润目标,建立和完善协调运转、有效制衡的公司治理结构和机制。

2.6　本　章　小　结

本章在系统搜集和梳理相关文献的基础上,从政府规制和公司治理两个角度对中西方垄断企业在理论和实践方面的成果进行了综述。垄断企业和竞争性企业的差异在于,除了与竞争性企业相同的追求利润的目标外,还必须承担一定的政治责任和社会责任,目标上的差异决定了国有垄断企业的功能性治理(外部治理)强于一般竞争性企业。发达国家垄断企业在政府规制方面的最新趋势是放松规制运动和独立规制机构兴起,而在公司治理方面是国有企业公司治理准则的推出和机构投资者的崛起。

在对前人文献进行评述的基础上,我们认为,国有垄断企业公司治理的关键,是在政府规制框架下对国有垄断企业根据功能进行分类,对不同类型国有垄断企业实行不同的规制和治理,使不同类型国有垄断企业围绕社会目标或利润目标,建立和完善协调运转、有效制衡的公司治理结构和机制。

第3章 国有垄断企业的政府规制困境

国有垄断企业的政府规制困境包括两难困境和一般困境。两难困境是经济利益与公共利益难以合理平衡,一般困境是部分政府规制异化为外部人控制。

国有垄断企业的经营目标包括经济目标和社会目标,经营目标的双重性难以合理平衡,造成了政府在规制实践中经济利益与公共利益冲突的两难困境,具体表现为社会普遍服务性与股东利益最大化的矛盾。两难困境的成因,是由政府的三重角色(社会管理者、行业规制者、企业所有者)冲突与错位,行政垄断下的政府规制扭曲,以及利益集团的形成与社会公众询价能力缺失等造成的。由于不合理的委托—代理关系,以及外部人与内部人的"双向寻租",造成部分政府规制异化为外部人控制。所有的规制政策都是由政府部门颁布并监督实施的,所以外部人控制的核心是政府及政府官员控制。因为外部人控制会造成契约失效和其他社会成本,所以有必要厘清政府规制和外部人控制的混沌关系,以免因部分外部人控制而影响政府规制的整体质量。

3.1 国有垄断企业政府规制形成的内在逻辑

3.1.1 国有垄断企业政府规制的变迁

计划经济时期中国垄断行业的规制是一种政府直接经营体制。这种体制的具体特征是:(1)国有垄断企业的生产资料实行单一的国有制,政府是垄断行业的唯一投资者;(2) 国有垄断企业生产主体名义上是企业,实质上是公益型事业单位,因为这些所谓的企业并不以利润最大化为经营目的,虽然进行经济核算,但并不实行自负盈亏,亏损一律由国家财政补贴;(3) 市场结构实行独家垄断,一体化经营,不论是电信、铁路,还是自来水和煤气,在全国范围内或一个城市内都只有一家企业经营从生产到供应的全部业务;(4) 在政企关系上是政企合一或政企不分,企业没有独立经营权。计划经济时期,铁道部、邮电部、电力部都是一身二任,既是政府的行业规制部门,又是所属企业的经营领导机构,是典型的政企合一机构,既有社会行政管理职能,又直接组织指挥行业生产经营活动,本质上是一个全国性的大型垄断联合企业。煤气、自来水等部门虽然在形式上分别设立公用局和自来水公司、煤气公司等机构,但公司的领导由局里派,资金由局里拨,投资由局里批,价格由局里定(会同物价局),企业没有独立的人、财、物和经营自主权。实际上公用局和下属各公司更像一个地方性的垄断联合企业,公用局是企业的领导机关,自来水公司等则是生产不同产品的分公司甚至是生产车间。上述特征概括起来就是一句话:过去中国的垄断行业是由政府直接投资经营的。

改革开放以来,中国对旧的垄断行业规制模式进行了初步改革,尤其是自 1999 年以来,改革明显加快了步伐,加大了力度。归纳起来,这些改革内容主要集中在以下三个方面:一是改革垄断行业的投资体制,拓宽融资渠道,这在一定程度上改变了中国垄断行业产品的生产方式,开始由单一的公共生产方式向多元化的生产方式转变。二是打破垄断,引入竞争,改变部分垄断行业的市场结构。如电信、银行、电力等行业都进行了一定程度的打破垄断的改革。三是实行政企分开,调整政府规制机构。例如,国家工业与信息化部已与中国电信等国有电信企业实现了政企分开;电力行业在 1998 年撤销了电力工业部,其行政管理职能并入国家及地方发改委;2013 年,原铁道部并入交通部,成立中国铁路总公司,实现政企分开;上海市在 2000 年 5 月新组建了上海市水务局,承担原水利局的全部职能、公用事业局的供水及计划用水、市政局的城市排水和污水处理、地矿局的地下水管理和市农委对农田水利的指导职能,由"多龙管水"变为"一龙管水",由过去的多头监管向城乡一体、全行业全覆盖的模式转变,实现了上海市水管理体制的重大突破和创新。上述改革在一定程度上缓解了旧体制与市场经济体制之间的矛盾,促进了中国垄断行业的发展。但是,改革仅仅取得了阶段性成果,更艰巨的改革任务还在后面。未来的改革方向应该是把在计划经济时期形成的、以政府直接经营为基本特征的垄断行业规制体制改造成为维护社会公众利益的、以政府微观规制为基本特征的垄断行业规制体制。

3.1.2　中国政府规制与西方国家的差异

从形式上看,中国政府对垄断实行规制的措施与西方国家存在很大的相似性,但二者形成的内在逻辑却迥然不同。

西方垄断理论的出发点或经验基础是以竞争为本质特征的市场经济。规制垄断的目的是为了克服市场失灵、降低社会成本。在整个规制过程中,实施规制的政府扮演的常常是一个中立者的角色。西方国家垄断行业的企业不论其所有制性质如何,都表现为真正的企业,这些企业或者作为政府公司由政府按照公法体系来直接管理,或者政府依法对取得特许经营权的私人企业进行费率和其他方面的规制,政府只是规制者,换言之,规制或放松规制似乎只是建立在对社会利益进行考量的基础上,与政府自身的利益无涉,也不掺杂着政府特殊的战略目标取向。而且,西方国家对垄断行业的规制是在成熟的市场经济背景下进行的,对垄断行业的规制很大程度上是一种纯粹的经济行为。除了少数垄断企业是国有企业之外,大部分企业是私有或公私共有的,尤其是 20 世纪 80 年代私有化运动之后,竞争性领域的国有企业已经为数不多,政府对这些行业的规制可以实行真正的经济性规制。西方国家被规制的企业无论其所有制性质如何,都有比较科学的组织结构,从而为经济性规制奠定了组织基础。

中国垄断行业的政府规制却形成于完全不同的内在逻辑。新中国成立后,中国首先面临的是如何恢复和发展经济的问题,和大多数发展中国家一样,中国选择了重工业优先发展战略,而这种发展战略决定了我们必须实行政府主导型经济体制。在这种体制下,垄断行业的企业不是真正的企业,而是由政府决定企业的一切生产经营活动。政府几乎完全拥有并且直接经营具有垄断性质的公共事业(如城市供水、供电、燃气、公交、地铁)或产业(如邮政、电信、广播、有线电视、铁路运输、航空运输、银行)。垄断行业受到政府的严格规制,规制的方式基本上是国有化、价格限制与进入控制。从被规制企业的产权结构看,中国绝大部分垄断行业的企业都是国有的,很多企业至今仍是国有独资公司,这种产权结构难以真正做到高效率运行,也使政府目标的选择复杂化。而从被规制企业的组织结构看,中国的一些垄断企业虽然进行了公司制改造,但并没有建立起规范的公司治理结构,更没有形成规范和科学的公司治理机制。当垄断企业的供给能力与社会需求能力严重不匹配时,迫于强大的社会压力,政府将不得不进一步深化垄断规制改革。

3.1.3 国有垄断企业政府规制的原动力

同许多发展中国家一样,中国垄断行业改革的初始动力来自对资金的需求。20世纪80年代初中期,提供重要基础产品和服务的垄断行业一度成为制约中国经济发展的瓶颈,单纯依靠政府投资已无法满足市场高速增长的需要。在市场化的过程中,非垄断行业国有企业效益的下滑使政府的财政力量大大削弱,政府无力再给予垄断行业巨额补贴,这迫使政府不得不放松对垄断的规制,以保证其在政府财政补贴绝对或相对减少的情况下仍能不断提高公共服务能力。为了解决供给短缺和投资不足的问题,吸引社会资金,放松价格和进入规制就成为这一时期合乎逻辑的政策选择。政府放松对垄断行业的规制往往从改革价格规制着手,因为这是促使垄断企业提高积累能力,从而也是减少财政补贴最方便快捷的途径。例如,20世纪80年代初期对电信部门放松了价格规制,从而显著提高了电信部门的盈利水平和投资能力;1985年对电力工业实行了集资办电的政策从而部分开放了发电市场;1987年放松了民航运输市场的进入规制,允许有条件的地方成立民营航空公司,等等。在价格规制放松后,垄断行业往往由原先的亏损行业演变为盈利性乃至暴利性行业。在"包袱"变成"钱袋"之后,政府对垄断规制改革的态度发生了变化,倘若不是面临新的压力,它通常不会主动将改革延伸到市场准入领域。

虽然随着市场范围的扩大以及技术的提升,垄断行业的垄断特性已大大削弱,完全具备容纳数个经营者的市场潜力。非垄断行业的规制慢慢瓦解,但是垄断行业的规制改革在触及价格规制之后一直徘徊不前,市场主体多元化、投资主体多元化改革在很多行业并没有实施。根据施蒂格勒(G. J. Stigler)的理论,决定政府放松规制意愿强弱的关键因素在于这种改革会使政府自身利益发生怎样的变化。改革后,虽然某些垄断行业有了变化(如电信、石油行业等),政府职能有了一定程度的转变,垄断行业开始面对市场,但时至今日,政资不分、政企不分、政府垄断经营的体制并没有完全打破,政府既是规制政策的制定者和监督者,在很大程度上又是具体业务的垄断经营者。放松进入规制后,影响政府利益变化的最主要因素是新进入者的所有制性质。因为这决定着新进入者获得的利益是在多大程度上为政府获得。正因为如此,政府在受到外界压力不得不进一步改革垄断行业的市场准入规制时,一般倾向于先向国有企业敞开大门,这有助于理解政府何以总是在国有垄断企业的分拆重组上做文章。

3.2　政府规制的目标选择：经济利益与公共利益的冲突

3.2.1　国有垄断企业的双重目标

在西方成熟的市场经济国家,政府公司在促进社会经济发展和提高公民福利中扮演着重要角色。在新兴市场经济国家,由于市场经济发育程度还不够充分,政府公司起着更加重要的作用。而在中国,基于国有企业分布广泛的客观事实,对其进行市场化改革本无可厚非。然而,这种市场化改革却采取了近乎一刀切的做法,本不该市场化的某些国有垄断企业也纷纷走向市场化,国有垄断企业的公共服务作用被严重弱化,甚至完全抛弃,追求利润最大化,或者更堂而皇之地,追求国有资产增值的最大化成了国有垄断企业的唯一目标。

国有垄断企业作为一个经济实体,同时又作为政府职能的延伸,其经营目标具有双重性:一是公共性作用。公共性作用是由国有垄断企业的本质属性决定的。一方面,国有垄断企业作为国家宏观调控的重要工具,可以在调节国民经济健康稳定发展、解决失业和社会保障等方面发挥重要作用;另一方面,国有垄断企业主要作为提供公共产品和公共服务的一种主要机制,可以实现公共品的有效供给,保证社会大众的公共需要。二是经济性作用。经济性作用是由中国的特殊国情决定的。国有垄断企业作为公有制的实现形式之一,体现了公有制经济在当前国民经济中的主导力量,体现了社会主义国家对国民经济的战略控制。政府通过在某些重要行业的投资,实现国民经济的协调和快速发展,发挥国家对整个国民经济的主导性作用,壮大国有资产实力(高明华等,2008)。

中国垄断企业是利用全民资源进行垄断经营的,在实践中需兼顾经济目标和社会目标。但经营中双重目标难以合理平衡导致了社会普遍服务性与股东利益最大化的矛盾,并进一步造成了政府在规制实践中经济利益与公共利益冲突的两难困境。

3.2.2　社会普遍服务性与股东利益最大化的矛盾

当政府参与到垄断企业的经营和权力配置中时,面对垄断企业的双重目标,其规制势必变得复杂。政府部门都有各自的目标,所有者目标并不是其主要目标,因为所有者目标和规制目标往往并不一致,如果这些政府部门将所有者目标作为主要目标,那么他们的行为就会偏离其行政职责,尤其是不能正常地行使其规制职能,当所有者目标和规制目标发生冲突时,他们有可能以所有者目标代替规制目标,从而使社会公众的利益受到损害。在中国,由于所有者目标与政府部门利益更具利害关系,政府已经从一个社会福祉的保护者蜕变成了狭隘的经济人,而且是一个有着国家意志和行政权力作掩护的更容易掠夺公众利益的经济人。于是,国有垄断企业存在严重的定价不合理、服务质量低劣、交叉补贴等问题,从而对社会利益造成了极大的损害。社会普遍服务性与股东利益最大化的矛盾已到了非常严重的地步。

"普遍服务"(universal service)的概念是 AT&T 总裁西尔多·维尔(Theodore Vail)于 1907 年首次提出来的。它是指提供某些基本服务,并且要满足三个条件,即服务有一定的质量保证、服务针对所有用户、服务价格可以承受。当一段时期内执行普遍服务的成本大于收益时,普遍服务又称为普遍服务义务(universal service obligation,简称 USO)。此时,对普遍服务的成本承担者(不论是政府还是企业)来讲,这是一种强制性的义务安排。有关普遍服务的详细、准确的概念因产业的不同而不同。拉丰和梯若尔(Laffont and Tirol, 2000)在《电信竞争》中提出关于电信普遍服务的概念:"以消费者可以承受的收费水平向包括低收入者、农村和偏远地区,以及高成本地区在内的所有地区的消费者提供有质量保证的电信服务。"多数垄断行业提供的产品具有普遍服务特征,表现在其需求弹性小,与居民日常生活密切相关。

从普遍服务的内容可以看出,普遍服务与经营者追求利润最大化的天性是不完全相容的。由于普遍服务存在亏损可能,同时垄断企业在政府的强制下却又不得不提供,这就造成了企业的普遍服务与企业股东追求利润的矛盾。首先,普遍服务要求国有垄断企业服务网络的覆盖面要广,这需要巨大的投入,一般的民间企业很难独立完成。其次,普遍服务要求提供政策性的低收费,以便更多的人能够得到国有垄断企业的服务,这对尚未形成足够的规模经济的企业来讲,必将导致亏损,使企业陷入经营困境。最后,普遍服务要求实行全国统一交费,这必将造成高成本地区的亏损,使经营者难以维持在本地区的产品与服务提供。由此可见,普遍服务与经营者追求利润最大化的矛盾实际上是外生性的政府规制目标与企业内生性的逐利本能之间的矛盾。这一矛盾的解决应从对国有垄断企业本质的考察中寻求解答。

国有垄断企业是被政府授予特许经营权而在本行业中取得了垄断的市场地位,免去或减少了与其他企业竞争失败的经营风险,使企业的生存和发展受到了政府的保护。作为获得特许经营权的交换条件之一,国有垄断企业必须承担起特殊的义务——以合理价格向所有用户提供合理质量的服务。这种特殊的权利和义务必然对国有垄断企业的经营行为发生深刻的影响。首当其冲的问题便是企业的经营目标。近年来,有学者提出国有垄断企业也应该以追求利润最大化为经营目标。我们认为这种看法有失偏颇,这是从一个极端走到了另一个极端。诚然,在旧体制下,中国国有垄断企业把"公共利益",或者说把满足社会对国有垄断企业产品的需求作为首要经营目标,利润目标被置于可有可无的地位。但是这并不等于说在市场经济条件下,国有垄断企业就应该完全以利润最大化为经营目标,因为这种说法混淆了国有垄断企业与竞争性企业之间的区别。由于国有垄断企业具有特殊的权利和义务,它的经营目标应该表述为:在满足社会对国有垄断企业产品需求的前提下追求利润最大化。这里,满足社会对国有垄断产品的需求是一个限制条件,它源于国有垄断企业的普遍服务义务,这个义务必须被不折不扣地履行;而追求利润最大化则体现了国有垄断企业作为一个营利组织追求自身经济利益的天性,它是促使企业努力扩大经营、降低成本,通过技术与管理创新不断提高生产经营效率的内在动力。有时候,为满足社会全体用户的需求(例如在经济不发达地区建设电网或通信网),可能会暂时影响国有垄断企业的盈利水平,这正是限制条件或约束条件的题中应有之义。由此也决定了垄断企业的政府规制宗旨,主要是对公众和消费者利益的保护,避免垄断企业的经营者肆意操纵市场、危害社会公众利益的行为。

　　一般认为,政府对于垄断的规制措施包括价格性规制、竞争性规制和激励性规制三种。三种规制措施的提出具有先后的历史次序,也反映了规制理论对于效率和公平关系思考的逐渐深入过程。价格规制是政府从资源有效配置出发,对于具体公共服务和产品的价格水平和价格体系进行规范和规定,使得公共服务价格能够真实反映资源的配置程度,减少垄断造成的福利损失,但是单纯的限制价格无法解决信息不对称导致的效率损失。竞争性规制以有效竞争的进入,给市场中的企业带来足够的激励压力,提高企业追求效率的动力,缓解激励扭曲和市场失灵的问题。更多的竞争者加入公共产品供给,更能逐步扩张市场的供给能力和降低供给价格,也有助于政府提高规制的有效性。激励性规制就是在保证社会利益最大化的前提下,确保垄断企业能够保持足够的活力和生产效率。这里蕴含着两层含义:一是防止企业从利润最大化原则出发侵占公众和消费者的普遍利益,二是规制手段不至于损害企业的根本利益并导致供给减少和价格高涨,最终损害社会公众利益。

3.2.3 政府规制目标冲突的成因

3.2.3.1 政府的三重角色冲突与错位

在中国垄断行业,政府自身具有三重角色:一是作为一般社会管理者的角色;二是作为行业规制者的角色;三是作为企业所有者或者说是生产者的角色。如果政府一方面是企业的所有者,另一方面是社会的管理者、行业的规制者,就会存在深刻的角色冲突,从而使规制目标混乱。首先,从政企关系上看,垄断企业从属于政府,没有竞争的压力,政府做了许多本应由企业做的事情。在政府及其所属部门的行政垄断下,垄断行业的企业并不是真正的企业。政企不分,政资不分,从市场准入、原材料的提供,到价格的制定、产量的规定以及产品的销售,垄断部门都直接进行干预和控制,凭借行政手段实施垄断经营。其次,从产权结构看,中国绝大部分垄断行业的企业都是国有的,虽然进行了公司制改造,但并没有建立起规范的法人治理结构和机制,没有完全按市场化原则进行考核和管理。再次,从业务范围看,既承担政府下达的政策性任务,也从事一般的商业性经营。正是因为承担着政府的政策性任务,垄断企业才有了低效率经营的借口,企业预算约束软化,即使亏损也能够依靠政府补贴生存。在转轨时期,这些角色之间的冲突就显露出来了,实际上,由于这三重角色之间的冲突,政府很难扮演好其中的任何一个角色。

由于政府三重角色的内在冲突与政企不分,使得垄断部门所有者与经营者、规制者与被规制者之间关系暧昧。在垄断部门的国有经济中,广泛存在着两个方面的互相纠缠在一起的关系:一是垄断部门国有资本的所有者与国有企业之间的委托—代理关系;二是垄断部门的规制机构与作为规制对象的国有企业之间的关系。由于"政企不分、政资不分"的矛盾仍处于解决的过程中,中国垄断部门中国有资本所有者与国有垄断企业、国有资本所有者与规制机构之间并没有真正分开,国有资本所有者的职能与规制机构的职能是混淆的:一方面,政府作为国有垄断企业的所有者要解决如何激励国有垄断企业按照所有者的利益采取行动,实现所有者利益的最大化的问题;另一方面,政府作为规制者要求国有垄断企业服务于公共利益最大化的目标。

3.2.3.2 行政垄断下的政府规制扭曲

从激励角度来看,导致规制局面扭曲的根本原因主要在于规制权力配置失效。规制权力配置失效又主要是因为规制机构面临多方面的政府干预和行政垄断,不仅体现为权限过大引起规制权滥用,而且体现为多个规制机构的权力重叠引发权力竞争。

1. 行政垄断

行政垄断在垄断行业的反映不仅仅是规制裁量权过大引起的权力滥用问题,更重要的表现是垄断行业的规制权缺乏有效的监督。从各国规制机构改革的发展趋势来看,规制机构的独立化已经成为主要趋势之一。独立化赋予了规制机构准审判权、准司法权等很大的规制裁量权,但是他们的规制行为也需要受到对应机构的监督。行政垄断反映了中国垄断行业将规制的裁量权与被规制产业运营联合为一体。规制者不仅仅是产业的仲裁人、法律的制定者、法律的执行人,也是该产业的具体运营商。这种联为一体的模式势必会导致所有对其约束方式的失效。因此,化解行政垄断带来的规制激励扭曲的根本途径,从根本上说,是需要分离这种联为一体的规制运行模式,将规制裁量权与规制产业运营分离。

2. 中央和地方双重规制体制的冲突

中国政府规制机构从纵向层级被分解为多个规制代理机构,从而形成了多个规制机构共同代理规制权的问题。目前,中国中央政府与地方政府形成的双重领导体制形成于新中国成立初期,主要表现为地方政府在机构设置、人事管理、经费使用和管理行为的控制方面都有主导权;中央政府主管部门的领导则主要体现在政策的制定、项目的批准和管理上,缺乏对地方行政机关直接的控制。这种管理体制带来的主要问题是:(1)中央主管部门制定政策,各地方部门采取对策性方式应对(上有政策,下有对策),导致了产业的规制权限模糊,相互替代,政策被分解消化,并没有得到很好的执行;(2)难以形成全国意义上的统一市场。由于在主管事务上,地方各行政机构分别受中央主管部门的领导,也不利于地方的统一管理和监督,纵向分权导致了各自为政,难以得到有效的支持。

中央与地方之间的关系由于缺乏严格的法律体系保障,使得中央与地方事实上的分权更多采取了隐合约的方式进行交换(任俊生,2002)。地方政府以公共利益为名向中央要政策、要补贴,但所得资金往往用于满足自身经济利益。事权和财权并没有得到法律框架的确定。在这种隐合约框架下,中央政府很难有效地管理和监督地方的具体行为,地方对公共利益的漠视也就不足为怪了。

3. 政府规制的越位与缺位

政府规制职能的缺位是指在需要行使规制职能的地方出现了政府缺位,市场失灵现象得不到抑制,社会福利水平下降。由于规制的必要性总是在市场经济有了相当程度的发展、市场失灵表现得较为充分时才产生的,而中国的市场经济虽然有了长足发展,但是还有很多市场失灵的现象没有完全体现出来,因而人们对于政府规制的必要性的认识还不是很深刻。同时,在体制转轨中,政府职能转变落后于经济体制变革和市场经济的发展,政府行政资源的分配与市场需求产生错位,这些也可能造成政府规制缺位。政府规制职能缺位突出地表现在消费者保护、健康与卫生、环境保护等方面。这些问题由于没有得到有效的解决,从而严重影响到了人民的生命财产安全以及中国今后的长期发展。

政府规制越位在转型经济国家也表现得很明显。政府规制行为的依据尽管有很大一部分来自相关的法律,但还有相当多的是来自不同政府部门的政策性规定。错综复杂的行政力量进入市场,各政府部门都有可能从一定的角度出发成为部门利益的代言人来对一些行业进行规制。同时由于许多被规制的对象都是垄断性的国有企业集团,他们也需要在政府部门找到代言人,以保护其既得利益。所以,与其说规制越位是政府部门规制供给过度所致,不如说是垄断企业对规制需求饥渴造成的。时至今日,通过多年的改革使一部分行政力量从垄断领域中退了出来,但长期的计划经济下的行政力量仍然存在着惯性。例如,政府对公用事业等行业实行严格的准入规制,抑制了市场作用的发挥,限制了该领域的发展。随着改革的不断推进,虽然北京、上海、深圳等地已开始在公用事业行业引进社会资本,但该领域的投资主体主要还是中央和地方政府,或者是与政府有着密切关联的清一色的国有独资企业。不仅外资比重很小,而且国内非国有经济进入公用事业领域受到了严格限制,使得这些行业长期存在供给缺口,行业内竞争不足,企业效率低下,严重影响了经济运行效率和人民生活质量。

4. 政府规制职能分散

目前的规制职能分散在政府的许多相关部门,形成了多头管理、分工负责的局面。这种机构设置和职能分工割裂了本应相对完整的规制工作,也使多重规制目标难以协调。垄断规制的系统性极强,价格审批、市场准入、投融资管理、成本监控等规制内容,环环相扣,必须密切协同,才能取得预期的规制效果。例如对价格的规制,有效的价格规制必须建立在有效的成本监控的基础上,而这两个规制职能目前是分散的,分别由发改委和财政部门负责。

规制职能过度分散导致规制目标难以协调。垄断规制的多责任主体势必存在多种目标,这便造成国有垄断企业必须面对许多行政部门的任务目标,尤其是当这些目标冲突时,便无所适从。表3-1是电力行业诸规制机构的职能分工。从表中可见,政府规制的职能过于分散,这是造成规制目标冲突的重要原因。

表 3-1 电力监管部门及其监管职能

机构	国家发改委*	财 政 部
规制职能	制定电力监管法律法规;制定电力发展战略;安排国家财政性建设资金;规划重大项目布局;制定电价政策和核定电价;技术标准管理;电力市场运行与电价监督;监督普遍服务等	制定财务管理制度,成本构成和财政监督;国家资本金的管理;监缴国有资本金收益

注: *2013 年 3 月,原电监会并入发改委成立国家发改委能源局,之前电监会是独立机构。

3.2.3.3　利益集团的形成与社会公众询价能力缺失

美国经济学家奥尔森(Mancur Lloyd Olson, Jr.,中译本2001)对既得利益集团的社会危害进行了深入的研究。他指出,利益集团为了自身的狭隘利益而具有排他性,它们往往利用自己所拥有的社会和政治资源,阻碍技术的进步和资源的合理流动,并通过权钱交易来降低相关的费用(OECD,2004)。推行现代化政策的政府必须采取限制利益集团的措施。从后发展各国现代化的历史来看,利益集团是现代化发育过程中的"肿瘤"。

传统社会的经济现代化过程中,垄断性的利益集团由于可以凭借其在传统体制中拥有的各种资源优势,它的"细胞"裂变和畸形发展的速度,可能远远高于市场机制对资源和要素合理配置的能力的发育速度。萧功秦(1994)认为,利益集团形成的机制是由于市场发育的程度较低,市场吸纳从国家控制下脱逸出来的资源的能力,远不及亨有传统特权的既得利益集团吸纳这些资源的能力。这就使得某些个人和政治势力,利用其拥有的传统政治资源,取得从国家控制中脱离出来的利益,并利用这种利益进一步做大,形成新的势力资源。而且,以放松规制为主要手段的变革速度越快,利益集团化的膨胀速度也就越快。利益集团运用政治特权取得既得利益所花费的社会成本和代价,将远远小于自觉地运用市场机制所花费的自身成本和代价,而这其中的差异是由社会来承担的(周耀东,2005)。

在中国,垄断行业的政府规制除了强化政府部门的行政控制外,也造就了一个庞大的既得利益集团,而这个集团的存在是政府规制维护公共利益的障碍之一。在中国大多数的受规制市场上,存在着一种特殊的利益集团,即"政企同盟",结盟者一方为行业规制机构,另一方为行业原有的垄断巨头。它们在"合法"掠取巨额垄断利润的同时,极力阻碍着公平竞争的市场博弈规则的建立,使社会公共利益受到极大的损害。在中国,政企不分是一种普遍现象,尤其在垄断行业更是如此。在国外,这些产业部门或者作为政府公司由政府按照公法体系来直接管理,或者政府依法对取得这些产业特许经营权的私人企业进行资费和其他方面的规制。但是在中国,这些产业部门的法律身份不是十分明确,有的已经引入了相当程度的竞争,但仍然保持着垄断的性质,行业利润一般都大大高出社会平均利润水平,暴露出超额利润对于社会平均利润水平的侵蚀。

同时,垄断行业所形成的利益集团在维持高收入的同时,又在不断地强化和固化这种收益的来源,其代价则是损害了整个社会的集体福利。其中,有些行业垄断部门巧立名目非法收取各项费用,将自身低效运行的成本和发展投资的负担转嫁给广大公众和消费者。实际上,这种行为的产生还包含着权力运行机制的失衡,根据奥尔森的利益集团理论,越是庞大的集团维护自身利益的成本越高,而与既得利益集团相对应的消费者集团(社会公众)却因为询价能力的低下而难以形成对既得利益者的约束。

实际上,对于垄断行业既得利益者的约束,只有赋予社会大众对等的询价议价机制,通过决策过程的公示和公开讨论,制定有关公共服务的公允价格,才能真正防止部门利益侵蚀公众利益现象的频繁发生。但是,现实的问题是,社会公众根本就没有参与议价和询价的权利,国家在国有垄断产业具有绝对的定价权,而这种定价权实际上仍然掌握在规制部门手中,在一定条件下甚至可能成为部门利益的维护方式,不可能对既得利益集团产生影响。但是,社会公众也可能在涉及公共利益的企业行为中获得一定的议价权,如公共产品涨价听证会,就是赋予公众代表对于定价的质疑权利,但是这种听证会的效果和延续性在近年来受到了严重的质疑,往往是虽然经过听证会了,但是价格还在一如既往地上涨,仅仅是上涨幅度的适当调整。这说明为了打破政府规制的垄断性,就必须要通过机制构建加强社会公众的询价议价能力,这样才能防止过度规制对社会公众利益的损害。

此外,对普遍服务的补偿机制没有形成规章制度,也是造成当前规制困境的重要原因。国有垄断企业在改制前,由于代表政府,普遍服务的补偿实行与否,其最终财务成果均在国家财政核算体系之内,因此普遍服务补偿机制的完善与否并未使矛盾显露出来。国有垄断企业在改制之后,对普遍服务的业务种类、补偿标准、程序仍未予以制度化,目前还处在应付阶段。由于涉及到各方的利益,这种不完善的补偿机制,使规制目标难以明晰,同时也加重了国有垄断企业公司治理的复杂性。

3.3　政府规制中的外部人控制

3.3.1　外部人控制及其成因

根据契约理论,在政府与企业的委托—代理关系(即契约关系)中,国有垄断企业的委托方是企业的出资人,但代理人却不仅仅是经营者。国有垄断企业存在着由多重代理和多层代理形成的"代理链"。这个代理链由于责任体系的非人格化,逻辑上成为一套不可能具有严格委托—代理责任的体系。其根本原因在于其中缺乏委托人和代理人的个人利益作为行为基础,具有上一级的代理人和下一级的委托人这种双重身份的委托人,可以使他委托的代理人不会因违反契约或破坏维护契约环境的规则而受到惩罚,从而导致代理人的逆向选择和道德风险。而委托人通过代理人实现了对企业的真正控制,获得了寻租通道。所以,"外部人控制"的实质是外部人利用直接或间接的权力,影响企业领导人做出不一定符合经营原则的决策。或者说,在产权非人格化情况下,行使委托人权力的人向代理人施加寻租性影响,控制代理人的行为。这里需要说明的是:

第一,政府或政府官员代表国家行使规制者职能和股东职能,因而对企业的治理结构和契约关系起着决定性作用。事实上,政企不分是一种服从于外部人控制的绝对性关联(刚性)。政府官员试图通过控制企业领导而控制企业行为,结果迫使企业领导将企业的决策权向上转移。这种向上转移从企业的角度来看,是向外转移。企业决策权向外转移的后果便是企业决策过程和经营过程的外部人控制问题(禹来,2002)。

第二,从逻辑上讲,外部人对企业的控制不一定都会产生不良后果,也就是说,外部人控制不一定都是"问题"。只有当外部人控制的结果是引致企业领导人做出不利于企业经营原则的决策时,才成为真正的问题。从制度分析的角度来看,外部人控制是基于个人利益或个人意志基础上的控制行为,而外部人作为经济人,其行为的目的必然是自身效用的最大化,并由于这种个人效用最大化的行为而影响了企业的独立经营。因而除了真正体现股东利益的控制权或社会经济管理所规定的控制权外,其他的控制就意味着与股东利益相违背,是一种真正的"问题"。

第三,国有垄断企业内部的投资控股关系虽然从表面上看纯粹属于委托—代理关系,但由于国有垄断企业本身遵循政府准则,因而,国有垄断企业的上下级企业之间的关系也存在外部人控制问题。上级企业对下级企业的"非规范"控制,其所产生的问题与政府官员对企业的控制相同。

外部人控制的形成有两个原因:

(1) 不合理的委托—代理关系是外部人实现对国有垄断企业控制的重要原因。对于国有垄断企业,委托人是政府,终极委托人是拥有国有资产的全体人民。在对国有垄断企业的管理中,政府肩负着双重职能,即出资人职能与规制职能。全体人民作为一个整体没有具体的行为能力,造成事实上的国有资产所有者缺位。政府作为全体人民利益的代表往往无法追求具体化的利益,政府官员作为单个的经济人则存在明确的个人利益。在对企业的治理中,非市场化的企业领导人委派制度和对企业决策的审批权是政府的制度性设租行为。也就是说,外部人扮演了创租者的角色。

在改革过程中,由于各种制度不完善,相关的法律法规不健全,又由于国有垄断企业内部人价值转移问题,为能得到大量可见的或可预知的利益,企业代理人在成为代理人之前就争相对拥有人事委派任命权力的政府官员进行寻租。成功后,代理人又为增加企业利益或追求个人福利进一步向对企业经营决策有行政审批权的政府官员进行寻租,从而得到各种优惠待遇。根据布坎南(Buchanan, Jr., 1980)对寻租活动所做的三层次的划分,以上两个环节可以看作是围绕国有垄断企业的第一和第二层次的寻租活动。

对企业代理人来说,由于信息和风险责任的不对称,代理人取得应由委托人取得的剩余索取权,代理人在与委托人和其他利益相关者的博弈过程中寻找到利益均衡点,取得剩余。

在中国,对国有垄断企业代理人的激励是行政性目标的激励而非基于契约的市场化激励,这就为外部人控制问题的形成提供了土壤。政企不分的刚性要求迫使企业经理人将企业的决策权向上转移,从企业的角度看就是向外转移,后果便是国有垄断企业经营决策过程的外部人控制。企业代理人让渡对企业的部分控制权也可获得相应的好处:一是不必为决策可能产生的不良后果负责;二是为实现自己的行政性目标及其他利益目标间接设租。

(2) 双向寻租与租金传递。国有垄断企业可供寻求的租金,一是剩余索取权,即通过增加企业成本或通过分享利润形成的租金;二是企业股本及相关权益,如国有垄断企业改制中由于产权变更而进行交易的国有资产,也包括通过企业亏损和资产质量退化等方式形成的租金;三是非市场化机会成本,如双轨价差、限制价格等由制度安排而非市场力作用所形成的租金。与生产性的寻利活动不同,寻租是对非生产性的既得利益的追求。寻租不是国有垄断企业内部人单方面的行为,外部人给租的目的也是为了寻求租金,这笔租金的来源就是外部人给出的租金的一部分。租金是可分割并能传递的。在围绕国有垄断企业的多层寻租中,租金的传递是通过每一层次将所获得的租金部分让渡给下一层实现的。外部人所寻求的租金还有其他表现形式,如把自己的亲戚、朋友安排在企业较好的工作岗位上。外部人既是给租者,又是寻租者和受租者。这种寻租说到底是外部人与企业内部人的"双向寻租",单有哪一方都是孤掌难鸣。麦克切斯内(McChesney, 1988)曾就此提出"政治创租"(political rent creation)和"抽租"(rent extraction)的概念。前者是指政府政客利用行政干预的办法来增加私人企业的利润,人为创租,诱使私人企业向他们"进贡"作为得到这种租的条件;后者是指政府官员故意提出某项会使私人企业利益受损的政策作为威胁,迫使私人企业割舍一部分既得利益与政府官员分享。由于"政治创租"和"抽租"的存在,更增添了寻租活动的普遍性和经常性(陆丁,1993)。

3.3.2　外部人控制的特征

外部人控制有以下几个方面的特征:

第一,外部人控制是当前中国国有垄断企业政府规制过程中的一个重要特征,也是国有垄断企业改革难以深入下去的重要原因。外部人通过寻租,不仅控制企业的决策过程,也控制企业的经营过程。这种控制既通过对人的控制来实施,也通过对规则的控制来实施;既通过制度性寻租体系来实施,也通过谋取非制度性利益来实施。其结果便是企业的契约失效。

第二,外部人控制的核心是政府及政府官员控制。个人行为研究的结论表明,政府行为实际上是政府官员行为的集合,因而外部人控制的核心实际上是政府官员控制。政府官员的控制不仅代表着他们本人的利益,而且代表着来自其他寻租者的利益。

第三,正是由于外部人控制的存在,政企分开的政策才无法落实。政企分开实际上意味着外部人控制权的丧失和寻租通道的消失,因此国有垄断企业改革的真正障碍来自政府官员(主要是其中的既得利益者),而不是来自企业。尽管企业决策者和经营者也不愿意真正实现政企分开,但他们的这种利益选择的前提是他们享受着政企不分的好处,同时存在着他们赖以寻租的政府通道。这些通道包括对企业领导的行政考核、调配、职务保障和滥用职权的便利。根据布坎南的寻租三层次理论,所有这些通道的存在都来自政府官员的利益追求。

第四,外部人控制的内部化。外部力量对企业的干涉是企业无法按照市场化原则配置资源的重要原因。但外部人控制不仅仅发生在官员和企业领导的行为中,而且通过企业组织贯穿到每一个岗位上,这就是外部人控制的内部化。外部人控制的内部化使企业成为一个有系统地配合寻租的组织。在这个配合外部人寻租的组织中,为了达到合谋的效果,组织允许内部寻租的存在。这也是企业组织成员个人目标可能整体偏离企业组织目标的原因。

第五,外部人控制的刚性化。由于攻守同盟的存在,与国有垄断企业直接相关的个人无法对国有垄断企业负责,也不可能对围绕国有垄断企业的寻租进行监督。真正的监督只能来自与企业没有直接利益关系的外部因素。但既然与企业没有直接的利益,就只有间接的关系。与国有垄断企业相关的间接利益者随时可能通过寻租维护其利益,从逻辑上会转变为寻租中的一员。其余的间接利益相关者是通过国有垄断企业作为公共物品的外部性为纽带的,是外部性作用较弱的群体。这个群体人数众多,成为一个自然的行动集体。根据奥尔森的集体行动逻辑,既然是利益弱相关者,不可能取得超额激励,因而也不可能有积极性对国有垄断企业的寻租进行监督。这样,来自企业利益相关者内部和外部的监督都不存在,从而使国有垄断企业的经营偏离经济目标和社会目标。

3.3.3　外部人控制的危害

3.3.3.1　外部人控制的寻租分析

从委托人和代理人角度分别分析外部人控制问题,是一种静态分析。外部人控制实际上是一种寻租的特殊活动,以下分析试用寻租理论来动态地说明外部人控制问题。

第一,非市场机制的企业领导人委派制度为外部人控制提供了便利。布坎南以发放牌照限制出租汽车数量为例把寻租分为三个层次:如果执照的发放很大程度上取决于主管官员的个人意志,寻求执照的人们就会争相贿赂讨好这些官员,从而产生第一层次的寻租活动。因为这些活动而使官员们享受的特殊利益,又会吸引人力物力为争夺主管官员的肥缺而发生第二层次的寻租竞争。如果部分或全部的出租车超额收入以执照费的形式转化为政府的财政收入,那么,各个利益集团又有可能为了这笔财政收入的分配而展开第三层次的寻租之战。不难看出,如果将取得国有垄断企业内部控制权视为取得汽车牌照,外部人控制的寻租重点在第二层次。尤其是在公务员管理制度和党政机关干部晋升制度越来越严格的情况下,企业领导人职位相对还能人为控制,寻租的机会则较多。但直接后果是国有垄断企业领导人素质参差不齐,对外部人控制依赖加强。中国国有垄断企业的经理人员长期由委派产生,非市场化的经理产生过程,其最大问题是经理人员能力资格的合格性。被委派者是否真有能力实现所有者的期望目标,在其履职之前是无法证实的。即便是通过对经理人员的多方面的素质进行事先考核,但因为非市场行为本身具有较强的主观性,是一种非竞争性行为的结果,由此委派的经理人员可能并不是最优的选择。从理论上说,市场化行为是在无限对象中进行择优选任,而委派则是在有限对象中进行选择。按现行国有垄断企业的领导人委派办法,行使委托人职权的政府官员不必对委派人的经营后果负实质性责任,而这会加剧围绕国有垄断企业的第一和第二层次的寻租活动。

第二,既得利益集团是阻碍和制约外部人控制的主要力量。防止国有垄断企业外部人控制的最好办法是规范化管理,即按规则办事。但是,实际上,正是由于在政府与国有垄断企业委托—代理关系上的规则不明确,使得企业领导人在企业内部破坏规则却往往会受到外部人庇护。李和奥尔(Lee and Orr,1980)从寻租理论的角度研究了政府干预经济政策的延续性问题,并提出一个规律:一项政府政策造成的市场扭曲越严重,有关人员和利益集团享有的租就越多,这项政策就越难以得到矫正,因为任何矫正扭曲的努力都会遇到来自既得利益维护者的强有力的抵抗。同时,他们也指出,如果由于其他寻租者的竞争活动,租渐渐地从原来的享受者手中消散了,矫正扭曲政策的阻力就会小得多,尽管寻租竞争本身未必会矫正扭曲。一项扭曲市场的政策要延续下去,需要符合两个条件,一是该政策造成的扭曲要相当严重,从而形成一个积极维护这项政策的利益集团;二是该政策造成的租应当集中在少数寻租者手中而不会轻易地消散。

第三,现实中向外部人寻租是实惠之道。根据尼斯卡宁(Niskanen,1971)的官僚理论,具有准官僚性质的国有垄断企业经理人,在其任职期间,通过追求预算的最大化来获得职位、权限,尤其是随之而来的特权和个人荣誉等个人利益。米格和贝朗热(Migué and Bélanger,1974)将官僚追求预算的最大化修正为追求预算结余的最大化。通过获得预算结余的最大化,企业经理人不仅获得了个人福利的最大化,而且往往也使得职工福利最大化。经理人通过这一途径达到相同的目的,相对于通过市场手段所需付出的成本要低得多。中国的实际情况是,国有垄断企业领导人的上述作为,都需要外部人的支持或默许。

3.3.3.2 外部人控制下的契约失效

契约失效是由于契约的不合理性、不完全性或签约当事人背景的非独立性等原因,或者因为契约执行交易费用过高,使得企业的决策机制、责任机制、监控机制和激励机制不能有效运作,从而使企业的经济绩效低于契约正常履行可能达到的绩效,或者使企业资源的分配无法达到帕累托最优。外部人控制是导致国有垄断企业契约失效的主要原因之一,这可以从三个方面来分析:

(1) 责任主体非人格化。企业是一组契约关系的组合,缔约各方是利益获得者和责任承担者,出资人是最终利益拥有者和责任承担者,出资人的责任不仅在于出资,而且在于监督。出资人的责任与利益是对等的,对利益的追求是出资人实现监督责任的动力。但国有垄断企业的出资人是政府(其实是代表,真正的出资人是公众),根据集体行动理论,政府官员并不真正代表政府享有政府投资企业的收益,因而也就没有认真实施监管的动力。利益和责任无法落实到具体的行为人身上,这就是国有垄断企业的利益主体与责任主体的非人格化。非人格化的责任机制破坏了企业赖以存在的契约机制。

(2) 运营非市场化。这包括两个方面:一方面是政府或政府官员的行为具有非市场化倾向,这是因为他们的个人行为由其所拥有的特权决定,而特权正是垄断性资源。另一方面是指国有垄断企业在组织目标功能失效的情况下,企业决策通过企业领导者的非市场化准则而产生。也就是说,当企业领导者的个人行为准则不是由职业经理人市场决定时,他们的个人目标就可能与企业效率目标不一致。决定他们个人行为目标的更多因素可能是政府部门的意愿。此时,企业组织的目标功能失效,市场对企业的调控失灵。企业资源配置不再按市场的"指挥"进行,而是服从企业领导者的个人目标。

(3) 责任体系失效。外部人控制使得围绕着国有资产无法形成具有明确目标指向、行为监督的责任机制。也就是说,围绕国有垄断企业所形成的责任机制是一种软约束。责任体系失效主要表现在两个方面,一是缺乏权力使用或行为结果的反馈。缺乏反馈是信息不对称的重要表现,如政府不知道企业真实的经营情况,企业虽然会定期通过报表、总结或项目报告等形式向政府反映情况,但虚报利润、夸大资产、谎报成绩、掩盖问题和在审计评估中弄虚作假等现象仍然屡见不鲜;二是对权力使用或行为结果缺乏处理,即对权力的使用者或行为者不能根据其行为的结果进行奖励或惩处。

3.3.3.3　外部人控制造成的社会成本

国有垄断企业的契约失效导致了企业经营、企业监督、股东权益和政府职能方面的一系列交易成本。这些成本主要表现在以下四方面:

(1) 企业剩余索取权的损失

剩余索取权的损失主要表现为企业利润的损失,包括企业利润低于行业平均利润、利润减少、亏损和业务机会的损失。企业利润损失的原因是契约中缺乏有效的监督机制与激励机制。没有监督机制,使权力容易被滥用;没有激励机制,则无法增强企业经理人员的积极性,不能促其努力经营。传统计划经济的指标增长模式意味着:① 缺乏按经理人的业绩评价其经营能力的声誉机制,无法实现经理人激励。② 年年增长的计划指标会造成激励中的棘轮效应,削弱激励效果。

(2) 企业准租的损失

企业准租是指企业最优经营情况下的利润与次优经营利润之间的差额。这种差额的主要成因是企业投资失败、经营管理成本过高、非公开化项目操作中的隐性资产流失、个人职务消费等。企业准租的损失也就是企业准租被代理人占有或浪费。但真正造成企业准租形成的原因是缺乏对企业准租的核定和对造成准租损失的控制。没有准租核定,就不知道企业应该盈利多少,应该亏损多少。企业出现亏损,实际上就是企业资产的流失。不知道企业的合理利润目标,就无法知道企业利润损失或资产损失的真实水平。对造成准租的原因缺乏监管和控制,就为企业盈利机会的损失和企业资产的流失预埋了通道。对企业控制权的争夺,事实上是对企业准租的争夺。

(3) 企业组织机能的损失

由于缺乏有效的目标实现功能和调控功能,企业陷于组织机构的缺损状态。组织机构的缺损主要表现为企业无法形成一个具有真正连贯性的发展战略,企业组织成为一个围绕着非利润目标运作的机构,效率低下。

（4）政府机关机能的损失

主要表现为官僚主义、个人主义和腐败现象滋生，效率低下。这些现象的存在进一步削弱了政府对国家利益的代表能力。

3.3.4　政府规制和外部人控制的混沌关系

公共选择理论强调，不应该把增加社会福利与保证人人平等的权力随便交给某一特权机构或阶层，然后再虔诚地等待特权机构或阶层的恩赐。因为，政府官员和市场经济中的人一样，也是"理性经济"的。在以单个人为分析单位时，经济学家假定他在市场中的私人经济活动是理性的，在做出决策之前会仔细计算，力求选择一条能最大限度获利的途径。公共选择理论把这种市场经济下私人选择活动中适用的理性原则，应用到政治领域的公共选择活动之中。在经济市场和政治市场中活动的是同一个人，因此没有理由认为同一个人会根据两种完全不同的行为动机进行活动。

政府官员在政治市场中发挥着重要作用，他们不仅是政府政策的执行者，还是政治市场的需求方。他们不仅是根据竞争者的需要来进行资源再分配的经纪人，同时也是向竞争者提出自己需要的独立的行为人。政府的规制保护不是免费提供的，作为利益集团的代言人，他们当然会参与对规制租金的分享。因此，政府官员往往不排斥制度非均衡的存在，甚至为了满足自己的需求，他们并不只限于坐享其成，他们会主动地进行创租甚至抽租，通过扩大对经济活动的规制范围和规制力度，为利益集团创造租金，从而自己从中获利。经济转型已经改变了传统的政企关系，政府不再通过指令指挥企业，但政府规制等渠道使得政企联系依然紧密。可见，政府官员常常是以政府规制掩人耳目，而实现以外部人控制寻租的目的。

正因为政府规制和外部人控制的混沌关系，转轨国家的政府规制质量受到外部人控制的双重危害：一方面是强势企业（既得利益集团）游说政府官员以谋求更大的垄断利润，而另一方面政府官员利用"贪婪的手"过分设立规制以攫取租金，结果因为各自狭隘私利而扭曲了政府的产业规制政策（Shleifer and Vishny，1998）。因此，要遏制利益集团与政府的合谋，扭转政府规制的困境,就需要清晰地界定政府的规制职能和出资人职能,厘清政府规制和外部人控制的界限,确定国有垄断企业双重目标的优先次序,并通过有效的市场化改革,打破国有垄断企业"政企合一"这一最后的堡垒。

3.5 本 章 小 结

本章分析了国有垄断企业政府规制的变迁,以及中西方政府规制的差异,指出中国国有垄断企业政府规制虽然进行了改革,但改革并未涉及深层次的问题。

中国国有垄断企业是利用全民资源进行垄断经营的,在实践中需兼顾经济目标和社会目标。但经营中双重目标难以合理平衡导致了社会普遍服务性与股东利益最大化的矛盾,并进一步造成了政府在规制实践中经济利益与公共利益冲突的两难困境。这种两难困境是由政府的三重角色(社会管理者、行业规制者、企业所有者)冲突与错位,行政垄断下的政府规制扭曲,以及利益集团的形成与社会公众询价能力缺失等造成的。

国有垄断企业存在着由多重代理和多层代理形成的"代理链"。这个代理链由于责任体系的非人格化,形成了不合理的委托—代理关系,以及外部人与内部人的"双向寻租",造成部分政府规制异化为外部人控制。外部人控制的核心是政府及政府官员控制,这种控制会造成契约失效和其他社会成本,所以有必要厘清政府规制和外部人控制的混沌关系,以免因部分外部人控制而影响了政府规制的整体质量。

第4章　国有垄断企业的治理困境

国有垄断企业的治理困境包含两种情况,一是对经理人价值转移限制与否的权衡。经理人价值转移,如内幕交易或特权消费,侵害了股东利益,应该加以控制。但经理人价值转移又是一种薪酬的替代机制,若限制经理人价值转移会对经理人的努力水平形成负激励。所以,这种治理困境的实质是成本收益的权衡。二是经理人类型不确定下的治理方案难以选择。如果经理人是自利的、机会主义的代理人,那么委托人通常会选择监督(控制)的治理方案;如果经理人是集体主义、合作主义的"管家",那么委托人选择授权的治理方案更能实现委托人价值最大化。但在委托人不能确定经理人类型的情况下,任一特定的治理机制(要么控制要么授权)并不能保证委托人价值最大化。此外,经理人类型还可能随着企业发展的不同阶段而变化,经理人在任职期间随着领导地位和权力的改变,从"管家型"转变为"代理人型",或者相反,这使治理方案的选择更加不确定。

现有的产权理论表明,公有产权的一个重要特征是出资人的虚位和缺位,而有关转轨经济的研究则表明,内部人价值(资源)转移(managerial diversion)是转轨经济的普遍现象。因此,中国国有垄断企业在公司治理上表现出内部人价值转移的重要特征。经理人价值转移是指高级管理者利用公司资源以谋取私人利益的自我交易(self-dealing)、内幕交易(insider trading)、特权消费(consuming perks)、获取超额薪酬(extra compensation)等行为(Bebchuk and Jolls, 1999)。当前关于经理人价值转移这一主题有两种相反的观点。传统的观点认为经理人价值转移,如内幕交易或特权消费,侵害了股东利益,并且经理人从中赚取了租金,因而应该通过一种合适的公司治理设计或一定的监督手段加以控制(Bebchuk and Jolls, 1999; Meulbroek, 1992; Seyhun, 1986)。但相反的观点认为,经理人价值转移通常是一种薪酬的替代机制,可以补偿直接薪酬的不足。限制经理人价值转移而获得的利益被付给经理人的额外报酬所抵消,结果经理人薪酬和股东价值都保持不变(Easterbrook and Fischel, 1991)。例如,鲁尔斯顿(Roulstone, 2003)发现,在季报中,严格控制内幕交易的公司通常付给经理人超额薪酬以弥补经理人因控制而遭受的损失。因此,学者们认为,在经理人市场有效的情况下,限制性的法律法规是不必要的。那么能否允许经理人价值转移,这成为国有垄断企业公司治理的困局。本章将从董事会监督和激励机制设计全面考察经理人价值转移对公司价值的影响。首先以兰伯特(Lambert, 2001)的代理模型为基准模型,分析在代理人参与、激励相容以及财富约束的条件下如何使委托人的预期效用达到最大化。其次,作者将基准模型进行扩展,放松经理人是代理人的单一假设,分析经理人类型(管家型或代理人型)不确定下的委托人效用最大化。最后,分析国有垄断企业的特殊性,提出"管家型"经理人是使委托人效用最大化的最佳选择。

4.1　基准模型：委托—代理分析

委托—代理理论是过去20多年里契约理论的最重要的发展之一。该理论的创始人包括威尔森(Wilson, 1969)、斯宾塞和泽克海森(Spence and Zeckhavser, 1971)、罗斯(Ross, 1973)、莫里斯(Mirrless, 1974, 1975, 1976)、霍姆斯特姆(Holmstrom, 1979, 1982)、格罗斯曼和哈特(Grossman and Hart, 1983)及威廉姆森(Williamson, 1979, 1996)等。委托—代理理论着眼于企业内部的组织结构与企业中的委托—代理关系。标准的委托—代理理论建立在两个基本假设之上:一是委托人对随机产出没有(直接的)贡献(即在一个参数化模型中,对产出的分布函数不起作用);二是代理人的行为不易直接被委托人观察到(虽然有些间接的信号可以利用)。在所有权和经营权分离的公司里,委托—代理问题主要表现为以经理人为代表的高层管理人员与股东之间的利益冲突,其中一个主要原因就是当权利主体和责任主体不一致时,经理人员在追求个人利益最大化的同时,有可能会损害股东及其他相关主体的利益。在委托—代理理论看来,人的有限理性和自利性使其具有天然的偷懒和机会主义动机。为了防止代理人的"道德风险"和"逆向选择",就需要一个有效的监督机制。在以股东大会和资本市场为代表的外部监督机制因各种各样的原因(如股权分散、信息不对称等)而不能有效发挥监控作用的时候,利用公司董事会来监控经理人的内部监督机制就成为投资者关注的焦点。以委托—代理理论为指导的现代公司治理实践将经理人完全视为机会主义行为者,即视为为了追求个人私利最大化而损害委托人利益的"经济人",体现了为防止管理人员(代理人)侵害委托人财富的自利行为而实施严格控制的精神(Eisenhardt,1989)。

本节将以兰伯特(Lambert,2001)的代理模型为基准模型,在代理人参与、激励相容以及财富约束的条件下使委托人的预期效用达到最大化。首先,按照事件序列把时间划分为三期。在第 0 期(基期),委托人选择了一种公司治理机制 S,其中经理人的基本薪酬为 W_0,激励强度为 α,监督水平为 M。在此契约基础上,代理人在第 1 期选择努力水平 e 和价值转移数量 $D(D \geqslant 0)$。同时,委托人对代理人的活动实施预先选择的监督水平 M。代理人的努力水平和价值转移决策受企业收益 X 的影响。在收益实现并被委托人观察到后,在第 2 期委托人根据契约条款付给代理人薪酬。此外,代理人的价值转移被发现的概率为 q。如果代理人被发现转移公司资源,他将被解雇同时受到惩罚。如果不被发现,契约继续执行直到下一期。

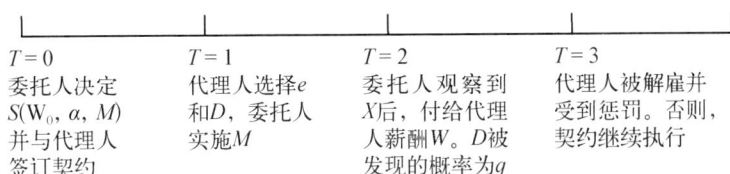

$T=0$	$T=1$	$T=2$	$T=3$
委托人决定 $S(W_0, \alpha, M)$ 并与代理人签订契约	代理人选择 e 和 D,委托人实施 M	委托人观察到 X 后,付给代理人薪酬 W。D 被发现的概率为 q	代理人被解雇并受到惩罚。否则,契约继续执行

图 4 - 1　模型时序

4.1.1 代理人问题

假设经理人的薪酬包括两部分：固定薪酬 W_0 和绩效激励薪酬 $\alpha(X-M-D)$。绩效激励薪酬是公司净价值 $X-M-D$ 和激励强度 $\alpha \in [0,1]$ 的乘积。其中，X 是公司总价值，M 是监督成本，D 是经理人价值转移数量。代理人在 t 时期的收益因而是：

$$W_t = W_0 + \alpha(X-M-D) + D$$

接下来，要讨论的是委托人的监督技术。代理人转移公司价值被发现的概率为 q，q 可定义如下：

$$q = \frac{D}{X}\left[1 - \exp(-M/I)\right] = D_i\left[1 - \exp(-M/I)\right]$$

这里 D_i 是相对于公司总价值的经理人价值转移比例 $\left(D_i = \dfrac{D}{X}\right)$，$M$ 是预先决定的监督成本，I 是从反面测定监督效率的一个参数。该定义有几个独特的含义。首先，在基准模型里，q 随相对价值转移比例 D_i 的增加而增加，而不是随绝对转移数量的增加而增加。换言之，在代理人转移同样价值数量的情况下，在大公司比在小公司更不会引起委托人的注意。其次，q 是 M 的增函数。委托人投入的监督成本越大，代理人转移公司价值的行为越可能被发现。再次，q 是 I 的减函数。参数 I 是测量监督无效率的指标，或者可以说是公司治理严格程度的反向度量指标。当法律环境或公司政策松弛时，I 较大。这时，仅靠投入大量的监督成本 M 不足以发现代理人的不正当行为。最后，指数函数表明监督水平是凹度，同时监督收益是递减的。

假设时期是无限的，$t=1, 2, \ldots, +\infty$，且存在一个折现因子 $\delta \in [0,1]$，即 $W_{t+1} = \delta W_t$。只要不被发现转移公司资源，代理人可永远工作下去。然而，代理人的违规行为一旦被发现，他将被解雇并失去全部未来收益，此外还要面临一个惩罚 $Penalty = P \times D$，这里 P 表示委托人或政府施加给代理人的惩罚强度。要求 $P \geqslant 1$，意味着代理人至少要把当前时期的价值转移绝对量 D 归还给委托人。

命题 1　在预先设定的公司治理机制 $S(\alpha, M)$ 下，需满足以下条件，代理人会保持忠诚。

$$\frac{(1-\alpha)}{1-\exp(-M/I)} - \frac{\delta}{1-\delta} \frac{W_0 + \alpha(X-M)}{X} \leqslant 0 \qquad (4-1)$$

否则，代理人将会转移公司价值：

$$D^* = D_i^* X = \frac{1}{P}\left[\frac{(1-\alpha)X}{1-\exp(-M/I)} - \frac{\delta}{1-\delta}(W_0 + \alpha(X-M))\right]$$

$$(4-2)$$

证明见本章末。

推论 1　在其他条件不变的情况下，相对价值转移最优比例 D_i^* 随激励强度 α、惩罚力度 P 和折现因子 δ 的增加而降低，随监督无效参数 I 的增加而增加。

证明：

$$\frac{\partial D_i}{\partial \alpha} = -\frac{1}{q} - \frac{\delta}{1-\delta}\left(\frac{X-M}{X} + \frac{\alpha M}{X^2}X'\right) < 0 \Rightarrow \alpha \uparrow, D_i \downarrow$$

首先，其他条件不变的情况下，相对价值转移最优比例 D_i^* 随激励强度 α 增加而降低。激励强度 α（如股权比例）越大，代理人价值转移的比例越小。直观地，代理人的股权比例越大，价值转移给他造成的成本越大。因而，当他的利益通过持股与委托人密切关联时，出于自身利益考虑，他会保持忠诚。

$$\frac{\partial D_i}{\partial I} = \frac{(1-\alpha)M}{4I^2 \sinh^2(M/2I)} > 0 \Rightarrow I \uparrow, D_i \uparrow$$

其次，相对价值转移最优比例 D_i^* 随监督无效水平 I 增加而增加。当委托人的监督较无效时，例如政府法规或公司政策不太严格，委托人很难发现代理人转移公司价值的行为。代理人在获知此情况时，更有可能转移更高比例的公司价值以最大化自身收益。

$$\frac{\partial D_i}{\partial \delta} = -\frac{\alpha}{X(1-\delta)^2} < 0 \Rightarrow \delta \uparrow, D_i \downarrow$$

再次，相对价值转移最优比例 D_i^* 随未来折现因子 δ 的增加而降低。当折现因子小时，代理人更关注当前而不是未来。因此，当被发现转移公司价值时遭受的惩罚便大打折扣。结果是代理人选择增加当期的价值转移数量以增加他的总收益。

$$\frac{\partial D_i}{\partial P} = -\frac{1}{P^2}\left[\frac{(1-\alpha)}{1-\exp(-M/I)} - \frac{\delta}{1-\delta}\frac{W_0 + \alpha(X-M)}{X}\right] < 0$$
$$\Rightarrow P \uparrow, D_i \downarrow$$

最后，相对价值转移最优比例 D_i^* 随惩罚力度 P 的增加而降低。当惩罚力度大时，被发现而受到的惩罚大于价值转移的获益。因此，代理人将选择转移较小比例的价值。

公式(4-2)也表明，监督强度水平 M 和相对价值转移最优比例 D_i^* 之间是单调关系。一方面，代理人价值转移被发现的概率 q 随 M 的增加而增加，M 对代理人的价值转移决策有阻止效应。因而代理人将选择降低 D_i^*。另一方面，代理人的合法收益 $W_0 + \alpha(X-M)$ 也随 M 的增加而减少。也就是说降低了代理人转移公司价值的机会主义成本，而这对代理人的价值转移决策有鼓励效应。这种关系表明，当监督有成本时，实施严苛的监督并不必然减少代理人的价值转移。

进一步假设 $X = \beta e + \varepsilon$，这里 X 是企业价值，e 代表代理人努力程度，β 是代理人的边际生产力或判断力，ε 是一个噪音变量，服从均值为 0 的正态分布，即 $\varepsilon \sim N(0, \sigma^2)$。假设代理人的效用函数为线性 $U = E\{W\} - C(e)$，其中 $C(e) = 0.5e^2$。代理人将选择他的努力水平以最大化其效用 U。这里 $D \geqslant 0$。

$$\max U = E[W_0 + \alpha(X - M - D) + (1 - Pq)D - C(e)]$$
$$= W_0 + \alpha(\beta e - M) + (1 - Pq - \alpha)D_i\beta e - 0.5e^2$$

命题 2　在一个不变的激励强度 $\bar{\alpha}$ 下,委托人在实施治理机制时,会选择变动监督水平 M,要么使代理人无价值转移($D_i = 0$),要么允许代理人有价值转移($D_i > 0$)。在允许有价值转移的情况下,代理人的最优努力水平 e^* 大于无价值转移情况下的努力水平。

证明见本章附录。

推论 2　在其他条件不变的情况下,当代理人的边际生产力 β 变大或相对价值转移比例 D_i 变大时,代理人在允许价值转移和不准价值转移两种情况下的努力水平之间的差距变大。

证明:

命题 2 的证明表明允许价值转移和不准价值转移两种情况下的努力水平之间的差距是 $\Delta e = (1 - Pq - \bar{\alpha})D_i\beta$。此外,证明还表明当 $D_i > 0$ 时, $1 - Pq - \alpha > 0$。

$$\frac{\partial \Delta e}{\partial \beta} = (1 - Pq - \bar{\alpha})D_i > 0 \Rightarrow \beta \uparrow, \ \Delta e \uparrow$$

$$\frac{\partial \Delta e}{\partial D_i} = (1 - Pq - \bar{\alpha})\beta > 0 \Rightarrow D_i \uparrow, \ \Delta e \uparrow$$

命题 2 表明,价值转移的边际量对降低代理人的努力程度有刺激作用。保持激励强度不变, D_i 越大,代理人从企业总价值中获益越大。因而他将投入更多的努力以使获益更大。此外,当代理人的努力对企业总价值的影响越大(β 越大),他越努力工作以增加企业总价值。

这个结论是与本章对代理人收益结构的假设密切相关的。假设绝对价值转移量 D 并非恒定不变,而是相对价值转移比例 D_i 和企业总价值 X 的函数,那么在相对价值转移比例 D_i 不变时, X 越大, D 越大。由于把企业做大对代理人有利,因而可激励他投入更多的努力以增加企业总价值 X。相反,如果假设代理人仅仅能转移固定数量的企业价值 $\bar{D}$,将不会有使代理人做大企业的激励。当激励强度 α 不变时,在允许价值转移和不准价值转移两种情况下,代理人投入的努力程度相当。如此一来,委托人从经理人价值转移中只有净损失而没有任何收益。委托人在治理机制设计中的利弊权衡可以简化为比较其监督成本 M 和代理人价值转移的损失

$\bar{D}$。当委托人的监督成本小于外生决定的价值转移损失 $\bar{D}$ 时,委托人会实施监督以防止代理人的价值转移。当委托人的监督成本大于外生决定的价值转移损失 $\bar{D}$ 时,委托人会省去监督并默许代理人一定的价值转移量 $\bar{D}$。

4.1.2　委托人问题

现在再来考察委托人的情况。在第 0 期,委托人有关于代理人效用的充分信息并将之整合到治理机制的设计中去,例如,结合激励强度 α 来定监督成本 M 的大小。委托人问题也是最大化其效用:

$$\max_{a,\ M} V = X - M - [W_0 + \alpha(X - M - D) + (1 - Pq)D] \quad (4-3)$$

治理机制的设计必须满足以下约束条件。首先是代理人的参与约束,就是说代理人至少要获得他的保留效用 U_{res},即

$$E[W_0 + \alpha(X - M - D) + (1 - Pq)D] - C(e) \geqslant U_{res} \quad (4-4)$$

同时还要满足代理人的激励相容约束,代理人选择自身努力水平以最大化其效用:

$$e^* = \arg \max E[W_0 + \alpha(X - M - D) + (1 - Pq)D] - C(e)$$

$$(4-5)$$

假定委托人的监督成本小于预期的企业总价值,即

$$0 \leqslant M \leqslant E(X)$$

假设代理人属于风险厌恶型的。为简化起见,可用财富约束来表示,即代理人的激励性薪酬不会超过他的个人财富 W_e。W_e 也可以解释为对风险收益的容忍程度。直观地,我们知道风险厌恶参数 ρ 和代理人财富是负相关的,代理人拥有的财富越多,他对风险越容忍,反之则相反(Lambert,2001)。因此,代理人能够接受一定程度的激励性薪酬。

$$\alpha(E(X) - M - D) \leqslant W_e \quad (4-7)$$

假设委托人想设计一种无价值转移的治理机制 $(D_i = 0)$，代理人价值转移的期望收益应小于无价值转移的期望收益。根据命题 1，需要满足下列条件：

$$\frac{(1-\alpha)}{1-\exp(-M/I)} - \frac{\delta}{1-\delta}\frac{W_0 + \alpha(E(X)-M)}{E(X)} \leqslant 0 \quad (4-8)$$

综合以上，在无价值转移的治理机制中，委托人的目标是：

$$\max_{W_0, \alpha, M} V = X - M - [W_0 + \alpha(X - M)]$$

s. t. :

$$E[W_0 + \alpha(X - M - D) + (1 - Pq)D] - C(e) \geqslant U_{res}$$

$$e^* = \arg\max E[W_0 + \alpha(X - M - D) + (1 - Pq)D] - C(e)$$

$$0 \leqslant M \leqslant E(X)$$

$$\alpha(E(X) - M - D) \leqslant W_e$$

$$\frac{(1-\alpha)}{1-\exp(-M/I)} - \frac{\delta}{1-\delta}\frac{W_0 + \alpha(E(X)-M)}{E(X)} \leqslant 0$$

根据命题 2，在无价值转移的治理机制下 $e^* = \alpha\beta$。将 e^* 代入委托人目标中，同时让 $f(M) = 1 - \exp(-M/I)$ 且 $t = \dfrac{\delta}{1-\delta}$。委托人目标可简化为：

$$\max_{W_0, \alpha, M} V = (1-\alpha)(\alpha\beta^2 - M) - W_0$$

s. t. :

$$W_0 + 0.5\alpha^2\beta^2 - \alpha M \geqslant U_{res}$$

$$\alpha^2\beta^2 - \alpha M \leqslant W_e$$

$$(1 + tf(M))\alpha^2 - \left(\frac{tMf(M)}{\beta^2} + 1\right)\alpha + \frac{tf(M)W_0}{\beta^2} \geqslant 0$$

$$0 \leqslant M \leqslant \alpha\beta^2$$

$$\alpha(E(X) - M - D) \leqslant W_e$$

图 4-2 整合了以上这些约束条件并给出无价值转移的解(治理机制)存在的条件。横轴是激励强度 α，纵轴是监督成本 M。对角线 OE 表示企业价值，AG 线表示代理人的参与约束，BF 表示代理人的财富约束，双曲线表示代理人无价值转移的约束。

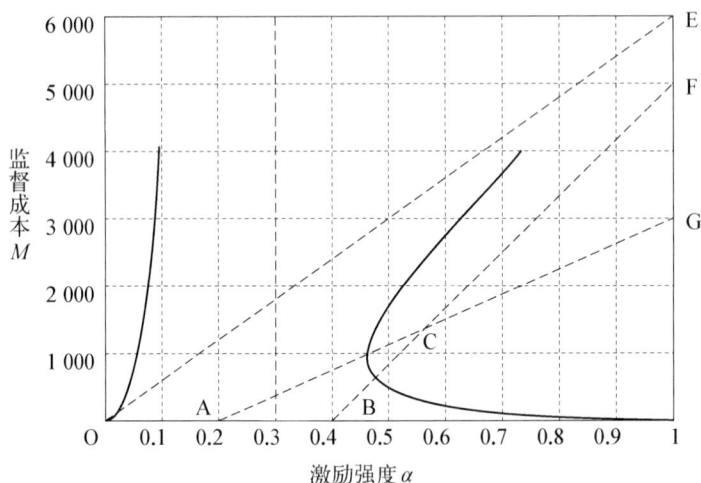

图 4-2 存在无价值转移的情况

引理 1 要存在一个无价值转移的解，无价值转移约束线必须与三角形 ABC(由参与约束线 AG、财富约束线 BF 以及 $M = 0$ 组成)区域相交。这里

$$A\left(\alpha = \frac{\sqrt{2(U_{res} - W_0)}}{\beta}, 0\right), B\left(\alpha = \frac{\sqrt{W_e}}{\beta}, 0\right), C\left(\frac{\sqrt{2(W_e - U_{res} + W_0)}}{\beta}, \right.$$

$$\left.\beta\left(\frac{W_e - 2(U_{res} - W_0)}{\sqrt{2(W_e - U_{res} + W_0)}}\right)\right).$$

证明见本章附录。要获得一个无价值转移的解以最大化委托人效用 V，解 (α, M) 必须在参与约束线以下，在财富约束线和无价值转移的约束线以上。因此，无价值转移的约束线必须在三角形 ABC 内，否则，这些约束条件将无法同时满足。

引理 2 若点 $C(\alpha^*, M^*)$ 是参与约束线和财富约束线的交点，那么无价值转移的解存在的条件是：

$$(1+tf(M^*))\alpha^{*2}-\left(\frac{tM^*f(M^*)}{\beta^2}+1\right)\alpha^*+\frac{tf(M^*)W_0}{\beta^2}\geqslant 0$$

$$(4-9)$$

证明见本章附录。该引理表明，如果参与约束线和财富约束线的交点 C 位于无价值转移约束线之外，那么存在无价值转移的解。否则，不存在无价值转移的解。

命题 3　在下列条件下，不存在无价值转移的公司治理设计：

（1）当折现因子很小且

$$\frac{\delta}{1-\delta}<\frac{\alpha^*(1-\alpha^*)}{f(M^*)\left[\dfrac{W_e+W_0}{\beta^2}\right]}$$

$$(4-10)$$

不存在无价值转移的解。

（2）当监督效率很低且

$$\frac{M}{I}<-\log\left[1-\frac{\alpha^*(1-\alpha^*)}{\dfrac{t(W_e+W_0)}{\beta^2}}\right]$$

$$(4-11)$$

不存在无价值转移的解。

（3）让 $\overline{\alpha^*}(W_e)$ 和 $\overline{M^*}(W_e)$ 是参与约束线和财富约束线的交点，且 $W_e=\overline{W_e}$，

$$(1+tf(\overline{M^*}))\overline{\alpha^{*2}}-\left(\frac{t\overline{M^*}f(\overline{M^*})}{\beta^2}+1\right)\overline{\alpha^*}+\frac{tf(\overline{M^*})W_0}{\beta^2}=0$$

$$(4-12)$$

当代理人的财富很少以至于 $W_e<\overline{W_e}$，不存在无价值转移的解。

（4）假定 $\dfrac{f'(M)}{f(M)}\dfrac{\partial M}{\partial\beta}-\dfrac{2}{\beta}<0$。当代理人的边际生产力

$$\beta>\sqrt{\frac{\dfrac{\delta}{1-\delta}f(M^*)(W_e+W_0-2U_{res})}{\alpha^{*2}\left(1+\dfrac{\delta}{1-\delta}f(M^*)\right)-\alpha^*}}$$

$$(4-13)$$

如果

$$\alpha^* > \frac{-\left(2\frac{\partial \alpha}{\partial \beta} + C_\beta\right) - \sqrt{\left(2\frac{\partial \alpha}{\partial \beta} + C_\beta\right)^2 - 4C_\beta\frac{\partial \alpha}{\partial \beta}}}{-2C_\beta}$$

不存在无价值转移的解。

证明见本章附录。下面举例来解释这些命题,假定图 4-2 中的基准模型参数值如下:

$$W_0 = 200,\ U_{res} = 300,\ W_e = 1\,000,\ \beta = 80,\ \delta = 0.7,\ I = 1\,000$$

情况(i):保持其他变量不变,当折现因子 δ 从 0.7 减小到 0.5 时,得到图 4-3。在图 4-3 中,当折现因子减小时,无价值转移的约束线向右移动,移至三角形 ABC 外。此外,折现因子 δ 越小,无价值转移的约束线越向右移,无价值转移的解存在的概率越小。直观地看,折现因子越小,代理人越不关注未来。转移公司价值被发现而受到的未来惩罚小于当前从转移公司价值中获得的收益。当折现因子太小以至于失业的惩罚对代理人的违规行为无任何约束力时,委托人完全控制代理人当前活动几乎是不可能的。在这种情况下,委托人不得不允许代理人一定程度的工作懈怠。例如,当代理人临近退休时,他转移公司价值的诱惑远远大于职业生涯早期,

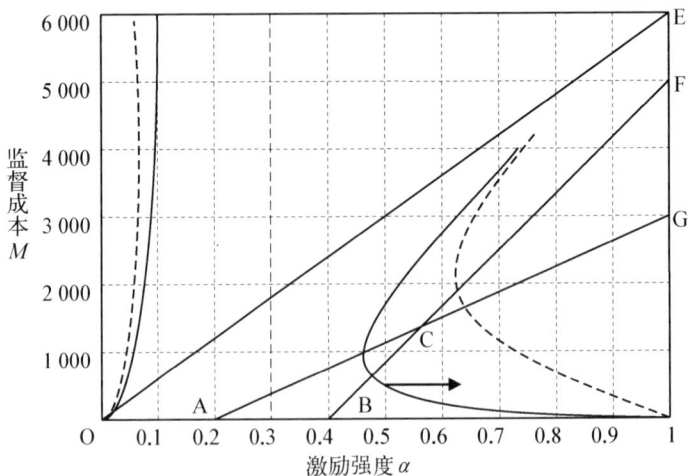

图 4-3 情况(i):折现因子太小而致无价值转移的治理机制不可得

原因就是折现因子发生了巨大变化。

　　情况(ii)：保持基准模型中其他变量不变,当监督效率的反向测量工具 I 从 1 000 增加到 2 500 时,得到图 4 - 4。从图中可知,当监督无效率增加时,无价值转移的约束线向右移动,与三角形 ABC 不再有交集。而且,I 越大,无价值转移的约束线越向右移,无价值转移的解存在的概率越小。这种情况表明,当公司治理制度不严时,委托人需要花费更大的成本获得相关信息,同时还要实施严格的监控,往往造成得不偿失,因而在这种情况下代理人逃脱违规惩罚是很容易的。例如,加芬克尔(Garfinkel, 1997)发现,新出台的更严格的联邦内幕交易法(ITSFEA)大大减少了内幕交易活动。I 也可以理解为监督效力变量。当公司的监督无效时,例如,董事会软弱、股权分散、公司纲纪松弛,这种情况下密切监督代理人活动的成本是非常高昂的。因而,允许代理人一定程度的公司价值转移反而是较好的选择。譬如,菲尔德和卡尔波夫(Field and Karpoff, 2002)发现,其他条件不变时,公司章程中规定有更严格的反并购条款的公司,其经理层的薪酬也较高。

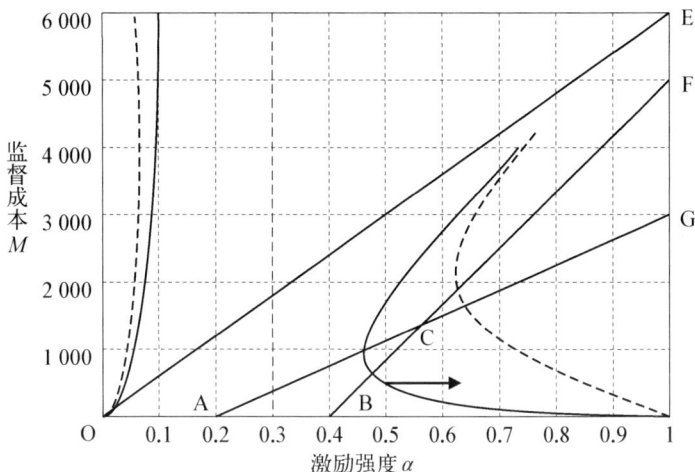

图 4 - 4　情况(ii)：监督效率低下而致无价值转移的治理机制不可得

　　情况(iii)：保持其他变量不变,当把代理人的财富 W_e 从 1 000 变为 500 时,得到图 4 - 5。从图中可知,当代理人财富缩小时,财富约束线向左移动,从而导致无价值转移的约束线不再在三角形 ABC 内。也就是说,W_e 越小,无价值转移的解存在的概率越小。如前所述,财富约束也可以理解为简化的代理人风险厌恶约束。当代理人财富缩小或代理人明显属于风险厌恶型,委托人很难实施高强度的绩效薪酬激励。此时,委托人不得不提高代理人的固定薪酬水平或允许其更多的价值转移,以满足代理人的参与约束。然而,固定薪酬不足以激励代理人努力增加委托人效用。因此,价值转移代替了绩效薪酬激励并促使代理人为委托人及自身利益投入更多的努力(Bebchuk and Jolls,1999)。

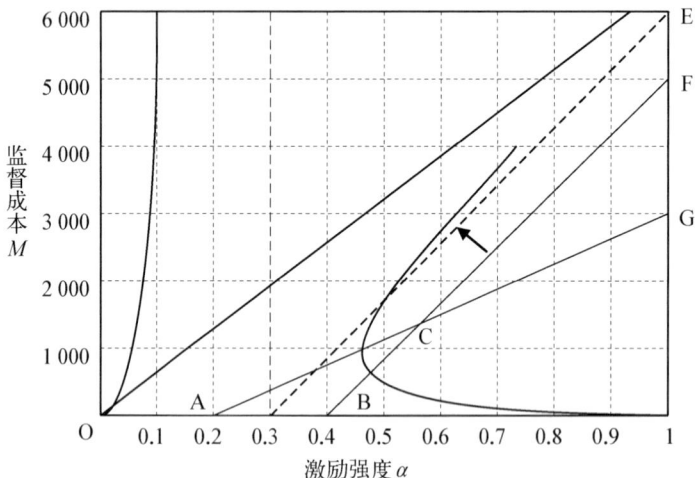

图 4-5 情况(iii):代理人财富不足而致无价值转移的治理机制不可得

情况(iv):保持其他变量不变,将经理人的边际生产力从 100 增加到 110,得到图 4-6。从图中可知,当经理人的边际生产力 β 增加时,所有约束变量,财富约束线、参与约束线和无价值转移约束线都向上移动,导致无价值转移约束线与三角形 ABC 不再有交点。由此看来,经理人的边际生产力对治理机制设计有多重影响。首先,边际生产力越大,经理人的努力对企业价值的影响越大。在这种情况下,企业从代理人努力中获得更多,因而允许一定的价值转移是有好处的,因为能激励代理人投入更多的努力。其次,边际生产力越大,相对价值转移比例 D_i 越大,因而价值转移的绝对量越大。这使得代理人从转移公司价值中获利更大。如果控制机制不变,使代理人保持忠诚几乎是不可能的。或许,加强监督能抵消价值转移带来的激励效应,但监督成本上升很快。因此,出于公司利益考虑,不得不允许价值转移。

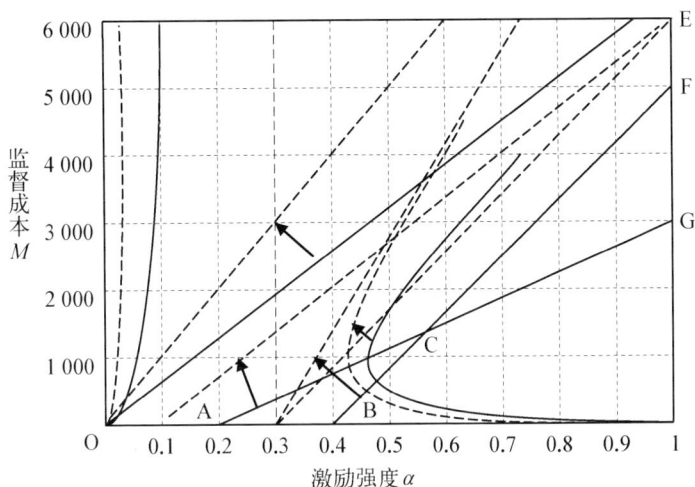

图 4 - 6　情况(iv):经理人边际生产力过高而致无价值转移的治理机制不可得

4.2　扩展模型:经理人类型不确定下的分析

4.2.1　管家理论与代理理论

管家理论(stewardship theory)最早是由唐纳森和戴维斯(Donaldson and Davis,1991)提出的。他们在对代理理论的基本假设和主要观点分析的基础上指出,代理理论对人性的假设是片面的,在现实中,还存在另一种角色的管理人员,他们有着对成就的需要,希望通过成功地完成工作而得到内在的满足,希望得到同事或他人的认同,因而他们的行为可受非金钱的激励。更进一步,随着管理人员任职时间的增加,对组织的认同程度越高,他越会将个人形象与公司的声望整合起来,他会意识到其利益与公司乃至委托人的利益是紧紧相连的,这种观点导致了管家理论的出现。

不同于经典的代理理论,管家理论认为,管理人员(经理人)不再是一个简单的代理人,一个自利、个人主义和机会主义的偷懒者,而是集体主义、合作主义的公司资产的好管家,他们的行为不再完全受金钱的激励。作为管家,他们有成就需求,希望通过成功地完成工作而得到内在的满足,希望得到大家的认同。通过对个人需要和组织目标的权衡,结果是:为组织努力工作,使组织目标满足,在追求组织价值最大化的过程中达到个人效用最大化。因而,董事会对经理人的严密监督和控制是没有必要的,代理理论对经理人内在的机会主义和偷懒的假设也是不合适的。

4.2.2 研究假设修正

根据前述理论,本部分将修正关于代理人自私和机会主义的原始假设,而假定经理人拥有一定程度的道德水准 θ[①],$\theta \in [0, 1]$。$\theta = 1$ 表明经理人是一个完全的机会主义型代理人,$\theta = 0$ 表示经理人是一个利他的,以公司利益为上的"管家型"代理人(Donaldson and Davis, 1991)。假定经理人知道自己的类型,经理人的期望收益是:

$$EW' = \frac{W_0 + \alpha(X - M - \theta D) + (1 - Pq)\theta D}{1 - \delta(1 - q)} \qquad (4-14)$$

当经理人转移公司价值的期望收益小于无价值转移的期望收益时,即

$$\frac{(1 - \alpha)}{1 - \exp(-M/I)} - \frac{\delta}{1 - \delta} \frac{W_0 + \alpha(X - M)}{\theta X} \leqslant 0$$

他会选择保持忠诚。否则,经理人将转移公司价值数量为:

$$D^* = \frac{1}{P}\left[\frac{(1 - \alpha)\theta X}{1 - \exp(-M/I)} - \frac{\delta}{1 - \delta}(W_0 + \alpha(X - M))\right]$$

$$(4-15)$$

---

① 道德水准 θ 不同于折现因子 δ。经理人的折现因子影响其正常报酬和转移价值的现值,$W_0 + \alpha(X - M - D) + D$;而经理人的道德水准仅仅影响绝对价值转移量的现值。

可以推得，

$$\frac{\partial D_i}{\partial \theta} > 0 \Rightarrow \theta \uparrow , \ D_i \uparrow$$

因此，其他条件不变，当经理人忠实于道德操守较好（θ 较小）时，他更可能保持忠诚或转移很少的公司价值。极端地，若经理人属于管家型（$\theta = 0$），他根本不会转移公司价值（$D = 0$）。①

下面来考察委托人问题。首先，把经理人类型简化为两种极端情况：$\theta^S = 0$（管家型）和 $\theta^A = 1$（代理人型）。假定经理人知道自己所属类型并且类型固定不变。然而，委托人在雇佣经理人时并不知其所属类型，委托人仅仅知道经理人属于管家型的概率为 $P_1(P_1 \in (0, 1))$，属于代理人型的概率为 $1 - P_1$。委托人会从两种公司治理机制中选择：授权（$M = 0$）或控制（$M > 0$）。授权意味着不会实施监督，控制表示股东会花费 $M > 0$ 以监督经理人的工作。如果委托人雇佣的是管家型经理并予以授权，那么经理人不会损害委托人利益。因此，委托人目标变为：

$$\max V_D^S = X - M - (W_0 + \alpha X) = (1 - \alpha)X - W_0 \quad (4-16)$$

s. t. :

$$W_0 + \alpha X - 0.5 e^2 \geqslant U_{res}$$

$$e^* = \arg \max [W_0 + \alpha X] - 0.5 e^2 = \alpha \beta$$

$$\alpha X \leqslant W_e$$

因此，最优的治理机制是：$\alpha^* = Min\left[\dfrac{\sqrt{W_e}}{\beta}, \ 0.5\right]$，$M^* = 0$，$W_0^* = 0$。

如果经理人属于代理人型但委托人将他视为管家型并按照上面的办法 $\alpha^* = Min\left[\dfrac{\sqrt{W_e}}{\beta}, \ 0.5\right]$，$M^* = 0$，$W_0^* = 0$ 予以授权。根据命题 2，代

①　θ 也可以理解为经理人转移公司价值所获收益的折现因子。当经理人更忠实于道德操守时，他转移公司价值所获收益的折现因子较大。因而，他的总体收益较小。

理人的最优努力水平为 $e^* = [\alpha^* + (1-\alpha)D_i]\beta$。由此,委托人效用变为:

$$\max V_D^A = X - [W_0 + \alpha(X-D)] - D$$

$$= (1-\alpha)(1-D_i)\beta e^*$$

$$= (1-\alpha)(1-D_i)\beta^2[\alpha^* + (1-\alpha)D_i]$$

$$\Rightarrow V_D^{A*}/V_D^{S*} = (1-D_i)^2 + \frac{D_i - D_i^2}{\alpha^*} < 1$$

$$\Rightarrow V_D^{A*} < V_D^{S*}$$

换言之,如果企业采用授权方案,当经理人是代理人型而非管家型时,委托人效用会变小,效用差 $\Delta D = V_D^{S*} - V_D^{A*} > 0$。

相反,如果企业对代理人进行控制并采用前面的最优治理机制。假定经理人属于管家型 $\theta^S = 0$,很容易证明委托人在这种治理安排 (V_C^{S*}) 下的效用小于经理人实际是代理人型 (V_C^{A*}) 下的效用。直观地,管家型经理人不会转移企业资源,强化监督只会导致成本上升而不会促使经理人投入更多的努力。这种情况下的效用损失是 $\Delta C = V_C^{A*} - V_C^{S*} > 0$。

以上分析表明,最优的公司治理机制依赖于经理人所属类型。对于代理人型经理人,控制是最优治理机制的核心;而对于管家型代理人,授权优于控制。对于代理人型经理人和管家型代理人,不存在一个通用的最优治理机制。经理人类型和治理成本之间的关系可以用图 4-7 来解释。图中 X 轴表示经理人道德,左端点 $\theta = 0$ 代表经理人属于管家型,右端点 $\theta = 1$ 代表经理人属于代理人型。两个 Y 轴表示选择特定治理机制(分别是授权和控制)的总效用损失。点 S_0 表示当管家型经理人被当作管家型且被委托人授权时的情况。这时,委托人的效用最大并且损失为 0。点 S_1 表示当管家型经理人受到控制时的效用损失,$\Delta C = V_C^{A*} - V_C^{S*} > 0$。点 A_0 表示委托人对代理人型经理人实施控制,委托人效用最大且损失为 0。点 A_1 表示代理人型经理人被授权时的效用损失,$\Delta D = V_D^{S*} - V_D^{A*} > 0$。

委托人面临着无法确定经理人类型的困境。当他认为经理人是代理人型并对其授权时,他失去 ΔD 的概率为 $1-P_1$。相反,当他认为经理人是管家型并进行控制时,他损失 ΔC 的概率为 P_1。委托人最佳的治理机制是

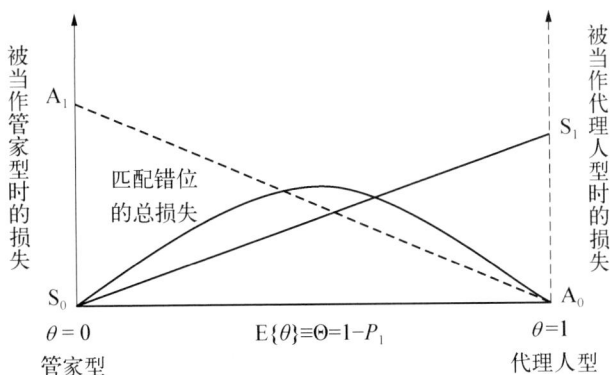

被当作管家型时的损失

匹配错位
的总损失

A_1

S_1

被当作代理人型时的损失

S_0

A_0

$\theta = 0$
管家型

$E\{\theta\} \equiv \Theta = 1 - P_1$

$\theta = 1$
代理人型

图 4 - 7　经理人类型和治理成本的关系

使其总成本最小化。

$$\min_{a, M} C = P_1 \Delta C + (1 - P_1) \Delta D$$
$$= P_1 (V_C^{A*} - V_C^{S*}) + (1 - P_1)(V_D^{S*} - V_D^{A*}) \qquad (4-17)$$

例如,若 $P_1 \to 1$,经理人很有可能是管家型的,那么授权就比控制好;相反,若 $P_1 \to 0$,那么经理人很有可能是代理人型的,那么控制就比授权好。因此,授权还是控制取决于经理人类型的分布 P_1 以及相对成本 ΔC 和 ΔD。

只要存在两种类型的经理人且委托人不能确定经理人所属类型,那么任一特定的治理机制(要么控制要么授权)并不总能实现价值最大化。比如委托人选择控制以最小化预先的错配成本,但经理人结果是管家型的,在授权下能获得更好的企业绩效。在这种情况下,治理方案和公司绩效之间的关系可能并不确定。

4.2.3　模型主要结论

模型分析结果表明,限制经理人价值转移需要权衡成本收益。经理人价值转移并不是绝对对企业有害,因为它对促使经理人投入更多的努力有激励作用。研究还发现,在特定情况下,允许经理人价值转移的治理机制优于限制价值转移的治理机制。最后,模型表明,企业内部控制的有效性和经理人价值转移的数量受经理人类型影响。没有一个通用于所有类型经理人的最优治理机制。

在许多情况下,经理人有能力从股东那里抽取租金。这种以超额薪酬或其他价值形式表现的寻租行为难以避免,尤其当监督成本高昂时。这并不是一种治理失控现象,而是在特定环境和组织约束下企业的次优选择,这可以解释国有垄断企业的薪酬水平何以普遍较高。经理人价值转移的条件首先来自外部治理环境。当治理制度不太严格且转移企业价值所受惩罚相对较小时,经理人更可能成功逃脱转移企业价值的惩罚,而这反过来又刺激他们进行更多的转移。此外,经理人的边际生产力也是影响经理人转移价值的关键因素。经理人的边际生产力大小与产业环境、组织设计和经理人特质等有关,而这些又是股东所不能控制的(Finkelstein and Hambrick, 1996)。最后,经理人的特质如风险厌恶、道德水平和对经理人市场的期望也影响经理人转移企业价值的能力。

4.3 模型引申:国有垄断企业
经理人类型分析

中国国有企业的经理人不同于西方自由市场经济条件下成长起来的经理人,很难将其笼统地归为"代理人型"或"管家型"。在计划经济体制下,中国国有企业经理(厂长)只能算是行政性配置资源的执行者,被动地、忠实地执行上级主管部门指令是最优选择,自己本身并不具备自主地设计生产函数的动机和权利。转型期的国有企业经理人仍然不能算作真正意义上的经理人,他们大多是由国资管理部门或者上级考核选拔任命,真正从市场中选拔的经理人并不多,行政任命的缺陷会导致任命的经理人不对资本的委托人负责,只对任命他的上级党委和组织部门负责,他们只是介于计划经济与市场自由经理人之间的一种过渡范畴,可称为"准经理人"。一方面他们已经开始具有市场自由经理人的某些特征,开始体现出人力资本价值；另一方面，他们仍受到社会资本的很大制约，而不是像市场自由经理人那样主要受市场竞争的约束。

国有垄断企业的经理人和一般国有企业的经理人在本质上是相近的，但也有差别，主要体现在三点：在来源上，一般国有企业的经理人可能出自政府部门委派，也可能来自双向选择式的市场招聘，而国有垄断企业的经理人一律来自政府委任；在任职期限上，一般国有企业开始采用市场化的任期制，而国有垄断企业还是采用政府公职人员的退休（离休）制；在绩效考核上，二者都有经济绩效外的社会绩效要求，而国有垄断企业在社会绩效方面的考核要求更高。

4.3.1　经理人类型的动态观

本章第二节假设经理人类型一旦确定不再变化，但事实上，经理人的类型也处在动态变化中。经理人在公司董事会中的领导地位和权力有一个从小到大、由弱变强的逐步发展过程，其所属类型往往也会发生演变。一般来说，政府主管部门委任经理人的初期，经理人在公司的领导地位和权力相对较小，而在任职后期，尤其是当经理人在工作中取得了较大的成就，充分展示了自己的能力以后，其在公司的领导地位和权力则会急剧上升，甚至可以控制整个公司。随着经理人在公司中的领导地位和权力的逐步巩固，经理人的工作态度和精神面貌也将会发生重大变化。一般来说，在经理人取得重大成绩、充分展示自己能力之前，他们往往会努力适应新的工作环境，学习新的知识，发展新的工作关系，服从董事会领导，忠实委托人利益，表现出"管家型"经理人的诸多特征，而且这些行为往往是主动的，是受内在动机激励的。而当经理人在工作中获取了重大成就、展示了自己的工作和领导能力以后，他们的自利心理和自负心态往往容易萌发和凸显出来，他们往往会趋于保守、不思进取或刚愎自用，并且倾向于培植自己的势力，提拔忠实于自己的管理人员，而排斥敢于挑战自己权威的管理人员。换言之，这时，经理人倾向于为追求自身私利而采取机会主义行为。

一般地，经理人领导地位和权力的发展与对其可能存在的自负心态和机会主义行为的控制均是委托人应该关注的焦点。伴随着领导地位和权力的发展变化,经理人往往在任期内由兢兢业业、恪尽职守的"管家"逐步演变为追求个人私利最大化的机会主义"代理人"。因此,随着经理人任期的推延,委托人关注的焦点应该从通过授权使经理人最大限度发挥能力优势逐渐转向控制经理人的自负心态和机会主义行为。这种发展变化关系可以用图4-8来表示。

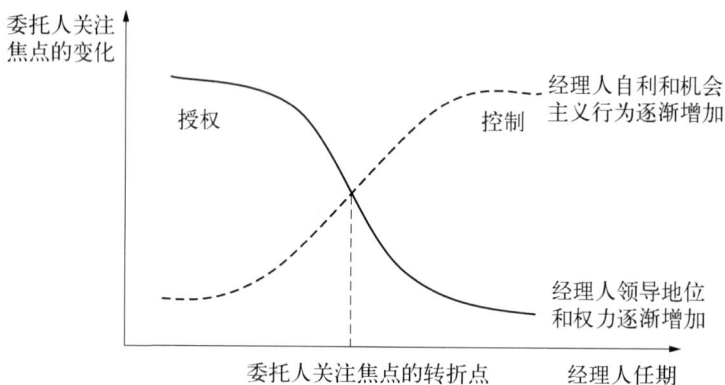

图 4-8 委托人关注焦点的转换

如图4-8所示,关于经理人任期内领导地位和权力发展与机会主义行为控制关系的演化实质上是对管家理论和代理理论进行整合的结果。经理人在公司的领导地位和权力往往经历了一个从小到大、由弱变强的逐步发展过程,而领导地位和权力的巩固和发展是经理人采取机会主义行为的重要前提条件。当经理人受到委派走马上任,在公司的领导地位和权力得到巩固之前,经理人面临诸多挑战。这时,经理人就受到努力工作、恪尽职守的内在激励,否则将面临被降职的风险;另一方面,由于经理人刚接触一个全新的工作环境,需要认识和适应新的环境,工作知识和技能尚不完全具备,还需要与管理团队中的其他成员进行磨合和相互适应。此时,若离开了委托人的支持,经理人很可能在其领导能力还未充分展示之前就被替换。因此,在经理人任职前期,会选择成为"管家型"经理人,努力与委托人发展一种相互合作、信任的工作关系。而当经理人通过熟悉新的工作环境、学习新的工作知识和技能、发展新的工作关系,在工作中取得了重大成就,领导地位和权力得到巩固之后(一般在任职多年以后),委托人则应保持高度警惕,谨防经理人的自负心态和机会主义行为,如培植自己的势力、内幕交易、大幅提高在职消费等。在这种情形下,委托人应该加强对经理人的监督和控制,防止经理人可能出现的自负傲慢心态及机会主义行为,同时维护公司利益。

4.3.2　国有垄断企业经理人类型选择博弈

前面分析的立足点是经理人在任职期间随着领导地位和权力变化,从"管家型"逐渐转变为"代理人型"这一假设,但把这一演化路径绝对化并不符合现实世界中的国有垄断企业。由于个人心理状态和环境因素的不同,从而导致在不同的情形下委托人和经理人的关系可能表现为委托人—代理人关系,也可能表现为委托人—管家关系。

经理人在某种情境下,其角色可能不再是一个机会主义的自利者,而是一个公司资产的好管家。委托人和经理人的关系到底是管家关系还是代理关系,首先取决于双方的心理状态倾向[①],这种倾向使得双方有一个选择;其次现时的情境因素对双方的选择会产生影响;最后,对对方选择的认知判断也会影响双方的选择。对于委托人来说,其愿意承担的风险水平这一心理倾向是第一个影响因素。风险厌恶的委托人更愿意将其财产的经理人看作是自利的代理人,从而他必须承担一个为降低经理人的机会主义行为的风险从而确保委托人的效用的成本,这便是代理成本。而愿意选择将经理人看作是管家的委托人是一个风险偏好者,因为他愿意冒险去相信经理人愿为其利益的最大化而行动。这时信任的存在使委托人不再设置严格的控制机制去约束经理人,因而代理关系中的代理成本不复存在,但风险却增加了,这里的风险存在于经理人对关系的选择。如图 4-9 所示,委托人和经理人对双方关系的选择是一个如同"囚徒困境"的模式。

---

① 不同的个体由于成长的物质环境和人文(文化)环境的不同,会形成不同的价值观和对待事物的认知和判断标准。对于企业的委托人与代理人而言,在双方关系的选择上首先会受到这一因素导致的不同心理偏好的影响。

委托人的选择

<table>
<tr><td rowspan="2">经理人的选择</td><td>代理关系</td><td>代理关系
关系：标准的委托—代理关系
行为：一致行为最小化代理成本
Ⅰ</td><td>管家关系
关系：代理人的机会主义行为，
委托人感到被欺骗
行为：增强控制或替换经理人
Ⅱ</td></tr>
<tr><td>管家关系</td><td>关系：委托人的机会主义行为，经理人感到受挫
行为：反组织行为或要求更高的外在激励
Ⅲ</td><td>关系：标准的委托—管家关系
行为：一致行为追求企业绩效最大化
Ⅳ</td></tr>
</table>

委托人—经理人角色选择模型

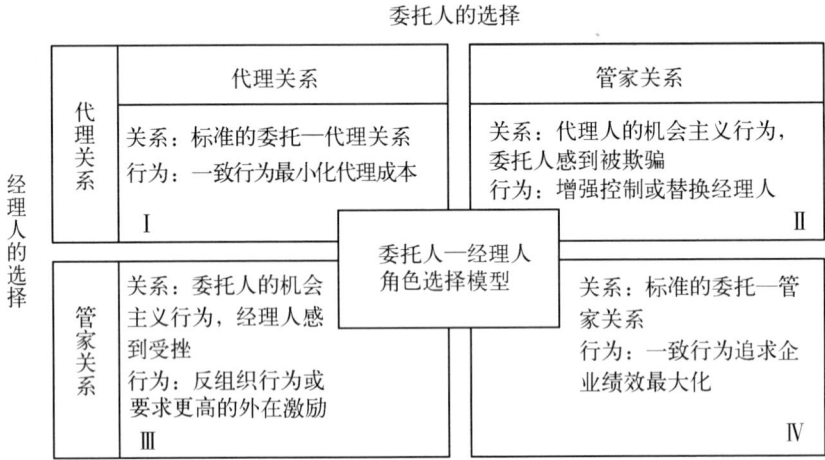

图 4 - 9　委托人—经理人的角色选择模型

在图 4-9 中，当双方选择代理关系时（第Ⅰ象限），结果是真正的"委托—代理"关系产生，委托人可能通过控制机制（如监管等信息系统）或激励机制（报酬契约）来防止代理人的机会主义倾向，由于双方对关系的认识和期望一致，成本会控制到最少。当双方都选择管家关系时（第Ⅳ象限），结果是真正的"委托—管家"关系，双方的目标都是组织目标的实现；经理人具有管家的心理状态，会从实现组织目标中实现个人效用的最大化，委托人也会创造一种授权和参与的环境让经理人最大限度地发挥潜能，双方的关系建立在信任的基础上。在这种关系中，双方的收益都是最高的。困境产生在双方的选择不一致时。当委托人选择代理关系，而经理人选择管家关系时（第Ⅲ象限），结果是委托人出现"道德风险"，经理人感到挫折，他们无法得到内在的奖赏（如成就、自我实现），因而可能出现反组织的行为，或者要求更多的金钱报酬、福利和更好的工作环境；当委托人选择管家关系，而经理人选择代理关系时（第Ⅱ象限），经理人表现出机会主义行为，就像"掉在米缸里的老鼠"，通过牺牲组织和委托人的利益来谋求个人效用最大化，这时经理人的心理状态和委托人创造的情景是不一致的，委托人会觉得被欺骗，其采取的行动将会是增加控制机制或撤换经理人。

对经理人是"代理人型"还是"管家型"的角色选择是委托人与经理人

对双方关系认知的一个博弈过程,其结果会对双方的行为产生重大影响。当委托—管家关系存在于委托人和经理人之间时,双方都将谋求企业绩效最大化。当委托—代理关系存在于委托人和经理人之间时,企业就谋求成本最小化。当双方的关系不是纯粹的代理关系或管家关系时,选择代理关系的一方是机会主义的,选择管家的一方常被出卖,终将蒙受损失。

在博弈过程中,对于委托人而言,选择哪种关系决定于他对风险的可接受水平以及愿意相信对方的程度,对于经理人来说,选择哪种关系取决于经理人的特征倾向。如果双方都倾向于选择代理关系,风险最少;如果双方选择管家关系,利益最大;如果一方选择代理关系,而另一方选择管家关系,则会引起匹配错位,最终导致治理策略失效。

4.3.3　国有垄断企业经理人类型定位

在上述第Ⅳ象限中,当委托人选择管家关系,经理人特征与倾向于管家关系的心理和情境因素相符时,经理人会按照管家角色一样行事,通过完成组织使命和目标来获得利益,委托人授权给经理人,双方实现了合作,结果就达到最大化公司潜在绩效的管家关系。这种状态下,双方获利最高,组织实现利润最大化回报。既然"委托—管家"关系能使双方的利益达到最大化,即实现"双赢",那么接下来的问题是:国有垄断企业如何产生"管家型"经理人?

"管家型"经理人产生的一个非常重要的条件是"信任"。当把委托人和经理人的关系界定为"委托人—代理人"关系时隐含着一个前提:双方是在单次博弈的情况下行动。之所以作出这样的判断,是因为在单次博弈(如保险公司和投保人,买卖双方)的情形下,双方没有足够的时间和机会对对方进行信息甄别,即使察觉了对方的机会主义行为,也没有机会采取惩罚策略。这样,代理人的机会主义行为的产生不可避免。事实上,在一次性关系中,无论用什么规则都难以克服"搭便车"行为。但是现实的企业中委托人和经理人之间的关系,不可能是单次博弈,随着经理人任职期限的延长,作为委托人的政府机构观察和甄别作为代理人的经理人行为的机会不断增加,识别信息的成本相应降低,并且委托人在识别代理人的机会主义行为后,有足够的时间实施惩罚。在这种情况下,经理人必然会减少机会主义行为,并寻求和委托人的长期"关系契约"。这里出现的关系契约和传统的一次性经济交易是不同的:双方都会将关系的发展看作长期的(退休为界),这样增加了他们对彼此关系的认同以及彼此之间的相互信任。因而可以说,重复博弈的情形使双方的信任度增加,而这正是"管家型"经理人产生的保证。

对于国有垄断企业经理人的激励机制的设计应建立在经理人角色定位的基础上。这要求,一方面激励机制的设计在考虑薪酬激励的同时,也考虑社会认知的激励作用;另一方面,考虑到"委托—管家"关系对于信任的要求,应重视当前导致大多数国有垄断企业经理人"不求有功,但求无过"行为产生的"激励不足,约束过严"的现实,修正过去对于国有垄断企业经理人激励的思路,更多地运用激励机制,而约束机制仅应起适当的辅助作用。

4.4 转轨经济下规制困境与治理困境并存

在国有垄断企业里,内部人价值转移问题没有"外部人控制"几乎是不可能产生的。在产权主体非人格化的情况下,内部人价值转移问题的产生是外部人向内部人寻租及二者之间合谋的结果。

4.4.1 企业经营者与政府主管官员的合谋

国有垄断企业在向现代企业制度转轨过程中,因为特定的委托—代理关系,行政主管部门代表国家管理国有资产,成了企业的所有者(代表)。这意味着政府主管官员掌握了企业很大控制权,主要表现在:很多国有垄断企业经营者由相关的政府部门(组织部、各级国资委等)考核和任命;国有垄断企业的战略决策还受到政府主管部门的审批和影响等。为得到较好评估及其他个人目的,经营者就会主动寻求政府主管官员的合作。但由于政府官员对财产权利的使用与转让的最后成果不享有充分的收益权,他们对经济绩效和其他成员监督的激励就会降低。作为国有产权的代表在监管过程中难以充分体现产权所有者的意志。因为"现代企业理论强调企业的控制权和剩余索取权应尽可能匹配,即权利与责任的分布应尽可能对称,否则,控制权就会变成一种'廉价投票权',拥有控制权的人不对使用权力的后果负责"。因此,当国有垄断企业经营者为实现个人私利主动向政府官员"示好",通过贿赂来使主管官员选择对他们自己有利的决策时,政府主管官员可能会放松监督,特别是在放松监督能从经理人那里获得好处而又不会受到处罚的情形下,政府官员与企业经理人之间的合谋就会形成。

另外,从寻租理论看,政府主管官员在握有企业部分控制权的情况下,可能会通过主动设租以获得自己个人利益最大化,在获得租金后也必然会对经营者的谋利行为给予支持。其结果是内部人价值转移与外部人控制的并存。

内部人价值转移的后果无非是国有垄断企业经营者作为国有资产代理人而侵蚀所有者权益,为得到外部人对此行为的默许乃至保护,内部人愿意一定程度的"政企不分";而外部人控制的目的正是通过纵容甚至鼓励内部人侵蚀国有资产权益以从中分享,为此外部人在某些方面放弃自己制度内的监督职责直至在制度内创造某些租金机会。某种意义上,外部人控制与内部人价值转移的并存就是一个外部人与内部人共同设租—寻租的过程。委托—代理理论的前提是完善的市场机制,在市场机制不健全的情况下,政府承担了一部分本该由市场进行的资源配置任务,例如对企业代理人的选择。在这种情况下,国有垄断企业的主管部门与由其任命的企业经营者只能视为一种特殊的委托—代理关系。与一般委托—代理关系不同的是,此处的委托人目标并不与市场效率具有一致性;与一般委托—代理相同的是,委托人都不可能观测到后者的工作努力程度是否与其所得报酬相适应,而能观察到的只是后者的工作结果。在这里,我们可以通过一个简单的博弈模型,来分析内部人价值转移与外部人控制并存的问题。

为了讨论方便,将代理人行为分为三类:第一类,不能完成上级任务,称为"不合格";第二类,只能完成上级任务,称为"合格";第三类,超额完成上级任务,称为"优秀"。下面建立一个简单的模型。在该模型中,主管者与三类竞争者之间有一个两阶段合同:在第一阶段中,主管者给所有竞争者相同的工资 S_1;在第二阶段中,晋升者工资收入将上升为 S_H,而未能晋升者工资水平为 S_L,晋升比例为 P。给出竞争者的最优努力函数为:

$$a = h\{S_1, S_2, S_H, P\} \tag{4-8}$$

其中,$S_2 = \text{Max}\{S_L, S\}$,而 S 为保留工资。进一步分析该函数对这四个变量的偏导数,可以得出如下几个基本结论:(1)最优努力水平与第一阶段的工资无关,必须能够使竞争者对优秀选择形成乐观预期,会在第二阶段的晋升中得到补偿和奖励;(2)当制度设计不能使获得晋升者与未获得晋升者在第二阶段的收入出现差距的时候,制度不能发挥作用;(3)最优努力 a 对变量 P 不具有单调性。除了要注意上述准则之外,还需要把握两点:一是用于进行排序的指标必须具有可比性;二是激励机制必须具有相容性。

长期以来,中国国有垄断企业领导者的职位都是与行政级别挂钩的,工资级别能不能得到提高在很大程度上取决于其职务能否得到晋升,而职务的晋升依赖于其业绩在所有竞争者中的相对排名次序,而与其绝对表现无关。然而,职务晋升制度的优秀激励作用远远达不到要求。最根本的原因在于,职务晋升制度作为一种敬业激励机制存在着激励不完全相容。假设上级主管部门对晋升竞争者的相对业绩进行排序的评定函数如下:

$$K = aK_1 + bK_2 + cK_3 \tag{4-9}$$

其中,K 代表代理人相对业绩的综合排序指标,K_1 代表工作业绩指标,具有激励相容性;K_2 与 K_3 为非工作业绩排序指标,例如学历、资历、关系等,不具有优秀激励相容性。一般而言,如果要激励作出优秀选择,必须将 a 值定到比 b、c 值大出很多,而 b、c 的相对大小则是相机选择的结果。在这样的情况下,如果竞争者之间作出非一致选择,则根据函数对成绩进行排序,优秀者将会有很大优势获得晋升;如果二者选择一致,那么 b、c 值将起到决定性作用,这就为委托人提供了可乘之机。委托人可以借此操纵值的设定,从而使得寻租者获得晋升。

假设有 A、B 二人,委托人受寻租者 A 影响,设计一个不完全相容性的优秀激励机制,同时以业绩和其他指标(例如资历)的评比来对二人进行排序,从而决定谁最终可以得到领导者位置。假设:(1) 在博弈中,二人均有两种选择,合格与优秀,选择合格则无须付出努力成本,选择优秀则需要付出成本 Δc,如果获得职位,则获得 $\Delta \pi$ 的收益。(2) 机制为:如果二人选择不一致,则选择优秀者胜出;如果二者选择一致,则资历深者胜出。(3) A 先行动,随后 B 行动,如果后者对前者构成威胁,则前者有机会进行改变。如下图就是对此次完全信息博弈的扩展式表述。

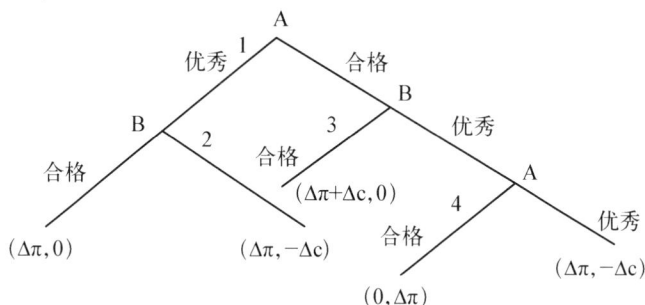

图 4-10　委托人和寻租者之间的博弈

使用逆向归纳法,求解上述博弈的子博弈精练均衡为:二人都只选择"合格"表现。此时,二人都没有付出任何努力,企业也不会有任何超额产值与利润产生。但是,A 将获得职位,从而获得收益 $\Delta \pi$。既然 A 本身并没有创造(也不需要创造)任何超过规定的产值与利润指标,那么,租金就只能来自对国有资产的侵蚀,并且由于最根本的原因在于经营者的任命与考核在于主管者,因此租金不能被内部人独得,他必须与主管者共享。

之所以出现这种状况,有三点原因:(1) 由于利润最大化等纯经济变量通常不是国有垄断企业经营的唯一目标(甚至不是主要目标),而非经济目标又不容易量化和精确测定,所以,经理人业绩的准确评估和有效激励便存在相当难度。同时,国有垄断企业现行绩效评价的主要指标均来源于企业的财务报表,因此企业很容易通过运用各种财务措施,来改善财务报表的有关项目,从而掩饰侵蚀资产的现实。(2)即使努力成果能够按照某种合理的评估规则严格排列出次序,但如果成果的大小非常接近,主管部门往往会寻找其他排序指标以最终决定相对业绩排序。(3)即使能够在某种合理的评估规则下严格排列出次序,但如果对晋升评定过程缺乏有效监督,主管部门受寻租活动的影响,也会有意不去选择激励相容的优秀努力成果指标作为相对业绩的排序指标。

市场压力对于代理人的行为缺乏约束力,经营者的选用范围和选任主体基本上是政府行为,被解职的只可能是造成严重亏损事故者,因此,在可执行的合格契约中,经营者只付出最低水准的努力就可以满足合格要求,而将其他的时间与精力用于满足其他非绩效指标。不仅如此,该制度为身为委托人的上级主管部门的机会主义提供了可乘之机,提供了设租渠道。由此可见,外部人控制既通过对人的控制来实施,也通过对规则的控制来实施。通过寻租网络的构建,企业的内部人与外部人连接成为一个有系统地配合寻租的组织。在这个寻租组织中,为了达到合谋的效果,外部人允许内部人价值转移的存在,这个时候就形成了国有垄断企业中内部人价值转移与外部人控制并存的现象,成为国有垄断企业契约性质变异的重要乃至主要原因。因此,要深化国有垄断企业改革,抑制内部人价值转移与外部人控制并存的问题,必须从根本上界定市场、政府和企业的界限,区分它们各自的功能特征、效率边界与规模极限,合理界定它们各自发挥功能的适宜范围与作用空间。

4.4.2 市场、企业与政府作用范围的合理界定

决定经济组织作用范围的因素可以分为多个方面。综合现有文献,大体上包括:

(1)交易费用。交易费用是经济组织产生的重要原因之一。一般来讲,经济组织规模越大,节省的交易费用也越多。同样,市场交易费用越高,经济组织的规模越倾向于扩大。

（2）资产专用性。当资产专用性程度较高时，面临的交易费用越高。因而组织规模越大，节省的生产费用与交易费用越多。

（3）外部性。一种经济活动的外部性程度越高，越需要匹配较大规模的经济组织，从而将外部性问题内部化，以降低交易费用。

（4）物品公共性。与外部性问题相一致，一种物品的公共性越强，越需要将其置于一个较大规模的组织之中，从而避免产生溢出效应。

（5）内部管理成本。一般地，组织规模越大，内部管理成本越高。因此，内部管理成本对经济组织的效率规模起收缩作用。

（6）垄断利润。一般地，组织规模越大，其获取垄断利润的可能性越大。或者说，获取垄断收益的潜力越大，越刺激组织规模扩张。

表 4-1 从不同维度反映了上述若干方面与组织规模及其效率的关系。

表 4-1　经济组织规模的效率决定因素

效率因素 ＼ 规模决定	规模相关性	大规模集团	小规模集团
交易费用	强	节省交易费用	交易费用高
资产专用性	强	与专用性匹配	与通用性匹配
外部性	强	与强外部性匹配	与弱外部性匹配
物品公共性	强	与强公共性匹配	与弱公共性匹配
组织管理成本	强	高	低
垄断利润	强	高	低

一般来说，经济组织的效率依具体的交易技术结构和体制组织形式而决定。同一交易技术结构与不同的体制组织匹配时，交易者将表现出不同的行为倾向，从而导致不同的交易费用，而交易费用的高低反映了交易技术结构与体制组织的相容性程度。具体来说：

（1）当资产专用性很弱（接近或等于通用性资产），且财产的公共性较低，交易规模小，适合于采用市场体制。它属于市场机制的作用范围。

（2）当资产专用性中等，财产的公共性一般，交易规模中等，适合于采用纵向中间性体制。这类组织体制具有过渡性。

（3）当资产专用性较强、财产的公共性较高、交易规模很大，适合于采取企业体制。

（4）当资产专用性很强、财产的公共性很高时，适合于采用政府体制。

（5）当资产专用性极强、财产的公共性极高时，缺乏与之相匹配的体制组织，或者说存在体制组织缺位。

下图描述了不同组织体制的功能边界与作用范围。

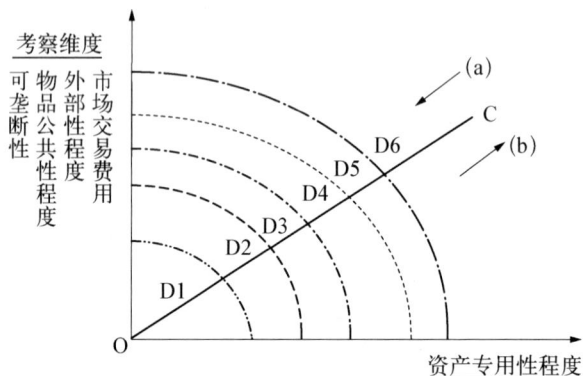

图 4 - 11　市场、企业与政府：边界及作用范围

注：图中 D_1 表示市场体制的作用范围；D_2 表示纵向中间性组织的作用范围；D_3 表示企业体制的作用范围；D_4 表示企业体制与政府体制的中间性组织的作用范围；D_5 表示政府体制作用范围，D_6 表示缺乏适宜的体制组织安排。虚线代表作用边界。

图中的曲线 C 反映不同体制组织的交易费用与组织成本：当箭头指向右上角（箭头 b）时，表明继续采用该类体制组织将面临较高的交易费用；当箭头指向左下角（箭头 a）时，表明继续采用该类体制组织将面临较高的组织成本。市场交易费用使组织倾向于扩大规模；组织成本使组织倾向于收缩规模。

上述分析表明，在不同的交易技术结构条件下，市场、企业与政府等不同的经济组织各有其发挥作用的空间与边界，它说明，在社会经济活动中，哪些活动由政府负责、哪些活动交由市场和企业，需要做出明确和有效的安排。体制组织的科学选择及各自作用范围的科学界定，是解决国有垄断企业内部人价值转移与外部人控制的并存问题，并进而遏制寻租活动和国有资产流失的重要前提。

4.5 本 章 小 结

本章分析了国有垄断企业的治理困境,即经理人价值转移会损害企业利益,而限制经理人价值转移又会对经理人的努力水平形成负激励。所以,治理困境的实质是成本收益的权衡。

本章从董事会监督和激励机制设计角度全面考察了经理人价值转移对公司价值的影响。首先以兰伯特(Lambert,2001)的代理模型为基准模型,分析在代理人参与、激励相容以及财富约束的条件下如何使委托人的预期效用达到最大化。其次,将基准模型进行扩展,放松经理人是代理人的单一假设,分析经理人类型(管家型或代理人型)不确定下的委托人效用最大化。最后,分析国有垄断企业的特殊性,提出"管家型"经理人是使委托人效用最大化的最佳选择。

中国正处于转型中,规制困境和治理困境并存。深化国有垄断企业改革,需要对政府、企业和市场的作用范围做出明确和有效的安排。它们各自作用范围的科学界定,是解决国有垄断企业内部人价值转移与外部人控制的并存问题,并进而遏制寻租活动和国有资产流失的重要前提。

本 章 附 录

命题 1 的证明:

当代理人忠诚时,他每期的期望收益是 $W_{H_t} = W_0 + \alpha(X - M)$,因而其职业生涯的期望收益是:

$$W_H = \frac{W_0 + \alpha(X - M)}{1 - \delta}$$

当代理人选择转移企业价值时,被发现的概率为 q。如果被发现,面

临的处罚为 PD 且收益为 0。不被发现的话，代理人能得到 $W_0 + \alpha(X - M - D) + D$。因此，代理人的期望收益是：

$$
\begin{aligned}
E(W_{D_t}) &= q(W_0 + \alpha(X - M - D) + D - PD) \\
&\quad + (1 - q)(W_0 + \alpha(X - M - D) + D) \\
&= W_0 + \alpha(X - M - D) + (1 - Pq)D
\end{aligned}
$$

然而，代理人能继续工作到下一期的概率为 $(1-q)$，因此，他职业生涯的期望收益为：

$$
W_D = \frac{W_0 + \alpha(X - M - D) + (1 - Pq)D}{1 - \delta(1 - q)}
$$

当代理人保持忠诚的期望收益大于他转移企业价值的期望收益时，代理人将保持忠诚。也就是说，$W_H \geqslant W_D$。

$$
W_H \geqslant W_D
$$

$$
\Rightarrow \frac{W_0 + \alpha(X - M)}{1 - \delta} \geqslant \frac{W_0 + \alpha(X - M - D) + (1 - Pq)D}{1 - \delta(1 - q)}
$$

$$
\Rightarrow (1 - \delta + \delta q)(W_0 + \alpha(X - M))
$$

$$
\geqslant (1 - \delta)(W_0 + \alpha(X - M) + (1 - \alpha - Pq)D)
$$

$$
\Rightarrow \frac{\delta}{1 - \delta} q(W_0 + \alpha(X - M)) \geqslant (1 - \alpha - Pq)D_i X
$$

$$
\Rightarrow \frac{\delta}{1 - \delta} D_i(1 - \exp(-M/I))(W_0 + \alpha(X - M))
$$

$$
\geqslant (1 - \alpha - PD_i(1 - \exp(-M/I)))D_i X
$$

$$
\Rightarrow D_i \geqslant \frac{1}{P}\left[\frac{(1 - \alpha)}{1 - \exp(-M/I)} - \frac{\delta}{1 - \delta} \frac{W_0 + \alpha(X - M)}{X} \right]
$$

$$
(4 - 18)
$$

由于 $D_i \geqslant 0$，当 $\dfrac{1 - \alpha}{1 - \exp(-M/I)} - \dfrac{\delta}{1 - \delta} \dfrac{W_0 + \alpha(X - M)}{X} \leqslant 0$，式 (4 - 18) 总能满足。因而，代理人将保持忠诚。

否则，代理人将转移尽可能多的价值以最大化自身效用。

$$D^* = D_i^* X = \frac{1}{P}\left[\frac{(1-\alpha)X}{1-\exp(-M/I)} - \frac{\delta}{1-\delta}(W_0 + \alpha(X-M))\right] > 0$$

命题 2 的证明：

当委托人允许代理人转移价值 $D_i(D_i > 0)$ 时，代理人会选择努力以最大化其效用：

$$\begin{aligned}e^* &= \arg\max[\overline{W_0} + \bar{\alpha}(\beta e - M - D) + (1-Pq)D_i\beta e] - 0.5e^2 \\ &= [\bar{\alpha} + (1-Pq-\bar{\alpha})D_i]\beta\end{aligned}$$

同样地，当不允许价值转移时 $(D_i = 0)$，

$$\begin{aligned}e^{*'} &= \arg\max[\overline{W_0} + \bar{\alpha}(\beta e - M)] - 0.5e^2 \\ &= \bar{\alpha}\beta\end{aligned}$$

下面证明 $D_i > 0 \rightarrow 1 - Pq - \alpha > 0$

$$\begin{aligned}D_i > 0 \Rightarrow W_D &= \frac{W_0 + \alpha(X-M-D) + (1-Pq)D}{1-\delta(1-q)} \\ &= \frac{W_0 + \alpha(X-M)}{1-\delta(1-q)} + \frac{(1-Pq-\alpha)D}{1-\delta(1-q)}\end{aligned}$$

$$D_i = 0 \Rightarrow W_H = \frac{W_0 + \alpha(X-M)}{1-\delta} \geqslant \frac{W_0 + \alpha(X-M)}{1-\delta(1-q)} \quad (4-19)$$

如果 $1 - Pq - \alpha \leqslant 0$，那么：

$$\frac{(1-Pq-\alpha)D}{1-\delta(1-q)} \leqslant 0 \rightarrow W_H > W_D \rightarrow D_i = 0$$

那么，$D_i > 0 \rightarrow 1 - Pq - \alpha > 0$。

$$e^* - e^{*'} = (1-Pq-\bar{\alpha})D_i\beta > 0。$$

引理 1 证明：

当参与约束固定：

$$W_0 + 0.5\alpha^2\beta^2 - \alpha M = U_{res}$$

若 $M = 0$，则 $\alpha = \dfrac{\sqrt{2(U_{res} - W_0)}}{\beta}$。

当财富约束固定：

$$\alpha^2 \beta^2 - \alpha M = W_e$$

若 $M = 0$，则 $\alpha = \dfrac{\sqrt{W_e}}{\beta}$。

在财富约束线与参与约束线的交点，

$$0.5\alpha^{*2}\beta^2 - \alpha^* M^* = U_{res} - W_0$$

$$\alpha^{*2}\beta^2 - \alpha^* M^* = W_e$$

$$\Rightarrow \alpha^* = \frac{\sqrt{2(W_e - U_{res} + W_0)}}{\beta}$$

$$M^* = \beta \left[\frac{W_e - 2(U_{res} - W_0)}{\sqrt{2(W_e - U_{res} + W_0)}} \right] \qquad (4-20)$$

要满足式(4-9)，点(α, M)必须在参与约束线以下，在财富约束线和无价值转移约束线以上。因而，无价值转移约束线应与三角形 ABC 有交点。否则，这些约束将无法同时满足。

引理 2 证明：

令(α^*, M^*)为参与约束、财富约束和无价值转移约束同时满足时的解，也就是说，

$$W_0 + 0.5\alpha^2\beta^2 - \alpha M = U_{res}$$

$$\alpha^2\beta^2 - \alpha M = W_e$$

$$G(\alpha, M) = (1 + tf(M))\alpha^2 - \left(\frac{tMf(M)}{\beta^2} + 1 \right)\alpha + \frac{tf(M)W_0}{\beta^2} = 0$$

$\dfrac{dG}{d\alpha}$ 在参与约束和财富约束下都大于 0，则不存在图 4-12 的状况。因而上面提到的 α^* 和 M^* 是关键且唯一解。所以，不等式

$$(1+tf(M^*))\alpha^{*2}-\left(\frac{tM^*f(M^*)}{\beta^2}+1\right)\alpha^*+\frac{tf(M^*)W_0}{\beta^2}\geqslant 0$$ 是

无价值转移的解存在的必要条件。

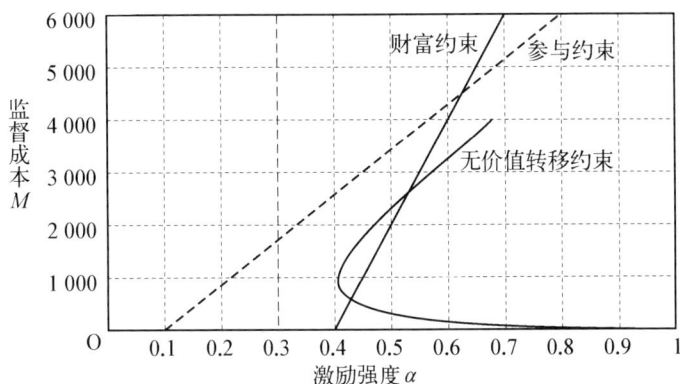

图 4 - 12　极端情况

命题 3 证明：

首先，令无价值转移约束条件 $(1+tf(M))\alpha^2-\left(\dfrac{tMf(M)}{\beta^2}+1\right)\alpha+$

$\dfrac{tf(M)W_0}{\beta^2}=G(\alpha)$，则当 $\alpha=0$，$G(\alpha)=\dfrac{tf(M)W_0}{\beta^2}>0$。

当 $\alpha=1$，$G(\alpha)=tf(M)\left(1-\dfrac{M}{\beta^2}+\dfrac{W_0}{\beta^2}\right)>0$。所以，当 $\alpha\in(0,1)$，

$G(\alpha)=0$ 的解存在的充分必要条件是：

$$\left(\frac{tMf(M)}{\beta^2}+1\right)^2-4(1+tf(M))\frac{tf(M)W_0}{\beta^2}\geqslant 0$$

根据引理 1，无价值转移的解是参与约束线、财富约束线和无价值转移约束线三线的交点。也就是说，点 C 在图 4 - 2 中，那么

$$(1+tf(M))\alpha^2-\left(\frac{tMf(M)}{\beta^2}+1\right)\alpha+\frac{tf(M)W_0}{\beta^2}=0$$

将 α^*，M^* 代入上式中，得到：

$$(1 + t f(M^*)) \alpha^{*2} - \left(\frac{t M^* f(M^*)}{\beta^2} + 1 \right) \alpha^* + \frac{t f(M^*) W_0}{\beta^2} = 0$$

$$\Rightarrow t = \frac{\alpha^* (1 - \alpha^*)}{f(M^*) \left(\alpha^{*2} - \dfrac{M^* \alpha^*}{\beta^2} + \dfrac{W_0}{\beta^2} \right)}$$

当 $t = \dfrac{\delta}{1 - \delta} \geqslant \dfrac{\alpha^* (1 - \alpha^*)}{f(M^*) \left(\alpha^{*2} - \dfrac{M^* \alpha^*}{\beta^2} + \dfrac{W_0}{\beta^2} \right)}$ 时,点 C 在无价值

转移约束线的右边,存在一个无价值转移的解。

相反,当 $t = \dfrac{\delta}{1 - \delta} < \dfrac{\alpha^* (1 - \alpha^*)}{f(M^*) \left(\alpha^{*2} - \dfrac{M^* \alpha^*}{\beta^2} + \dfrac{W_0}{\beta^2} \right)}$ 时,点 C 在

无价值转移约束线的左边,不存在无价值转移的解。命题 3 得证。

第5章 政府规制下国有垄断企业治理制度安排

公司治理是企业理论的一个永恒的课题,也是国有垄断企业改革最核心最困难的一个问题,很多深层次的矛盾都集中在这个问题上。相对于竞争性企业,国有垄断企业的表现在很多情况下是不尽如人意的。因此,健全国有垄断企业的治理非常重要。而健全国有垄断企业治理首先要从治理的制度安排上着手,因为在治理制度不完善的情况下,治理措施是很难实施的。同样是制度,政府规制制度是公司治理制度的"笼头"和"帽子",所以本章首先讨论政府规制的两类制度,即分类规制制度和独立规制制度,然后在此框架下分析公司治理准则、法定代表人制度和外部董事、外派监事会制度。

5.1 分类规制制度

国有垄断企业中并非全部业务都是不合理的,有的还必须保持国有垄断,如自然垄断。但需要注意,自然垄断具有动态性,即随着生产力水平的不断提高和技术条件改变以及需求的扩展,曾经的自然垄断行业在某些生产环节也可能不再"自然垄断",成为竞争性业务。所以,对国有垄断企业要根据其业务特点进行分类。这里特别强调两种业务类型,即自然垄断性业务和竞争性业务,需根据两类业务的不同特点分别进行规制。

5.1.1 竞争性业务的剥离

在国有垄断企业中,除了那些固定的网络操作业务之外,尚存在着大量的竞争性业务环节。下面对几个主要行业的竞争性业务和垄断性业务进行详细区分。①

电信业。随着技术的革新,电信业已从单一的有线网络服务发展为有线、无线兼而有之的多维产业。从大类上说,其产品主要包括:A. 生产和销售的各种通信设备;B. 固话服务;C. 无线移动通信服务;D. 各种增值服务,如电子邮件、可视图文;E. 微信通信服务,等等。这些业务中,由于光纤和无线技术的发展,绝大部分服务已不再具有自然垄断性,只有 B 项还具有一定的自然垄断性。

电力产业。电力产业主要包括发电、输电、配电和供电等业务。其中,输电、配电业务具有自然垄断性,发电和供电则具有竞争性。但从技术上讲,这几种业务需要高度协调才能取得范围经济效应。

自来水产业。相对来说,自来水产业具有较强的自然垄断性,尤其是管道网络运营方面,很难进行市场直接竞争,因此,自来水产业可以说是典型的地区性垄断产业。不过,客观上也存在自来水生产、输送和供应业务分离的可能性,但由于存在外部性,这个问题可能较为复杂。

煤气产业。这也是地区性垄断产业。煤气产业包括生产、输送、分销和供应等业务。煤气的种类较多,如煤制气、油制气、液化气和天然气等。作为一种能源,煤气也有许多替代品,如电、煤、油等。因此,煤气产业可能面临激烈的竞争,也会面临需求的不确定性。实际上,该产业中只有直接与管道网络有关的输送和分销业务才具有自然垄断性。另一方面,该产业又是对安全性要求较高的行业,安全性问题也涉及到与煤气供应相关的煤气设备的供应、安装和维修等,而这些业务是竞争性业务。

铁路。建设铁路线路,生产和供应机车车辆、铁路物资,对铁路网进行

---

① 财政部科研所课题组.提高自然垄断行业运行效率的政策选择[N].经济参考报,2001 – 01 – 17 (5).

日常维修和管理,客货运输等都属于铁路业务,但只有路网经营才具有自然垄断性。不过,路网经营和通过路网提供的各种服务之间需要保持高度协调,这里存在范围经济效应。

对自然垄断合理性已经不存在的产业或某些业务环节,要适时剥离出去,防止该行业处于垄断地位的经营者为了牟取附加业务领域的暴利而进行垄断势力的延伸,造成对竞争秩序的破坏和对消费者权益的损害。同时,剥离竞争性业务也可以有效防止交叉补贴。当自然垄断领域与竞争性领域的公共成本不易合理分摊时,既存垄断者一般倾向于将成本费用挤入自然垄断产品。这既会造成自然垄断行业成本虚高,又在竞争性领域排挤了竞争对手,既存垄断者则坐收国家补贴和垄断高价的双重利益。

对于具有网络拓扑结构的自然垄断行业,可以先从剥离"结点"开始。具有网络拓扑结构的产业可以分为两个基本层次的供应市场:网络的拓扑结构由"结点"和"链接通道"组成,"结点"代表着直接供应网络系统相关服务的厂商,消费者是从这些"结点"获得服务的;而"链接通道"则指铁路轨道、通信电缆、电网等基础设施。"结点"和"链接通道"都是实现最终服务所不可缺少的。但二者具有不同的特点。在多数情况下,"链接通道"更具有自然垄断特征,而消费者对"结点"的使用则存在竞争性。从成本形态上看,通道一旦建成,其固定成本相对不变,因消费者对通道的使用而分摊的支出(一般表现为维修保养成本及折旧)随使用者增加而递减(边际成本下降);而消费者对结点使用所发生的支出则趋向于与使用量呈正相关关系,所以对结点类设施采取竞争性市场结构更具效率。

剥离出竞争性业务以后,国有资产垄断网络经营,同时,为其他类型的企业提供平等竞争的平台。这里有几个问题必须处理好:第一,网络的开放使用和平等接入。表面上看,网络经营者通过出租或允许其他经营者接入获取收入,接入越多越好。实际并不尽然。在自然垄断的某些业务环节允许竞争者介入并不必然排斥原垄断者经营竞争性业务,难免会亲嫡系斥异己。例如,电力企业在输电、配送环节偏向直属企业而歧视非直属企业。第二,网络互联问题。网络只有互联互通才能增加总价值,但由于新进入的竞争者网络传输规模通常较小,原垄断者在互联互通中因预期收益增加较小而又面临市场被分割的不情愿局面,一般会设法拖延甚至阻挠互联互通。第三,限制新进入者的竞争。在竞争性业务剥离的初期,经营被剥离业务的企业和国有垄断企业还存在着旧的利益分配格局,具有自然垄断地位的经营者为了维护这种利益分配格局往往会采取拒绝交易、附加交易条件、歧视的方式,限制新进入者的竞争。要解决这些问题还应借助于政府规制,通过规制促进公平竞争和合作。

5.1.2 垄断性业务的规制

强化垄断性业务规制的必要性与放松竞争性业务规制的必要性是同时存在的。强化规制的核心是协调社会福利与被规制企业之间的矛盾,既让被规制企业提高效率,又最大可能地增加社会福利,同时又不至于让被规制企业过多吞噬消费者福利。科学的规制方式可以较好地解决这个矛盾,而不合理的规制方式则可能成为维护行政垄断、牟取暴利的合法工具。目前垄断性业务的主要规制方式包括经济性规制和社会性规制两种。

经济性规制是在自然垄断和存在信息偏在(信息不对称)的领域,主要为了防止发生资源配置低效率和确保利用者的公平利用,政府机关用法律权限,通过许可和认可等手段,对企业的进入和退出、价格、服务的数量和质量、投资、财务会计等有关行为加以规制。① 就经济性规制的内容而言,主要包括:(1)价格规制。政府规制者要制定特定产业在一定时期内的最高限价(有时也要制定最低限价),规定价格调整的周期。(2)进入和退出市场规制。为了获得产业的规模经济性和成本弱增性,政府规制者需要限制新企业进入产业。同时,为保证供给的稳定性,还要限制企业任意退出产业。(3)投资规制。政府规制者既要鼓励企业投资,以满足不断增长的产品或服务需求,又要防止企业间过度竞争,重复投资。还要对投资品的最优组合进行规制,以保证投资效率和效益。(4)质量规制。许多产品或服务的质量具有综合性,并不容易简单定义和直观认定。因此,在一些被

---

① 植草益.微观规制经济学[M].北京:中国发展出版社,1992:27.

规制产业中,往往不单独实行质量规制,而是把质量和价格相联系,即在价格规制中包括质量规制,如果被规制企业没有达到质量标准,或者消费者对质量的投诉太多,政府规制者就要降低规制价格水平。在上述四个方面中,价格规制和进入规制是最基本的规制内容。

社会性规制是以保障劳动者和消费者的安全、健康、卫生、环境保护和防止灾害为目的,对产品和服务的质量和伴随着提供它们而产生的各种活动制定一定的标准,并禁止、限制特定行为的规制。考虑到国有垄断企业的社会公共性,应该加强其在环境保护、消费者保护、劳动保护以及产品质量、生命安全等方面的社会性规制。

此外,发达国家对垄断性业务还普遍引入激励性规制。激励性规制的重要特征就是企业有比较多的自主选择的权利,它可在政府激励性规制措施的条件下,选择其最大利益的行动。具体可分为两类:一类是采用竞争的激励方法,迫使企业提高经营效率,比如特许权投标制和区域间标尺竞争制;另一类是诱导的激励方法,通过给予相应报偿的方式,诱使企业提高经营效率,比如社会契约制(或成本调整契约制)和价格上限制。其中,价格上限规制是激励性规制方式中应用最广泛的一种,它是通过规制当局与被规制者签订类似于社会契约制的方式,只规定价格上限的价格变动合同,使企业努力在这个上限以下通过提高经营效率来降低服务价格。这种方法不仅避免了以往价格规制方法中获取企业成本信息的复杂程序,而且给予被规制企业以激励。①

5.2 独立规制制度

在当前政府的规制者身份和出资人身份合一的情况下,如果不能建立起有效的独立规制制度,则会导致所有者"治理"与政府"规制"相互替代,会使国有垄断企业落入一个按公务员官阶大小来监督企业管理人员的陷

---

① 何维达.加入 WTO 后政府规制的改革与完善[N].光明日报,2002－05－21.

阱。因此,必须厘清政府规制和公司治理的上下界限,保持二者的有效区隔,然后在独立规制的框架下,重构国有垄断企业的治理安排。

5.2.1 中国规制机构存在的问题

规制机构的设立问题是建立规制制度的核心内容,在垄断行业规制机构的设立上,英美等国均建立了独立的规制机构,例如,英国自 1979 年以来,成立了电信、金融、煤气、电力等 12 家新的独立规制机构。而目前中国垄断行业政企分离工作尚未完成,还没有建立起规范的独立规制制度,影响了国有垄断企业的公司治理进程。

中国垄断行业规制机构的设置长期以来形成的格局是:在中央一级,主要由国家发改委以及住房和城乡建设部负责全国垄断行业的发展计划、投融资、价格及市场管理;另有铁路、信息产业、电力、邮政、道路交通和水运、民航等专门管理机关。在地方,则在大中城市设立垄断行业管理局、市政公用局等对本地公用企业进行直接管理经营。目前中国规制制度中存在的问题主要是机构重叠、多头管理以及政企不分,行业行政主管部门既是政策制定部门也是规制部门。规制机构和相关利益主体的关系不独立。这里的独立是指规制机构既与被规制企业、消费者等利益相关者保持一定的距离,又与政府行政部门保持一定的距离,即规制机构与宏观经济政策、产业政策制定的部门应是分立的,其目的是防止规制机构的腐败和低效率以减少政府规制失灵。

中国目前还有不少垄断行业的规制机构没有实现政企分开,一些规制机构仍然是各个行业部委的下属单位,如中国电信行业的规制部门——电信管理局是工业和信息化部的一个内设机构,没有起到应有的规制职能,有些垄断行业甚至没有规制机构,如铁路等行业。

5.2.2 独立规制机构的特点及优点

从中国垄断行业改革的实践过程看,至今还没有解决好与市场化改革相适应的规制体制和政府职能转变等问题。由原来的部委充当规制者的最大弊端是,政府部门既是规制者,同时又是产业主管部门,甚至是原有企业的老板。规制"缺位"和政府职能"越位"同时存在。因此,建立独立的垄断行业规制机构已成为垄断行业改革的一项重大任务。

独立的规制机构与通常的政府行政部门存在一些显著的区别:一是政府行政部门通常具有十多项甚至数十项管理职能,机构庞大而混杂;而独立规制机构的规制职能比较单一,它只当"裁判员",而不当"教练员",更不当"运动员"。二是政府行政部门直属国家元首或政府总理领导,其负责人通常与国家元首或政府总理具有相同的任期;而独立规制机构的负责人则有较长的固定任期,不能任意免职。三是政府行政部门的领导通常是政府官员,不一定对特定垄断性产业拥有专业知识,而独立规制机构的负责人及其成员通常是所规制的垄断性产业的专家,具有较为丰富的专业知识。

由于独立规制机构与政府行政部门具有上述区别,独立规制机构显示出许多优越性。独立规制机构相对于司法、立法和行政部门,具有独立性,不受政府领导人的直接干预,能在相当程度上避免政治影响,客观公正地进行规制活动。最重要的是它可以雇佣大量专业技术人员,负责特定领域的规制工作,职能单一,专业性强,便于积累特定领域的规制知识和经验,保持规制政策的连贯性,有利于企业制定长期投资决策,保证垄断性产业的长期有效供给,而这些领域靠政治家是无法进行有效规制的。独立规制机构还能够制定相应的规制政策、设定标准、调解纠纷,对违规行为予以处罚,确定最高限价和最低限价,能够用范围广泛而灵活的办法来实施规制,往往根据特定的社会矛盾,采取特定的办法解决问题。正因为独立规制机构具有这些优越性,许多经济发达国家在垄断性产业民营化改革时(如英国),或者在民营企业作为垄断性产业经营主体的情况下(如美国),通常都在垄断性产业设立了独立规制机构,专司其规制职能。

英国垄断性产业的规制机构实行总监负责制,总监具有较大的个人权力。而美国规制机构实行委员会负责制,个人权力较小,委员会通常由五到七名委员组成,委员由总统提名,经国会同意后任命。委员的任期超过总统任期,一般为五到七年,各委员会的规定不尽一致。委员的任期不是同时期满,而是交错期满。一位总统在任期间,不可能任命所有委员。委员会成员必须来自不同党派,任一党派的委员不能在委员会中占绝对多数,以保证委员会避免党派斗争的影响,作出公平的决定。

当然,纵观经济发达国家,无论是英国的规制机构,还是美国的规制机构,其独立性都是相对的,它们不仅受法律的约束,必须认真执行有关法律,而且要接受其他规制机构和司法审查。同时,它们也受新闻舆论和社会公众的监督。

5.2.3 建立中国的独立规制模式

规制机构应本着政策制定职能与规制职能分开的现代规制理念,以及独立、公平、透明的原则来构建。具体来说,应在各垄断产业中建立既独立于企业又独立于政府各部委的规制机构,从而既实现政企分开,又减少行政力量对规制过程的过度干预。在改革过程中,仍然政企不分的产业可以首先致力于规制机构进行独立于企业的改革,而政企已完成形式上分离的产业则应该致力于规制机构进行独立于政府部门的改革。

(1) 中国政府规制的路径选择

政府规制的路径有三种模式:一是单行业模式,即在电力、燃气、电信、供水等每个行业单独建立规制机构,如英国。二是部门综合模式,即将相关的行业综合到一个部门中,如按能源、交通分别设立规制机构,如加拿大、哥伦比亚等。三是跨部门模式,即建立跨部门的规制机构,如美国各州的垄断行业委员会。单行业和多行业模式各有所长。单行业规制的优点包括:发展专业技能;减少信息不对称;不同行业规制机构可以互相参照竞争;减少系统性风险;有利于规制的多样性。多行业模式的优点包括:共享资源;跨行业学习;减少规制俘获的风险;减少经济扭曲;应对行业边界模糊和业务融合的趋势。

由于不同垄断行业之间的行业差异性,对其规制有很强的专业性,同时考虑规制机关设置在角色和利益上不冲突、不错位,以及规制的衔接、覆盖面等,在当前政府规制的路径选择上可采用单行业模式,分别对水、气、电、交通、电信、邮政、基础设施建设等设置不同机构进行规制,如中国能源局。随着技术的进步与融合,传统的产业界限逐步变得越来越模糊,并使传统产业划分下的特定产业规制机构之间容易出现政策冲突。因此,设立综合性产业规制机构已经成为各国规制改革的一个主要发展方向。从长远看,中国可考虑在法律等条件成熟时,在各行业规制的基础上成立相对独立的综合性垄断行业规制机构,如美国各州的垄断行业委员会,对城市垄断行业的价格、经营、竞争等统一规制。

(2) 设立独立的规制机构

从国际经验来看,成立独立的垄断行业规制机构,保证统一管理已经成为大势所趋。规制机构与政策制定机构是分离的,具有独立性、专业性和权威性。规制机构通过立法授权,具有准司法能力,同时要有独立的经费来源,要有相当数量的专业技术人员。它们应该具有以下几个基本特征:① 独立性。这些规制机构与政府决策部门分开,可以独立地执行规制政策而不受利益相关方的干扰,特别是作为公司股东的政府的不必要的干涉。② 合法性。这些独立的规制机构依法组建。规制机构的设立、职权范围以及基本政策都是通过立法确定的。③ 公正性。由于独立和权威,加上拥有一支专业技术性很强的相当规模的规制队伍,确保了规制机构对市场的公正、高效规制。④ 专业性。独立规制机构成员一般由行业管理专家、技术专家、经济学家、法学家组成。这种安排既可以保证规制的专业性也可以显示其权威性。

(3) 规范规制机构的行为

独立规制机构的最本质特点是割断规制机构与行政部门的联系,这样可以减少政府的直接干预,但是并不能解决合理规制问题。真正发挥实质作用的还是规制机构和规制活动本身的制度安排,包括完善的法规体系、充分的专业技能、公开透明的程序和监督制衡机制。

规制俘获理论(capture theory of regulation)认为,政府规制的立法机关或政府规制者仅代表某一特殊利益集团的利益,而非一般公众。政府也是经济人,也追求私利。尽管事实表明,传统利益俘获机制不是一个普遍的问题,但并不意味着利益集团不再是一个潜在的威胁,不意味着它们不再通过秘密途径对公共决策施加不正当影响。在政府规制政策实际执行过程中,常常会发生利益集团讨价还价的现象。中国垄断行业方面的政策也不例外。在市场经济条件下,政府规制会产生经济租金,即使是合理的、现实的政府规制,也必然产生设租和寻租行为。尤其在垄断行业这片开放有限的市场真空地带,一旦放开,政府部门的既得利益将受到严重削弱。中国政府规制者在实施规制行为时有如下几个问题较突出:一是政府掌握着较大的准入资格认证的裁量权;二是政府规制程序复杂、不透明;三是政府规制权力被滥用和不公正执行,引发了正式规则之外的潜规则,以至于对市场公平竞争构成极大的破坏。因此,政府规制者在执行规制的过程中必然应受到相应的规制。按照《行政许可法》的规定,设定许可的内容、主体、程序皆须法定,设定许可之前应当通过听证会、论证会的形式听取民意;行政许可除非有法律规定,否则不得收取任何费用;行政许可必须有时间限制,不得无限期拖延;审批与规制并重。但是规范规制机构的行为还需要完善进一步的制约机制和法律责任。

社会对政府规制的监督作用也是一个重要方面。例如英国社会监督的主要政策措施包括在城市垄断行业建立专业消费者组织,以及建立、健全听证会制度。在中国,2002 年实施的《深圳市垄断行业特许经营办法》除政府规制之外,首次加入了社会监督的内容,"设立垄断行业监督委员会,委员会负责收集公众、特许经营者的意见,提出立法、规制等建议,代表公众对垄断行业特许经营进行监督。"这是一个有益的尝试,不过垄断行业监督委员会如何组成还没有明晰化。从全国来看,垄断行业的社会监督仍没有发挥有效的作用。

学习和借鉴发达国家独立规制体系中的内容并结合行政许可的原则,中国规制机构的规范化应考虑以下几点:① 应当通过人大立法程序制定统一的垄断行业规制法,为规制机构的规制行为提供法律依据。在规制的外围形成约束机制,对于政府规制的范围、程序作出规定,明确规制机构应当承担的责任以及被规制者的相应救济途径。② 赋予规制机构必要的权力和资源。与职责相一致的权力和资源是规制机构实行独立规制的基本条件。③ 建立公开透明的决策程序和听证制度。决策部门应该在决策过程中为利益相关者提供发表意见的机会,公开公布决策结果以及详细的理由。重要的决策还要经过专家咨询,让有关各方充分了解决策带来的后果。④ 建立必要的制衡机制。政策主管部门与规制机构实现监督制衡。二者之间的职能划分和制衡机制的设计必须科学合理。⑤ 建立新闻舆论和社会公众的监督体系。

5.3　公司治理准则

公司治理是当前世界范围内的重要研究课题,制订公司治理原则是完善公司治理机制的有效途径。自从 1992 年英国制订卡德伯里报告(Cadbury Report)以来,引发了一场全球化公司治理运动,许多世界组织、政府机构、企业和机构投资者纷纷制订相应的公司治理原则,或称公司治理准则、指南、最佳做法或建议等,其基本含义是一致的,即通过一系列非强制性的规则来谋求建立一套具体的公司治理运作机制,维护投资者和其他利益相关者的权益,促进公司的健康发展。①

5.3.1　中国上市公司治理准则

中国政府参照国外公司治理实践中普遍认同的标准,在完善上市公司治理结构,健全上市公司治理机制方面也取得突破性进展,开始了中国的公司治理运动。2001 年 8 月,中国证监会发布了《关于在上市公司建立独立董事制度的指导意见》,随后在 2002 年 1 月,证监会又联合原国家经贸委共同发布了《中国上市公司治理准则》。其主要内容包括:(1) 平等对待所有股东,保护股东合法权益。(2) 股东作为公司的所有者,应积极参与公司治理,并依法在股东大会上行使投票权。(3) 规范控股股东和上市公

---

① 高明华. 公司治理学[M]. 北京:中国经济出版社,2009.

司之间的关系。(4)董事会的主要职责。(5)建立独立董事制度。(6)设立董事会专门委员会。上市公司董事会要按照股东大会的有关决议,设立战略决策、审计、提名、薪酬与考核等专门委员会。(7)发挥监事会的监督作用。(8)建立健全董事、监事绩效评价体系。(9)保障利益相关者的合法权利。(10)上市公司要披露公司治理方面的信息。该准则对于公司设立独立董事、激励机制,以及上市公司与控股股东之间的关系都做了比较详尽的规定,现将上市公司治理准则中的要点汇总列于表5-1。

表5-1 中国上市公司治理准则要点汇总

要点分类	上市公司治理准则要点内容
1. 确保上市公司独立	在治理准则中规范控股股东行为及关联交易,控股股东不得直接或间接干预上市公司的人事聘用及重大决策;控股股东与上市公司应实行人员、资产、财务分开,机构、业务独立,各自独立核算、独立承担责任和风险;上市公司不得为股东及其关联方提供担保
2. 鼓励股东参与公司治理并保障股东权益	股东享有法律、行政法规和公司章程规定的公司重大事项的知情权和参与权,上市公司应建立能够确保股东充分行使权利的公司治理结构
3. 设立董事会专门委员会	上市公司可以设置战略、审计、提名、薪酬与考核等委员会,其中审计、提名、薪酬与考核委员会中独立董事应占多数并担任召集人,审计委员会中至少应有一名独立董事是会计专业人士
4. 强化董事的诚信及勤勉义务	董事应根据公司和全体股东的最大利益,忠实、诚信、勤勉地履行职责;董事会决议违反法律、法规和公司章程的规定,致使公司遭受损失的,参与决议的董事对公司承担赔偿责任
5. 独立董事的设置	上市公司设立独立董事,具体办法由国务院规定
6. 监事可直接反映违法行为	监事会发现董事、经理和其他高级管理人员存在违反法律、法规或公司章程的行为,可以向董事会、股东大会反映,也可直接向证券规制机构及其他有关部门报告
7. 建立独立董事和监事绩效评价体系	上市公司应建立公正透明的董事、监事和经理人的绩效评价标准和程序;董事和经理人的绩效评价由董事会或薪酬与考核委员会负责,监事评价采用自我评价与相互评价相结合的方式;上市公司应公开透明地从人才市场选聘经理人;上市公司应建立经理人员的薪酬与公司绩效和个人业绩相联系的激励机制;经理人员违反法律、法规和公司章程规定,致使公司遭受损失的,董事会应追究其法律责任

要点分类	上市公司治理准则要点内容
8. 尊重利益相关者的权益	上市公司应向利益相关者提供必要信息,尊重并维护利益相关者的权益
9. 强化信息披露的透明度	持续信息披露是上市公司的责任,上市公司应真实、准确、完整、及时、主动地披露所有可能对股东和利益相关者决策产生影响的信息,并保证所有股东有平等的机会获得信息
10. 披露公司治理方面的信息	上市公司应按照法律、法规及其他有关规定,披露公司治理的有关信息,包括但不限于:(1) 董事会、监事会的人员及构成;(2) 董事会、监事会的工作及评价;(3) 独立董事工作情况及评价;(4) 各专门委员会的组成及工作情况;(5) 公司治理的实际状况及与准则存在的差异及其原因;(6) 改进公司治理的具体计划和措施

上市企业可以参照《中国上市公司治理准则》来完善公司治理,但毕竟上市企业数量有限,对于广大非上市的企业,至今尚未有指导性的治理原则出台。中国企业改革的实践呼唤公司治理的理论创新和制定出更具普适性和一般性的公司治理原则。该治理原则应该在吸收和借鉴国外发达国家公司治理理论与实践经验的基础上,结合中国国有企业的特性,更具前瞻性、动态性、实务性和指导性。具体来说,应在以下三方面作出突破。

(1) 强化治理机制建设

中国当前公司治理中的最大的问题是,机构到位,而机制不到位。中国的公司治理融"英美模式"和"日德模式"于一炉,兼收并蓄,创造性地建立了具有"中国特色"的公司治理模式。公司治理的主客体,包括股东大会、董事会、监事会、独立董事、经理层等相关机构一应俱全,但公司治理是一项非常注重实务性和操作性的制度安排,而我们的公司治理恰恰在这个层面发育不足,有空洞化的倾向。当前,健全公司治理机构固然重要,而在公司治理实践中,更重要的是保证治理机制到位,强化治理机制建设。

(2) 突出董事会的核心作用

董事会是公司的战略决策机构,并具有行使事前事中监督的职能,其在公司发展中的作用日益突出,相对于外部市场的作用,更具有超前性和主动性,尤其是对于一个特定企业来说,董事会的效率更为重要。另一方面,由于各种原因,目前各国公司董事会的效率低下也是不争的事实,今后董事会的改革和建设将成为公司治理的主题。

(3)加强公司治理文化建设

公司治理的内容是由各方利益代表制定和实施的。公司治理的效率不仅仅取决于正式性制度安排,而且也取决于非正式性制度安排,即每个参与人的具体行为和工作态度。在进行公司治理的过程中,各方代表当事人的不同文化相互交织相融,形成公司的特定治理文化。积极向上的、相互协调合作的和严格自律的、良好的公司治理文化有助于提高公司治理效率和增强公司的国际竞争力。

5.3.2 国有企业公司治理准则

在许多国际组织和国家纷纷推出公司治理准则之时,作为公共产品和服务提供者的国有企业,在公司治理方面还缺乏指导性意见。20 世纪80~90 年代,OECD 国家经历了广泛的私有化进程。OECD 的"私有化网络"及其非常重要的支持者"私有化顾问小组"(The Advisory Group on Privatization,简称 AGP)对有关私有化的各种政策问题作了广泛的研究和探讨。"私有化网络"在 1998 年出版了《国有企业的私有化和公司治理》,其结论认为,尽管存在广泛的私有化行为,但是在许多 OECD 国家中,国有企业仍然会占有重要地位,对它们的治理将会成为促进整个国民经济的效率和竞争力的必要元素。为了指引国有企业的公司治理,OECD 的"国有资产公司治理和私有化工作小组"着手建立一套非约束性的指引。在总结有关国有企业公司治理的最佳经验的基础上,于 2005 年 5 月19 日,正式出版了《OECD 国有企业公司治理指引》(以下简称《指引》)。①

《指引》定位于与国有企业相关的特别治理问题。它把国家看成是一个专注于确保良好公司治理的政策特性和构成的所有者,因而它们用来处理以下问题:所有权职能应该如何在国家行政监管部门内进行组织构造;

---

① 高明华.公司治理学[M].北京:中国经济出版社,2009.

董事会职责应该如何得到指定和授予;透明度应该如何得到确保。

《指引》共分两个部分。第一部分正文,是由若干条文字组成的简练的原则,共分六章;第二部分释义,是对这些原则的比较详细的解释和论证。①

第一章是关于建立有效的法律和监管框架的六条原则,核心是保证建立一个国有企业与其他企业平等竞争的环境。作为国有企业代理人的政府掌握着大量经济资源,所以,许多国有企业一方面由于体制上的痼疾而缺乏效率,另一方面却能取得比民营企业更好的发展条件。如果不在法律层面上对政府行为进行约束,则不仅国有企业公司治理的改善无从谈起,平等竞争、优胜劣汰等基本原则也失去现实的基础。

第二章的主题是国家如何做一个合格的所有者。其中提到政府不要干预企业日常经营活动这一我们已经比较熟悉的原则,也倡导建立"集中化"的所有权代表机构。此外,《指引》还提出了另外两个值得我们重视的建议:一是国家要有明确的、对社会公开的"所有权政策",明确界定其作为所有者所要追求的目标,以及实现这些目标的手段;二是所有权代表机构要接受议会的监督。

第三章是关于股东的公平待遇。国家和国有企业应该承认所有股东的权利,并确保他们得到公平待遇和具有同等的渠道得到公司信息。在这方面,可参照 OECD 公司治理原则。

第四章论述国有企业和利益相关者的关系。国家应该确保国有企业履行对所有利益相关者的责任,并对所有利益相关者事务做出充分的报告。利益相关者作为公司赖以生存的资源投资者,可大致分为三类:(1) 市场环境资源投资者,主要是国家或各级政府;(2) 有形及无形资源投资者,指以股权和债权两种形式向企业提供实物、货币、工业产权等经济资源的投资人;(3) 智力及体力资源投资者,即企业的员工。健全的公司治理机制要求企业对利益相关者做到这样三点:公平对待(fairness)、承担行

---

① 经济合作与发展组织(OECD). OECD 国有企业公司治理指引[M]. 李兆熙,译. 北京:中国财政经济出版社,2005.

为责任(accountability)以及勤勉尽责(responsibility)。《指引》强调国有企业在社会经济中的公共治理问题,而且再一次把公司治理的视野从企业内部拓宽到更广泛的社会领域中去。

第五章讨论透明度和信息披露问题,其中涉及的主要问题也是所有权代表机构和国有企业对议会和社会公众的信息披露。其中第一条提出,所有权代表机构应该公开出版年度报告,向议会、媒体和公众披露国有企业的信息;年报应集中于国有企业的财务业绩和国有资产价值,以及加总的财务信息,如销售额、利润、主营业务现金流量、投资、股权回报率和分红。年报还应该包括重点国有企业的分企业数据。关于国有企业的披露标准,这一章的第四条认为,出于公众利益考虑,国有企业不管是否上市,其透明度都应该达到上市公司的水平,具体的披露要求应该与OECD公司治理原则中对上市的公众公司所提出的披露标准相同。

第六章涉及的是国有企业董事会建设。概括来说,《指引》的基本理念是董事会治理,也就是说,在"所有权代表机构—董事会—CEO"这个链条中,董事会是一个权力分配的重心。所有权代表机构在确定目标之后,要给予董事会足够的授权和独立性,使其有足够的权威、能力和客观性,来行使战略决策和监督经理层的职能。与此同时,董事会整体以及每一个董事个人都要承担对所有股东和公司的忠诚义务,要具有高度的责任感和职业道德。

《OECD国有企业公司治理指引》已成为国际范围内国有企业公司治理的黄金标准,为世界银行、国际货币基金组织、金融稳定论坛以及各国政府所广泛采纳,包括发达国家和发展中国家,并成为衡量和评估国有企业公司治理水平的基本工具。

国有企业在中国国民经济中居主导地位,并且覆盖竞争和垄断领域的众多产业。因此中国在国有企业公司治理方面有自己独特的问题和挑战。2006年4月,中国银监会出台《国有商业银行公司治理及相关监管指引》,这是中国政府监管机构针对国有银行的公司治理专门指引,但对于非金融类国有企业,中国政府监管机构还没有相应的公司治理指引。当然,在上市公司中,由于国有企业占了相当大的比重,因而一般国有企业公司治理也可以参照《中国上市公司治理准则》来完善其治理结构和机制。2014年

4 月,北京师范大学公司治理与企业发展研究中心发布了《中国国有企业公司治理指引》(草案),这是民间研究机构发布的中国第一部关于国有企业公司治理的一般性指引。该《指引》把国有企业分为公益性国有企业、自然垄断性国有企业、稀缺资源垄断性国有企业和竞争性国有企业,从国有企业性质、相关者权益保护、董事会、财务治理与信息披露、高层管理者激励与评价、社会责任、法律与政府监管等七个维度,制定了不同类型国有企业公司治理指引,并对各个维度指引作了全面和深入的注释。

5.3.3　国有垄断企业公司治理准则

改善国有企业公司治理的准则,比改善私营企业公司治理的准则要复杂得多,而改善国有垄断企业的准则更复杂。这是因为,改善国有垄断企业的治理,相当于在改善私营企业治理和政府公共治理之外再加上改善政府规制。这种改革的困难,不仅在于要调整政府部门的权力,更在于在政府缺乏有效监督的情况下,需要政府自发地约束自己的权力。而这一点,在类似中国这样的转轨经济国家是很困难的。

因此,有必要制定国有垄断企业的公司治理准则,在厘清政府规制和公司治理的界限的情况下,以国有垄断企业公司治理准则的制度安排隔离政府主管部门对企业的干预。在国有垄断企业的公司治理准则设计中,政府必须提出基于公共性的相关法律条文,必须着重于提高整个社会的福利,必须引导企业承担必要的社会责任,同时必须使国有垄断企业采纳优良的公司治理机制,如独立董事制度、合乎国际标准的会计准则等。

关于国有垄断企业公司治理的整体规范,以下几点尤为重要:

(1) 政府股东的身份和监管的身份相分离

这两种身份合一的结果必然是政府规制和公司治理混同,主管部门既是裁判员,又是教练员和运动员,以规制之名行干涉治理之实,独立的公司治理结构难以建立。

(2) 治理目标是保证公共性

一般竞争性企业所提供的产品(或服务)是非公共品,以追求利润最大化为目标,通过不断扩大再生产以达到对股东最大的投资回报,因此,"治理结构框架应保护股东权益"已成为许多国家公司治理准则的一项基本内容。但是,国有垄断企业所提供的产品(或服务)是公共品或准公共品,社会要求企业以合理的价格、优良的质量、较为充足的数量提供稳定和安全的产品,以促进社会总体效率和公众福利的提高,因而公共性应该成为国有垄断企业公司治理的主要目标。

(3)保障利益相关者的利益

20世纪60年代以来,随着传统英美公司治理模式缺陷的暴露以及网络经济的兴起,各种利益相关者与公司的联系愈加紧密,利益相关者理论已经成为公司治理理论的重要组成部分,利益相关者共同参与的公司治理模式亦成为未来发展的方向。这一点在国有垄断企业的公司治理中尤为明显。具体的,公司应该与往来银行及其他债权人、员工、消费者、供货商、社区或其他的利益相关者,保持畅通的沟通渠道,并尊重、维护其应有的合法权益。

(4)加强信息披露制度

信息披露是公司治理的决定性因素之一,信息披露不仅影响着投资者的价值判断和决策,影响到债权人等利益相关者,同时还会影响到企业的公共性。只有建立一套完善的科学合理的信息披露制度,才能从根本上保证经济活动的透明度,使信息使用者做出正确的判断和科学的决策,进而维护整个社会的福利。一般公司治理准则中对信息披露的定位主要界定为"财务报告",但从国有垄断企业的实际情况来说,公司治理的信息披露远远不仅限于"财务报告",还应增加"公共报告"的有关内容。

5.4 法定代表人制度

法定代表人作为一种高度集权的治理模式,是中国经济转轨时期公司治理中最具有自身特色的制度安排。这一制度诞生于20世纪80年代早期的国有企业。短短十多年间,法定代表人的适用领域渐次扩张,由国有企业而推广至各种类型的法人组织;其权力亦不断膨胀,由一个基本不具有任何自由决策权力的企业"工头",转而控制了企业经营的各个方面,甚至渗入企业经营之外的活动。法定代表人的大权独揽为中国国有垄断企业的公司化和治理改革带来了深刻的影响。

5.4.1　法定代表人制度的产生和发展

法定代表人制度是在 20 世纪 80 年代,随着中国国有企业改革的展开,在国有企业"厂长(经理)负责制"的基础上,随着放权让利式改革而形成起来的,并由国有企业而推广至其他所有制企业,由企业而推广至社会生活的各个层面。

20 世纪 70 年代末 80 年代初,改革初期的设想是在不改变国有制的前提下,提高国有企业的效率,其主要指导思想是"两权分离"。传统国有企业的弊端是所有权和经营权不分,因此,实行两权分离成为必然选择,即国家拥有所有权,企业拥有经营权,将国有企业转变为"独立自主、自负盈亏"的法人。[①] 1986 年,作为民事基本法的《民法通则》颁布,规定了法人制度,在法律上第一次明确了法定代表人的概念。《通则》规定:"依照法律或者法人组织章程规定,代表法人行使职权的负责人,是法人的法定代表人"。[②] 法定代表人从此正式成为一个法律概念。之后,一大批企业立法相继出台,其共同的思路是:依照该法令组建的企业是"企业法人",每个企业法人必须有唯一的"法定代表人",并由国有企业而推广至其他所有制企业。[③] 20 世纪 90 年代中期,按照建立现代企业制度的改革思路,企业立法由按照所有制的不同,转向注重企业组织形式的差异。1999 年修订的《公司法》继承了法定代表人的安排,董事长成为公司法定代表人;不设董事会的有限责任公司,执行董事为法定代表人。[④] 2005 修订的《公司法》修

---

①　《中共中央关于经济体制改革的决定》,1984 年。

②　《民法通则(1986)》第 38 条。

③　《农村集体所有者企业条例(1990)》第 10 条;《城镇集体所有者企业条例(1991)》第 31 条。

④　《公司法(1999)》第 45、51、113 条。

改为：公司法定代表人依照公司章程的规定，由董事长、执行董事或者经理担任，并依法登记。[①] 2013 年修订的《公司法》仍沿用了这一规定。

5.4.2　法定代表人的权力

公司法虽经几次修改，但在法定代表人权力的规定上并没有多少改变，法定代表人的权力是有限的。如果董事长是法定代表人，则其权力主要是：主持股东大会；召集和主持董事会会议；检查董事会决议的实施情况；签署公司股票和债券。然而，在国有企业，董事长作为公司的法定代表人，还掌握有国家在"放权让利"改革中赋予的各项权力（包括生产经营、投资、劳动用工、工资奖金分配等 14 项决策权）；如果同时兼任所在机构的党委书记，则实际权力之大，远远超过《公司法》的规定。

首先，法定代表人是公司财务的最高管理人。法定代表人应在财务报告以及向有关规制部门报送的规制报告上签章并对该报告的真实性承担责任。在银行申请开立、变更、撤销银行账户，应由法定代表人在申请书上签章，并预留法定代表人印鉴；向银行申请贷款等，需提交法定代表人证明档，并由法定代表人或其书面授权的代理人签署借款合同；企业签发的票据，应有法定代表人签名，否则无效。

其次，法定代表人管理、控制公司经营的各个方面。任何公司申请从事某项规制类业务，需要由法定代表人签名，法定代表人往往也是主管部门核发的许可证的必要记载事项。在订立合同时，法定代表人的签名常常是合同的生效条件；未经法定代表人同意或授权，任何人以公司名义签订合同都被视为是越权行为。法定代表人掌握企业的用人权，并在劳资协商中担任资方的首席代表。此外，企业的其他活动，也由法定代表人负责。如负责所在单位的计划生育工作，是安全生产、消防安全、企业基建项目和技术改造项目的工程质量的责任人等。

如此，法定代表人通过拥有和行使这些庞大的权力，建立了一种高度

---

① 《公司法(2005)》第 13 条。

集权的、对公司全面治理和管理的"一人"治理模式。

5.4.3　对公司治理的不良影响及改进建议

法定代表人的大权独揽导致了严重的国有企业内部人控制问题,国有企业改革的许多难题也由此而生。一方面,在大多数表现良好的国有企业里,依靠的往往是某个雄才大略的公司领袖,这些领袖们把自己的 DNA 烙在公司的每一个角落,企业随其领袖的正确而兴盛,当然也随其领袖的错误而衰落。另一方面,20 世纪 90 年代以后,国有企业法定代表人贪污、贿赂、侵占公司财产、私分国有资产的大案频频发生。1995~1997 年,济南市审计局共对市属国有工交企业进行了 134 户(次)审计,发现在国有企业日益严重的违纪违规现象的背后,法定代表人一直起着决定性的作用。① 而在中共十八大以来的国有企业腐败案中,法定代表人的影子也屡屡出现。

如果股东有意更换公司法定代表人,很快就会发现落入了一个无法走出来的困境:更换董事长需要召开董事会做出决议,而董事会只能由董事长(或董事长指定的副董事长或董事)召集和主持;改选董事必须召集股东会,而召集股东会需要由董事会做出决议,且股东会只能由董事长(或董事长指定的副董事长或董事)主持。② 不仅中小股东无可奈何,大股东有时也深受其害。③

总之,法定代表人高度集权,不仅是国有企业法定代表人腐败案的主要原因,而且为国有企业的公司治理带来了诸多负面影响。在一般竞争性国有企业完成公司制改革后,法定代表人的制度弊端在改革相对滞后的国有垄断企业还很严重,并出现了"锁定"效应。对此加以限制是国有垄断企业公司治理改革的当务之急。目前,主要的策略还是要切实加强公司治理

---

① 李瑞君.法定代表人的不良权力行为危害严重[J].山东审计,1999(2).
② 《公司法(1999)》第 43、48、105、114 条;《上市公司股东大会规范意见(2000)》第 25 条。
③ 2004 年,ST 宏智(600503.SH)第一大股东王栋不满意董事会的表现,提议改选董事,被董事会拒绝。王自行召集了临时股东大会,改选了公司董事会,但被法院宣告无效。法院的主要理由之一是:股东大会未由董事长主持。

机制,防止规范的公司治理制度发生变形或流于形式;切实完善治理结构建设,以治理机构之间的制衡防止法定代表人一人对公司的全面治理;切实加强对法定代表人的选拔与监督,确立责任连带制度,防止官员的选择权沦为"廉价投票权"等。

制度演进中流行着达尔文式的见解:经过激烈的市场竞争而留存下来的制度,可以推定是效率最高的。多年来,众多的政府机构马不停蹄地制定和提出各种措施,来鼓励或要求公司建立各种在世界其他地区行之有效的治理机制,而不愿意研究何种治理模式能够经得起市场的优胜劣汰。法定代表人制度本身,是政府代替法人安排其内部权力分配。问题的解决,从根本上取决于对以市场方式解决问题是否真正抱有信心。如果未来能取消董事长或某位高管作为公司法定代表人的规定,而由股东大会或董事会决定谁来代表公司,也许是更好的解决办法。

5.5 外部董事和外派监事会制度

国有垄断企业外部董事和外派监事会制度是一种政府供给主导型的制度安排。建立外部董事和外派监事会制度,是规范董事会和监事会的关键性的制度安排。其作用体现在:

一是外部董事、外派监事由国务院或国资委委派和选聘。外派监事由部级、副部级公务员担任,并辅之以一名司级公务员助理,2～3名处级公务员助理。外部董事则是由退休的高级别的国有企业领导、境内外富有声誉的专家学者担任。在中国极其注重等级、级别的社会条件下,官本位现象非常严重,在对企业经营监督、参与重大决策时,监督者和参与者职位的高级别保证了制度安排的有效性。

二是外部董事、外派监事均是由政府或出资人外派。对政府或出资人负责,由政府或出资人付给薪酬,最大程度地切断了外部董事、外派监事与公司及其经营者在经济、行政和感情等各方面的关系,具有了独立性。

三是外部董事、外派监事均有向上反映的渠道。外派监事会要定期向国务院报告检查结果,提交监督检查报告,要对企业经营业绩、企业管理、改革发展进行评价,对企业主要负责人的业绩进行评价,并提出奖惩、任免的建议。外部董事有权就可能损害出资人或任职公司合法权益的情况,直接向国务院国资委报告,具有了威慑性。

这种制度设计的构想是通过强有力的外部董事和外派监事来改变国有垄断企业董事会、监事会无力的局面,以实现真正的权力制衡。

5.5.1 外部董事制度

中国国有垄断企业的外部董事制度已经实行十多年。其实,现在国有独资公司或独资企业的董事,包括董事长,从理论上都是国资委派出的,理应代表出资人利益,但是,由于历史的原因,难以形成这种真正意义上的派出关系,因此,另行再派出企业之外的董事也成为一种选择,这就是外部董事。外部董事制度引入后,企业治理发生了根本性变化。外部董事打破了原来董事与经理层合一的局面,真正搭建起了股东、董事、经理、监事权责明确、相互制衡的法人治理结构,而且外部董事进入后,董事会决策得到优化。利用董事会制度,国资委就会通过董事会对企业施加影响、干预以贯彻各项政策,而不是实施直接的行政干预,这样国资委与国有垄断企业之间建立了隔离墙。

至于国资委选派的外部董事的来源,一般有两种情况:一是挑选有长期国有企业工作经历和较丰富的领导岗位经验,有很好业绩的人担任;二是从境内外(境外重点是香港、新加坡等地区)选聘专家学者和财务会计、法律、金融等资深专业人员,以及任职过或正任职大公司的董事、高级管理人员等来担任。这样,一方面,有真正意义上的国资委出资人的代表来行使"人格化"的出资人决策职能,另一方面,这对于逐步推行董事会与经理层的有效分离,形成相互制约的法人治理结构,也具有重要意义。

(1) 外部董事的行事机理

外部董事的行事机理是指外部董事行事所应遵循的内在机理。外部董事在监管企业中,理所当然应遵循现代企业运行机制。在现实中,因公司治理能有效地纠正代理者与委托者的目标偏差,促使企业高效运行,而成为现代公司运行机制的核心。公司治理是建立在出资人所有权与法人财产权相分离的基础上,企业股东会、董事会、经理人、监事会分权制衡的企业运行机制或企业组织制度。在公司治理中,外部董事应遵循的主要原则有:① 从经济关系看,应维护出资人的利益,确保投入的资本保值增值;参与受托经营,承担受托责任,享受法人财产权,并分享剩余收益;实施或监督管理;接受代表出资人利益的监督。② 从契约关系看,外部董事应遵守与国资委的信任托管契约关系,正确处理董事会对经理人的委托—代理关系,并接受监事会监督。这种契约的形式包括公司法、公司章程和有关的聘用合同、委托书、股东会决议、董事会决议等。③ 从民主决策看,在这种分权的公司治理结构中,董事会是以民主形式集体讨论,投票决定重大事务,在经营决策形成之后,再由经理人具体贯彻实施,而经理人在授权范围内行使职权却无需讨论,市场经济的适时决策也不允许这样做。故应充分抓住表达权力意志的机会,体现出资人的发展战略。

(2) 外部董事管理机制

外部董事管理机制是指构成外部董事管理各要素及其相互作用以实现外部董事管理目标的机理。其管理要素包括外部董事管理的主体、客体、目标及实现目标的方法、措施等。所谓外部董事管理目标,是指促使外部董事充分贯彻出资人战略意图,以实现外部董事受托经营的资产价值最大化。由于外部董事的本质是资本人格化代表,代表的是出资人的利益,而出资人法人财产权的拥有者是董事会,因此,出资人董事会是外部董事的管理主体。管理的客体就是外部董事本身,就是对其职责、资格及行为进行管理。外部董事管理机制的核心是如何使外部董事与出资人的行为目标协调一致。对外部董事管理的重心应放在外部董事的激励与约束机制设置上。

5.5.2　外派监事会制度

1998 年我国开始建立稽察特派员制度,政府对重点大型国有企业派驻稽察特派员,收到了一定的效果。稽察特派员制度作为一种具有较高权威性的外部监督机制,能够在内部约束软化的条件下起到监督作用。由于稽察特派员制度是依据国务院颁布的《国务院稽察特派员条例》而建立,而现行《公司法》设计的公司监督机构是监事会,这样,稽察特派员制度与现有公司制度存在冲突。由此从 2000 年 3 月开始稽察特派员制度便逐步过渡到了外派监事会制度。①

从实践来看,外派监事会的作用明显:一是企业内部设立的监事会相对难以发挥作用,而外派监事会由于"高派、外派"的特点,有利于形成相互制衡的公司治理结构;二是外派监事对企业有威慑作用,可以随时发现问题。外派监事的职责包括:检查企业财务报表有无问题;监督企业高管是否存在经济问题;发现企业管理中的现实问题和潜在问题;对企业的监督由事后监督转变为当期监督,提高了工作的实效性。

外派监事会全面继承了以前稽察特派员的经验,并在人员组成、职责和监督机制方面进一步做了规范。监事会成员由政府任免,对政府负责,并实行回避和连任限制。主席由副部级干部担任。监事会的主要职责仍然是对国有企业进行财务监督和经营者行为监督,但改变了稽察特派员只能实施事后监督的做法,开始重视过程监督。监事会的检查监督方式包括:(1)听取国有企业负责人的汇报,在企业召开与检查监督事项有关的会议;(2)查阅国有企业的财务报告、会计资料和与经营活动有关的资料;(3)向职工了解情况;(4)向税务、审计、银行等部门调查了解被监督企业的经营状况等。监事会主席或经其授权的监事可以列席企业有关会议。②

5.5.3　外部董事、外派监事会制度的不足及改进方向

外部董事和外派监事会制度可能是过渡时期国有独资公司法人治理的有效实现形式。尽管当初政府对这两种制度期待甚高,有意将其在国有

---

① 国有独资公司和国有金融机构的外派监事会不同于一般企业的普通监事会。
② 《国有企业监事会暂行条例(2000)》第 7 条;《国有重点金融机构监事会暂行条例(2000)》第 8 条。

垄断企业广泛推广,但这并不能说明它们是没有瑕疵的。

第一,外部董事和外派监事都是由政府国资委选派的,国资委作为国有垄断企业的出资人,其出发点是国有资产的保值增值,它更多地关注企业的经济目标。外部董事和外派监事作为国资委的代理人,其在企业运营中的决策行为势必是经济目标导向的,而这会导致对国有垄断企业社会目标的忽视,可能引发损害社会公共利益的行为。外部董事和外派监事由政府国资委选派,是这一制度的先天缺陷。垄断企业治理的国际普遍做法是由立法机构作为外部监督的主体,所以,外派监事应由人民代表大会的相应机构派出。因为人民代表大会的出发点是社会公众利益,它更多地关注企业的社会目标。这样,外派监事才能对企业董事会和外部董事形成制衡,使国有垄断企业兼顾社会目标和经济目标,尤其是社会目标。

第二,外部董事和外派监事,与内部董事和监事在本质上都从属于同一派出机构,同一委托人下的代理人之间很难形成有效竞争,因为一旦有利益分歧,委托人会出面进行调停,从而使得他们之间的制衡作用失效。因此,外部董事和外派监事会制度发展的方向是在那些本应是竞争性的国有垄断企业中引进战略投资者,实现产权多元化,发展混合所有制。只有这样,各位董事、监事才能明确地代表各方出资人利益,对各自的出资人负责。

第三,外部董事和外派监事会制度建立的初衷是因为内部董事会和监事会的治理效率低下,但外部董事和外派监事进入企业后又可能导致权力的交叉或责任的真空问题。所以这一制度的成功实施需要精心设计,巧妙安排好内外之间的关系,才能充分发挥各自的功能。

从长远看,国有企业应该进一步分类,区分为公益性国有企业、自然垄断性国有企业、稀缺资源垄断性国有企业和竞争性国有企业,国有垄断应只限于前三类,政府在加强外部监管(外部监事和外部董事)的同时,更重要的是强化规制制度并实施信息公开。对于竞争性国有企业(包括那些本应是竞争性企业但实际是国有垄断的企业),则通过健全法律和透明有效的经理人市场,建立规范的公司治理机制,以实现代理人的自我约束。具体将在下一章分析。

5.6 本 章 小 结

本章基于国有垄断企业的特殊性,提出要针对国有垄断企业不同的业务类型进行分类规制,竞争性业务要剥离,垄断性业务在进行经济性规制的同时还要强化社会性规制。

要建立中国的独立规制模式。在当前政府的规制者身份和出资人身份合一的情况下,如果不能建立起有效的独立规制制度,则会导致所有者"治理"与政府"规制"相互替代,会使国有垄断企业落入一个按公务员官阶大小来监督企业管理人员的陷阱。因此,必须厘清政府规制和公司治理的上下界限,保持二者的有效区隔,然后在独立规制的框架下,重构国有垄断企业的治理安排。

要制定适宜的中国国有垄断企业公司治理准则。重点突出四个方面:(1) 政府股东的身份和监管的身份相分离;(2) 治理目标是保证公共性;(3) 保障利益相关者的利益;(4) 加强信息披露制度。

要改革当前的法定代表人制度。法定代表人制度是政府代替法人安排其内部权力分配,法定代表人的大权独揽导致了严重的国有企业内部人控制问题。如果未来能取消董事长作为公司法定代表人的规定,而由股东大会或出资人代表来决定谁来代表公司,也许是一种解决途径。

要进一步完善外部董事和外派监事会制度。外部董事和外派监事会制度是过渡时期国有垄断企业法人治理的一种实现形式,但它们与内部董事和监事在本质上都从属于同一派出机构,同一委托人下的代理人之间很难形成有效竞争,一旦有利益分歧,委托人会出面进行调停,从而使得他们之间的制衡作用失效。

第6章 新规制：国有垄断企业分类改革和治理

目前中国的国有垄断企业不是同质的，需要分类改革和分类治理，并根据不同类型国有垄断企业的特征施以不同的规制。对此，我们调研了三家中央企业和四家地方国有企业，对这些国有企业的高管进行了深入访谈，得出了一些很有启示性的结论。

6.1 引　　言

30多年的国有企业改革，取得了明显成效，概括起来有两个方面：一是国有企业效率得到提高。以中央企业为例，2002～2014年，国务院国资委直属中央企业的营业收入年均增长 18.24％，实现利润年均增长 15.81％，上缴税金年均增长 17.89％；位列"全球500强"的中央企业数量从 11 家增至 47 家。在应对全球金融危机的过程中，国有企业也起到了中流砥柱的作用。二是国有企业的垄断程度降低，市场化水平得到提高，布局得到一定的优化。在典型的竞争性行业，国有企业已经部分退出，或者占有的股份比例大幅度减少；在一些竞争性行业，尽管国有企业仍然在控制经营，但竞争水平已经得到提高；不少原先由国有企业独家垄断的行业，也开始允许非国有企业进入。

但是，在新的历史时期下，由于诸多利益矛盾的羁绊和博弈，国有企业进一步调整和改革可谓是举步维艰。2012年11月，党的第十八次代表大会明确了深化国有企业改革的总体方向。2013年11月的十八届三中全会明确指出,要进一步深化国有企业改革,并准确界定不同国有企业的功能。然而,对于不同国有企业的功能如何界定,尤其是如何实施分类治理,却没有明确的说法。

从国有企业改革实践来看,尽管成效比较明显,但却存在相当程度的误区,一些应该加快市场化的行业,市场化程度却严重不足,如电信、钢铁等;而一些不应该市场化的行业却在极力推进市场化,如公共交通、医疗卫生等。很多国有企业,包括具有很强公共性的国有企业,都把追求利润放在首位。这种改革所带来的后果,不是国民福利的提高,而是下降。

上述问题存在的关键在于,一是国有企业改革目标模糊,国有企业改革目标本应是国民福利的最大化,但现实中却把追求国有资产增值的最大化置于首位;二是把市场经济简单地等同于市场化,把市场化简单地等同于提高价格;三是没有对不同功能和性质的国有企业进行分类。最后一点是前两个方面的基础,不分类本身就是对改革目标的模糊,从而导致笼统地强调利润最大化。

本章以"国有企业分类改革与分类治理"为基本思路,探索目前国有企业改革和公司治理现状,以及政府规制存在的问题。课题组实际走访调研了多家中央和地方国有企业,我们认为,不同类型的国有企业,在市场经济中扮演着不同的角色,发挥着不同的功能,国有企业目标以及公司治理评价和政府规制应该针对不同类别的企业类型,有的放矢,这对于国有经济调整和发展,乃至宏观经济稳定运行,都具有重要的实践意义。

6.2 文 献 回 顾

国有企业改革是中国经济体制改革的中心环节,也是改革开放几十年来政府经济工作的重点和难点。1978 年以来,中国国有企业改革先后经历了扩大企业自主权、实行两权分离、建立现代企业制度三个渐次深化的发展阶段,每次递进都顺应了改革实践的需要,而正确的理论和方针政策也起着极其重要的作用(周叔莲,1998)。20 世纪 90 年代开始,关于国有企业改革方向的文献大量涌现,这些研究集中回顾了国有企业改革的历史(银温泉,1993;周叔莲,1998;张卓元,1998),讨论了国有企业改革的方向(高明华,1994;常修泽和高明华,1998),检验了国有企业改革的效果(刘小玄,2000,2004;刘小玄和李利英,2005;宋立刚和姚洋,2005;白重恩等,2006)。

值得关注的是,部分研究从国有企业的产权性质、经营目标出发,相继提出国有企业分类改革的思路(董辅礽,1995;杨瑞龙等,1998a,1998b;张淑敏,2000;蓝定香,2006;高明华,2008;高明华,2013;高明华和杜雯翠,2013;黄群慧,2013)。董辅礽(1995)将国有企业划分为非竞争性企业、竞争性企业两类,前者又包括自然垄断企业和以社会公益为目标的企业两类,认为应当从国有企业在社会主义市场经济中的功能出发,从发挥其主导作用出发,对国有企业实行分类改革。杨瑞龙等(1998a,1998b)根据企业性质和市场化程度的不同,将国有企业划分为公共产品国有企业、垄断性国有企业、竞争性大中型国有企业、小型国有企业四类,认为国有企业改革应当选择区别对待的分类改革战略。张淑敏(2000)根据国有企业提供的产品性质和国有企业的规模差异,把国有企业分为竞争性国有企业、提供公共产品的非竞争性国有企业、处于基础产业和支柱产业地位的垄断性国有企业三类,认为应根据国有企业的不同规模、不同产品性质和不同行业,选择区别对待和分类改革的战略。蓝定香(2006)从产权性质的角度将国有企业划分为公共领域的国有企业与非公共领域的国有企业,认为前者应建立"特殊"的产权制度,后者应建立多元产权相互制衡的产权结构。高明华(2013)、高明华和杜雯翠(2013)将国有企业划分为公益性国有企业、垄断性国有企业、竞争性国有企业三类,其中垄断性国有企业又分为自然垄断性国有企业和稀缺资源垄断性国有企业,提出了分类改革、分类治理的国有企业改革思路。

然而,现有研究对国有企业分类改革的讨论仍存在不足:第一,现有研究主要从理论层面讨论国有企业分类改革,少有研究对国有企业的现状进行深入调查,利用案例分析讨论国有企业的分类改革问题;第二,现有研究主要从分类改革的角度提出国有企业改革的思路,少有研究进一步从微观层面研究国有企业的分类治理,分类改革的下一步是分类治理,对国有企业的治理应当因"类"制宜,这有助于继续深化国有企业分类改革,做优做强国有企业。本章正是从案例分析的角度,对国有企业分类改革、分类治理做出深入讨论与分析。

6.3　国有企业分类及调研信息采集

6.3.1　国有企业分类

30 多年的国有企业改革,基本走的是"大一统"的市场化道路,即本着"赚钱"的原则来推进国有企业改革,从而导致一些领域的国有企业改革偏离了国有企业的本质属性。

从国有企业产生的历史看,国有企业并非首先产生自社会主义国家,而是产生自西方市场经济发达国家。在市场经济发达国家,国有企业是为了解决因市场失灵而出现的市场本身不能解决的诸多公共性问题而产生的,也就是说,公共性是国有企业的本质属性。从现实情况看,市场经济越成熟的国家,国有企业越是坚守公益领域,其市场化程度越低;而在竞争性或盈利性领域,国有企业则越少,基本上是民营企业的天下,市场化程度非常高。显然,国有企业改革的成败不在于能否"赚钱",或者赚多少钱,而在于尊重国有企业的本质和发展规律,保证国民福利的最大化。

然而,中国仍处于社会主义市场经济的初级阶段,国有企业改革不可能像发达国家那样按市场经济自然发展的轨道来走,而是仍然需要发挥其经济带动作用。另外,中国在坚持市场化改革趋向的同时,还需要权衡在计划经济时期形成的各种利益格局,以在稳定中求发展,尽可能减少改革成本。这意味着,在中国社会主义市场经济的初级阶段,同时存在着不同类型的国有企业,它们的地位和目标是不尽相同的。因此,有必要对国有企业进行分类分析。这种分析既有助于对不同类型国有企业的绩效进行考核,也有助于产业结构的调整和优化,更有助于确立不同类型国有企业的改革方向。

国有企业可以基于目标和功能划分为三大类四小类:

1. 公益性国有企业

该类企业提供公共产品和公共服务,如公交、地铁、环卫、国防设施、公共卫生保健、义务教育等。由于公共产品和公共服务的消费具有非竞争性和非排他性,容易出现外部性和搭便车行为,私人企业不愿意进入,进入后无利可图,所以公共产品和公共服务必须、也只能由公益性国有企业来"垄断性"提供。公益性国有企业不以盈利为目的,其绩效衡量标准应是社会或公共绩效,即向公众提供高质量的公共产品和公共服务是对其进行评价的依据。目前,对于公益性国有企业,存在着较大程度的过度市场化倾向。

2. 合理垄断性国有企业

合理垄断性国有企业可以分为两小类,即自然垄断性国有企业和稀缺资源垄断性国有企业。

(1)自然垄断性国有企业

自然垄断行业具有规模报酬递增和成本递减性的特征,如输电、管道燃气、自来水、铁路运输、水利基础设施建设等。基于这种特征,其产品或服务应该按边际成本来定价。为了既最大程度地提高社会福利,又保证企业不至于亏损,一般采用平均成本定价,按此定价方法,企业不赔不赚,通过收支平衡来保证实现社会福利的极大化。而如果由私人资本控制,则产品或服务的成本很可能会大幅度上升,从而影响消费者福利的提高。对这类企业,应当主要以公共绩效同时辅之以财务绩效(以成本控制为主要指标)进行评价。

(2)稀缺资源垄断性国有企业

稀缺资源是指不可再生的资源,如石油、黄金等矿产资源,为防止资源过度耗竭,保证资源利用的可持续,也必须由国有企业来经营。不过,一方面,为防止稀缺资源的消费过度,其定价应由市场决定,这意味着企业能赚钱;另一方面,为防止企业因能够赚钱而过度开发稀缺资源,必须对国内稀缺资源开发征收高额资源税。也就是说,这类企业赚的钱必须全部上缴国家财政,然后通过国家财政支出回馈公众。

以上两类企业都是垄断企业,但从保障公众利益角度来说,这样的垄断属于"合理"的垄断。

3. 竞争性国有企业

竞争性行业十分广泛,包括制造业、商业、服务业等,是私人资本大量存在的领域。目前,在竞争性行业保留部分国有资本,主要基于以下考虑:第一,实现政府调控经济的职能。政府为了实现调控经济的目标和发展规划,需要部分国有企业分布在一些对经济发展具有战略意义的竞争性行业,并保持一定的控制力。第二,维护经济稳定。中国市场发育程度还不充分,私人资本力量有限,还有必要在竞争性行业中保留一部分国有企业以维护经济稳定,避免过快退出给经济带来的影响。第三,加快产业结构的调整和优化。国有企业能够通过资金和技术优势迅速培育新的产业,推动国家产业结构的调整和优化。竞争性国有企业以盈利为目的,能够实现国有资产保值增值和政府调控目标。

另外,现实中可能还有一种情况,即一些竞争性企业由于自身的强大竞争力而成为行业中的支配性厂商,这种企业尽管具有较强甚至很强的垄断势力,但由于行业进入不像前三类那样受到政府管制,消费者也可以通过不消费或少消费来制约企业,因此,该类企业仍可以归为竞争性企业。

综合来看,公益性国有企业被赋予强制性社会公共目标,以社会和谐和稳定为基本目标;自然垄断性和稀缺资源垄断性国有企业,基本上是追求社会公共目标,但也可能有一定的经济目标,但这种经济目标或者用以更好地直接实现社会目标,或者通过上缴国库体现为社会目标;而竞争性国有企业,以追求利润最大化为首要目标,没有任何强制性社会公共目标。

以上分类是理论上的分类,现实中的国有企业并不能全部纳入这四类国有企业。但是,现实中不能纳入并不意味着我们的理论分类不科学或不完整,而是说明现实中的一些国有企业走偏了方向。比如,一些垄断国有企业,本应是竞争性企业,却借助政府赋予的垄断资源来谋取企业或高管自身利益的最大化,这属于不合理垄断,政府应取消其享有的政策和资源支持,使其回归竞争性企业本质,通过平等竞争谋取市场地位;还有一些垄断国有企业,本应是公益性企业、自然垄断或稀缺资源垄断性企业,却过度追求利润最大化,而不考虑或较少考虑公共利益,对此应当纠偏使其回到合理的轨道上来。

6.3.2 调研信息采集

在对国有企业按照功能性质进行分类的基础上,2012 年 11 月,我们选择了七家大中型国有企业,包括三家中央国有企业和四家地方国有企业,作为目标调研企业。调研企业非常认可我们对国有企业的分类,并且能够根据自己企业的经营情况对自身进行归类。由于调研企业都属于大中型国有企业,其业务的多样化使得企业在归类过程中,认为其更偏向某一种类型。例如,一个被归为自然垄断性国有企业的企业,其业务中有一部分却是竞争性的,这部分竞争性的业务,是企业为承担社会责任必须要做的,但就企业整体而言,其经营目标和功能性质更偏向于自然垄断性国有企业;而另一个被归为竞争性类型的国有企业,其在一些高端市场以及一些特殊项目上,由于技术方面存在优势,从而显示出一定垄断性企业的特征,但企业整体而言更偏向于竞争性。

2012 年 12 月至 2013 年 1 月,我们实际走访调研了七家样本企业,深入考察了中国国有企业改革和公司治理的现状及存在的问题。调研企业中有两家公益性国有企业,两家自然垄断性国有企业,三家竞争性国有企业。其中,有两家上市公司。基本信息如表 6-1 所示。

表 6-1 调研企业的资料采集信息

企业	调研时间	调 研 对 象	中央/地方	企业类型	是否上市
A	2012.12	董事长、总裁、党委成员、总会计师,以及有关部门负责人	地方国有企业	自然垄断性国有企业	否
B	2012.12	党委副书记、财务总监、监事会主席、副总经理、工会主席,以及有关部门负责人	地方国有企业	自然垄断性国有企业	是
C	2012.12	董事长、总经理、董事会办公室主任,以及有关部门负责人	地方国有企业	公益性国有企业	否
D	2012.12	董事长、总经理、副总经理、财务总监,以及有关部门负责人	地方国有企业	竞争性国有企业	否

企业	调研时间	调研对象	中央/地方	企业类型	是否上市
E	2012.12	副总裁、战略规划部总经理，以及有关部门负责人	中央国有企业	竞争性国有企业	是
F	2013.01	副总经理、党组成员、法律顾问、工委常务副主任，以及有关部门负责人	中央国有企业	竞争性国有企业	否
G	2013.01	党组成员、总会计师，以及有关部门负责人	中央国有企业	公益性国有企业	否

注：应企业要求，本书不公布企业具体名称。

6.4　调研结果

6.4.1　调研企业描述性信息

表 6-2 列示了调研企业的股权结构、收入来源等描述性信息。由于公益性国有企业、自然垄断性国有企业和竞争性国有企业在承担社会公共目标和经济目标方面存在显著差异，因而这三类企业在收入来源方面也存在差异，主要体现在是否获得政府补贴和企业自身盈利两方面。我们发现，调研企业的收入来源，与我们的分类预期基本一致。对于公益性国有企业，政府给予一定补贴，并在企业筹资方面给予帮助，然而由于补贴数量有限，企业需要寻找其他方式来弥补自身的亏损，因此，公益性国有企业目前存在着较大程度的过度市场化倾向。对于自然垄断性国有企业，政府通过"特许经营权"等方式提供有限扶持，企业主要依靠多元化经营来谋求发展；对于承担社会目标的部分，则靠其他盈利项目来弥补。对于竞争性国有企业，政府不提供任何补贴，企业完全依靠自身盈利谋求发展。

鉴于国家对不同国有企业的控制力度不同，我们考察了不同类型企业对于国有股进退的看法，以及国有企业改制是会带来风险还是带来机遇。我们发现，虽然调研企业高管持有不同的意见，但有一点则基本上是共识，即涉及到公共品的部分,必须是国有控股;对于其他企业,应当引入民营资本或外资,但是国有企业改制,不仅仅是为了一部分资金进来,更重要的是会改变企业经营管理的机制和理念,否则即便引入其他资本,改革也会由于体制问题而无法在企业内部推广。同时,我们发现,部分公益性国有企业的高管对于企业功能性质的认识存在误区,他们认为作为一家企业,无论是公益性还是竞争性,其根本目标都是盈利,企业应走完全市场化道路,而这与公益性企业的责任和功能是相悖的。

表 6 - 2 调研企业描述性信息

企业类型	企业	股权结构	收 入 来 源	对国有股进退的态度
公益性国有企业	C	国有独资	获得政府一定的补贴,同时政府为帮助企业筹集资金,提供项目支持	部分高管认为,可以走完全市场化道路,因为企业的目标就是要盈利
	G	国有独资		
自然垄断性国有企业	A	国有控股	政府不提供补贴,而是有限的扶持,企业主要依靠多元化经营谋求发展;对于承担社会目标的部分,靠其他盈利项目来弥补	部分高管认为,吸纳其他资本进来,可能会带来新的理念和机遇
	B	国有控股		
竞争性国有企业	D	国有独资	不享受政府补贴,靠企业自身盈利	部分高管认为,推行改制,有助于竞争性企业的发展
	E	国有控股		
	F	国有独资		

6.4.2 调研企业法人治理结构

1. 董事会运作

调研的七家国有企业中,有五家已经设置董事会,一家刚开始建设董事会(2012 年 11 月初,我们调查时间是 2012 年 12 月),另外一家目前尚未设置董事会。未设置董事会的国有企业,主要实行总经理负责制,日常经营管理决策由总经理办公会和党组会做出并监督执行。该企业高管认为,虽然企业目前并未设置董事会,但是未来设置董事会是大势所趋。

我们对调研企业的董事会构成、董事会与党委会的关系、高管选聘、董事长与总经理的关系、薪酬激励和专业委员会制度进行了深入访谈。我们发现,虽然公益性国有企业、自然垄断性国有企业和竞争性国有企业三类企业的经营目标和社会功能性质存在显著差异,但调研企业在董事会设置和治理方面,并没有体现相应的差异化,而是使用完全统一的标准,这可能导致不同类型的国有企业无法实现自身应实现的社会目标或经营目标。表 6-3 列示了目前调研的国有企业的董事会运作现状。

表 6-3　调研企业董事会运作现状

项 目	调研企业现状		
	公益性国有企业	自然垄断性国有企业	竞争性国有企业
董事会构成	平均 9 人	平均 11 人	平均 8 人
	包括内部董事、外部非独立董事,只有上市公司才设独立董事,非上市公司部分高管认为没有必要设置独立董事		
董事会与党委会关系	通过职务交叉,互相协调,不存在矛盾冲突		
高管选聘	董事长由组织部或国资委派遣,总经理人选由组织部或国资委推荐,董事会批准		
董事长与总经理之间的关系	基本不存在董事长和总经理为同一个人的情形,董事长和总经理各自的职责较为明确		
高管考核与激励	受到国资委管控规定,按照国资委的统一标准,薪酬实行年薪制,根据打分做相应调整		
专业委员会	上市公司设置,并且运作效果较好,非上市公司没有设置		

(1) 董事会构成

调研的国有企业的董事会规模平均在十人左右,董事会构成具有一定的中国特色。中国国有企业董事会成员包括三类人员:内部执行董事、外部非独立董事、独立董事。内部执行董事通常由董事长、总经理、纪委书记、工会主席、总会计师等组成;外部非独立董事和独立董事一般由股东委派,不在企业任职;只有上市的国有企业按照证监会的要求设置了独立董事。

对于国有企业是否应该设置独立董事,不同的企业给予了不同的答案。一位已上市国有企业的高管认为,独立董事有助于解决企业内部人控制问题,而内部人控制也是监管机构所担心的问题。但大部分非上市的国有企业高管则认为,没有必要设置独立董事。一位高管指出,独立董事代表小股东的利益,国有独资企业只有一个股东,可能存在的内部人控制,可以通过外部非独立董事的制衡来解决。另一位高管指出,完全照搬国外的东西是行不通的,只有摸索出一套规律性的、反映国情的中国模式,才有生命力,中国特色就应该是党委监督经营班子,没有必要按照国外的模式设置独立董事。还有一位高管则指出,由于目前独立董事基本上是由大股东或董事长的推荐而产生的,从而导致独立董事的独立性难以保证,甚至可能演变成一种变相的利益交换,这样,独立董事机制的功能必然会退化,既然如此,便没有设置的必要。综上,调研的国有企业中,独立董事发挥作用的企业,认可了其设置的必要性,而没有设置独立董事的企业,认为其没有必要设置。

(2) 董事会与党委会的关系

调研企业中,董事会和党委会通过职务交叉(党委会的核心成员都在董事会中)来体现党委对公司决策的参与。双方各自承担的职责不同,董事会主管公司经营决策,重大的投资事项、组织架构的调整变动,要通过董事会决策产生;党委会主管干部任命,重大的干部事项,按照党管干部的原则由党委会决定。由于党委会核心成员都在董事会中,加之董事会决策前的沟通,因此,尽管最终决策权在董事会,但党委会决策和董事会决策基本没有出现过不一致的情况。

(3) 高管选聘

对于国有企业的高管选聘,我们发现,目前普遍存在的现象是董事长由组织部或者国资委派遣,总经理人选则由组织部或者国资委推荐,董事会批准。从法律角度,董事会有聘任总经理和副总经理的权力,但是董事会的意志会受到组织部或者国资委的影响,因此基本上不存在否决组织部或国资委推荐的情况。不过,虽然目前高管的聘任主导权属于国资委,但我们发现,一些地区正在尝试推动试点改革,比如对于国有企业副总经理的聘任,可以由董事会提名委员会提名,总经理确认,然后与国资委充分沟通。从改革趋势来看,一些地区的国资委对国有企业的人事任免正在逐渐放权。我们还发现，调研的国有企业中，管理层的人选大多数来自企业内部培养，全国或全球公开招聘的比例非常小。

对于国有企业高管的选聘，调研企业高管普遍认为，公开招聘在中国国情下成功的不多，这是因为公开招聘想象中很好，实际操作起来很难。可能遇到的问题有：第一，官本位制度下的上级领导推荐问题；第二，适应问题。大多数国有企业选择内部培养高管人员，是因为企业内部一些部门领导，本身具有本科、硕士或者博士学历，在企业工作多年，逐层锻炼上来，对企业更为熟悉，也更有责任心和忠诚感，招聘过程中优势比较明显，而空降的其他背景的高管往往不能适应国有企业独特的环境。但也有一位高管提出，管理人员中内部晋升和外部选聘各有各的优势。内部晋升的人员，更熟悉公司情况，很快能上手，但是由于在企业工作时间较长，可能会形成一些固定的思维模式；而外部选聘的人员，尽管不熟悉公司情况，但是没有包袱，能大刀阔斧地开展工作。这位高管还提出一种观点，企业内部如果始终不能培养一批管理层人选的话，对于企业的健康发展和内部员工士气会造成严重的打击，内部晋升和外部选聘要看企业不同的发展阶段，以及企业的性质。

（4）董事长与总经理的关系

调研的国有企业中，目前基本不存在董事长和总经理为同一个人的情形，董事长和总经理对自身的职责有较清晰的认识：日常经营活动主要由总经理负责，董事长更多的是起决策和监督的作用。国有企业中有一种比较流行的说法是："董事长是管方向的，总经理是管油门的，监事会主席、纪委书记是管刹车的。"也有国有企业高管将董事长与总经理的关系概括为："董事长是管明天的事，总经理是管今天的事，监事会主席是管昨天的事。"调研的国有企业高管普遍认为，董事长和总经理两职分离是有必要的，两职分离可以起到互相制衡和互相监督的作用，对企业的健康发展有好处。

（5）高管考核与激励

调研发现，国有企业高管薪酬受到国资委的管控规定，高管薪酬实行年薪制。国资委有一套标准考核董事长，包括经济指标、社会责任、安全维稳、计划生育等。总经理薪酬是在董事长薪酬的基础上打一定折扣；副总经理考核采取同样的方式,但折扣逐级递减。高管薪酬有上限,但没有下限,考核中通过扣分制,对薪酬进行调整。在考核标准上,竞争性行业和非竞争性行业的基数存在不同:竞争性国有企业的工资上限远高于非竞争性企业。同时,国资委既要考核社会责任,又要考核经济责任,对于公益性质较强的行业,经济指标相对较弱,而对于竞争性很强的行业,则更多考核经济指标。对于高管的股权激励,目前非常少,股权激励处于起步阶段,一些地区的国资委规定,股权激励收益部分不能超过一定比例,超过的部分则归公司。从调研结果来看,国资委对于不同类型的国有企业的高管薪酬考核,体现了一定的差异性。

(6)专业委员会

调研企业中,只有其中的上市公司按照证监会要求设置了专业委员会,而非上市公司没有设置。与独立董事的设置类似,一位已上市国有企业的高管认为,其自身实际经验很好地证明了专业委员会,尤其是审计委员会在公司治理中的作用。而大部分非上市的国有企业高管则认为,没有必要设置专业委员会。

2. 监事会运作

调研中,我们了解到,调研的国有企业全部设置监事会,且监事会主席均为国资委委派,成员包括内部监事和外部监事,由大股东或小股东推荐人选和员工代表构成。我们试图考察监事会、独立董事和审计委员会的职能差异,发现调研企业的高管,尤其是上市公司的高管,都认为监事会、独立董事和审计委员会三者职能不存在重合和交叉,更不会存在意见冲突的可能,如表6-4所示。

表6-4 调研公司监事会与独立董事、审计委员会职责差异

监 事 会	独 立 董 事	审 计 委 员 会
一般不干涉具体工作内容,主要职责是监督程序性工作,例如监督公司是否遵守民主决策,是否按既定程序办事	作为具有独立性的董事,代表股东利益,针对公司具体工作内容,发表独立意见	负责与审计相关的监督,例如与财务部和会计师事务所进行沟通,针对年报内容进行询证,对内部和外部审计人员工作表现进行评价,对审计费用是否符合要求进行判断等

6.4.3　调研企业信息披露

调研的国有企业中,除了上市公司按照证监会的要求定期披露财务报告等信息,其他国有企业也开始建立一定的信息披露机制。我们发现,市场化程度较高的地区,更重视国有企业的信息披露机制建设。如部分地区的国资委把所管辖的所有国有企业的情况,以白皮书的方式向社会公开。公开之后,相关指标或者内容就无法更改,这样在考核时就可以作为参照。而如果不公开的话,可以通过国资委修改,这样就没有完不成的任务。公开信息接受监督,这是国有企业信息披露的进步。同时,部分地区开展非上市国有企业信息披露试点工作,鼓励并要求一些公益性较强的非上市国有企业参照上市公司要求披露年度经营信息。

企业网站建设是企业(尤其是非上市公司)信息披露的有效途径,为此,我们在访谈之余考察了调研的国有企业的门户网站。我们发现,调研企业基本都建设了自己的网站,但是内容含量参差不齐,门户网站模式多类似于上市公司,信息披露主要存在于"投资者关系"门类下。

6.4.4　调研企业社会责任

调研的国有企业,无论是公益性国有企业、自然垄断性国有企业还是竞争性国有企业,都承担了一定的社会责任,但不同类型的国有企业承担的社会责任存在差异。公益性国有企业,主要承担"公共性"的社会责任,包括服务宏观调控责任、保障国计民生责任、维护社会稳定责任等,同时,它们也会参与一定的"自愿性公益"社会活动;自然垄断性国有企业和竞争性国有企业,则更多承担"自愿性公益"的社会责任,包括扶贫助困、节能环保、应急救灾、安全生产、关爱员工等,较少涉及公共性社会活动。政府对于企业承担的公共性社会责任,通过补贴或扶持项目给予一定补偿,而自愿公益性社会责任则多为企业自愿承担,不会得到政府的补偿。调研企业承担社会责任的方式,进一步说明了我们对于国有企业功能分类的合理性。

6.5　不同国有企业的规制改革
方向和治理机制设计

从调研结果来看,虽然公益性国有企业、自然垄断性国有企业和竞争性国有企业三类国有企业的经营目标和社会功能性质存在显著差异,但其法人治理结构和机制并没有因"类"制宜,体现相应的差异化。

6.5.1　不同类型国有企业的规制改革方向

1. 公益性国有企业

公益性国有企业的作用是直接提供公共服务,而非盈利。就此说来,把这类企业称为"企业"是不合适的,因为企业给人的感觉就是"赚钱",这与该类企业的宗旨不符,因此,这类企业最好定位为特殊法人。

特殊法人是指依照专门法律设立和经营的具有专门职能的国有独资单位。特殊法人的特殊性表面上在于其受特别法律规范,经营方式特别,本质上在于其具有特别职能。从产权角度来说,特殊法人由国家单独出资,出资人唯一,这与国有独资公司一致,但特殊法人不受《公司法》和一般商法规范的约束。特殊法人依照专门法律设立,受专门法律调整,一般不要求作商事登记,其具体组织机构也由特别法规定。在经营上,特殊法人独立核算,但不负盈亏而靠财政维持,若有亏损由财政弥补。政府依法对其产品价格进行控制。

我们认为,应当借鉴西方发达国家经验,推进特殊法人的专门立法,尽快建立特殊法人制度。换言之,公益性国有企业的改革方向不是推进现代企业制度建设,而是非企业化。

2. 自然垄断性和稀缺资源垄断性国有企业

对于自然垄断性和稀缺资源垄断性国有企业,政府必须通过规制政策,使经营者站在国民福利最大化的立场上来经营这类企业,而不是借助行政垄断把消费者剩余最大限度地转化成生产者剩余。

对于自然垄断性国有企业,由于其产品基本上都是公众日常必需品,因此应该选择国有独资形式,以保证企业实现盈亏平衡,而不是追求盈利。这类企业不允许通过股权多元化在资本市场上市经营。因为一旦上市,就意味着要追求利润最大化,公众的基本需求将无法得到满足。

对于稀缺资源垄断性国有企业(本次调研中尽管没有此类企业),改革方向也必须回归其本性,即一方面要抑制过度需求,另一方面要抑制过度开发。要达到这种"双重抑制"的目的,只能采取国有独资的组织形式,这与自然垄断性国有企业一样。

不过需要注意的是,这里所说的"稀缺资源"是针对国内资源。如果在国内是稀缺的资源,在其他一些国家并不稀缺,则可以鼓励企业按照资源所在国的法规到国外开发资源。

3. 竞争性国有企业

竞争性国有企业完全按市场规则来运作,追求利润最大化,不承担公共职能(但鼓励其自愿承担社会责任的行为),不过,前提是政府必须放弃对这类国有企业的各种保护,既不赋予其任何行政垄断地位,也不给予任何政策支持,让他们在市场上与民营企业进行平等的、优胜劣汰的竞争。有公平的竞争,企业才会有创新的动力。

对于这类企业的组织形式,无需追求国有独资,也不必追求绝对控股。国有持股多少由市场来决定,政府不应干预,政府作为出资人代表,只负责监督从企业获取足额收益(股息和红利)。随着民营企业的发展壮大,这类国有企业将逐步减少。

显然,通过这种改革,公益性国有企业不再采取企业形式,自然垄断性和稀缺资源垄断性国有企业尽管是企业,但不以盈利为目的,可以说是"准企业"。只有竞争性国有企业才是名副其实的现代企业。

需要强调的是,在国有企业布局上,要通过改革,尽可能使四类国有企业更纯粹一些,使不同类型国有企业更符合自身的本质属性。如果让同一个国有企业履行不同的,甚至是冲突的职能,将会模糊企业的目标,最终可能哪个目标都实现不了。

6.5.2 不同类型国有企业治理机制设计

1. 董事会机制设计

董事会作为公司治理的核心,董事会机制设计直接关系着不同类型国有企业目标的实现。然而,如果公益性国有企业、自然垄断性国有企业、稀缺资源垄断性国有企业和竞争性国有企业四类企业的董事会设置和治理使用完全统一的标准,可能会导致不同类型的国有企业无法实现自身应实现的社会目标或经营目标。例如,如果使用同样的薪酬激励标准去管理公益性国有企业和竞争性国有企业,便可能出现公益性国有企业过度追求利润目标,而竞争性国有企业的高管薪酬与市场脱节的问题。表 6-5 列示了国有企业董事会分类治理的改革方向。

表 6-5 国有企业董事会分类治理的改革方向

项 目	分类治理的改革方向		
	公益性国有企业	自然垄断性和稀缺资源垄断性国有企业	竞争性国有企业
董事会构成	包括内部董事、外部非独立董事、独立董事;独立董事应具有很强的公益和财务背景,能够代表公众利益,能够实现成本控制	包括内部董事、外部非独立董事、独立董事;独立董事应具有较强的行业、财务和公益背景,能够立足本行业,在很大程度上代表公众利益,并实现成本控制	包括内部董事、外部非独立董事、独立董事;独立董事应对竞争性市场有深入的了解,能够监督经营者实现利润最大化
董事会与党委会的关系	董事会负责投资决策以及成本和风险控制,党委会负责高管任命和思想政治工作,充分体现党对企业决策的参与和公众利益		董事会主管经营决策和经营者选聘,党委会主管党务、党建、文化建设、思想政治工作等事项
高管选聘	由于高管进入和退出成本较高,可以尝试引入公开招聘制度,公开招聘的标准是如何加强成本控制和反映公众利益		为了加强董事会责任意识,可以推动通过经理或人才市场选聘企业高管,选聘的标准是如何在合乎公司治理规范的前提下实现企业价值最大化

续　表

项　目	分类治理的改革方向		
	公益性国有企业	自然垄断性和稀缺资源垄断性国有企业	竞争性国有企业
董事长与总经理的关系	董事长和总经理职责分离,且由不同人担任,董事长作为董事会的召集人,通过董事会机制负责对以总经理为首的经营层的监督		
高管考核与激励	以实现社会公共目标作为评价标准,高管激励不是薪酬,而是行政职务晋升	对于自然垄断性国有企业,要把成本控制水平和公众满意度作为重要评价标准;对于稀缺资源垄断性国有企业,要把成本控制水平和利润水平(尽管利润是全额上缴财政)作为重要评价标准;高管激励来自行政职务晋升	高管激励来自市场和薪酬,取消行政级别,在政府放弃特殊支持的前提下,薪酬完全按市场规则来确定
专业委员会	应设置专业委员会并由独立董事担任负责人,独立董事应具有很强的公益背景	应设置专业委员会并由独立董事担任负责人,独立董事应具有较强的行业、公益和财务背景	应设置专业委员会并由独立董事担任负责人,独立董事应对竞争性市场有深入的了解

（1）董事会构成

中国国有企业董事会应包括内部执行董事、外部非独立董事和独立董事。对于部分高管认为外部非独立董事可以代替独立董事行使监督职能,我们认为这种理解存在片面之处。外部非独立董事对于抑制内部人控制问题,可以起到一定的制衡作用,然而,却无法制衡"一股独大"、股东侵占公司利益、大股东侵占小股东利益等问题。即便是公益性国有企业,独立董事也能够从社会公众角度在一定程度上监督公益目标的实现。因此,我们认为,公益性国有企业、自然垄断性国有企业、稀缺资源垄断性国有企业和竞争性国有企业的董事会构成应包括内部董事、外部非独立董事和独立董事,甚至可以用独立董事代替外部非独立董事。但对于不同类型企业的独立董事人选的要求应该有所差异。公益性国有企业的独立董事应具有很强的公益和财务背景,以尽最大能力反映公众利益和诉求,有效控制企业成本;自然垄断性和稀缺资源垄断性国有企业的独立董事应具有较强的行业、公益和财务背景,使其能够基于行业特征,在很大程度上反映公众利益和控制企业成本;而竞争性国有企业的独立董事应对竞争性市场有深入了解,能够反映所有股东尤其是小股东的最大化利益。

(2)董事会与党委会的关系

目前国有企业中董事会和党委会通过职务交叉(党委会的核心成员都在董事会中)来体现党委对公司决策的参与。但是,我们认为,两者的具体职责在不同类型企业中应存在一定差异。在合理垄断性国有企业中,董事会应重点负责投资决策以及成本和风险控制,党委会则重点负责干部任命和思想政治工作,以充分体现党对于企业公益性和公众利益的掌控,使其不偏离企业的公益性,不背离公众的基本利益,并保证社会发展的可持续性。而在竞争性国有企业中,董事会主管经营决策,是企业最高决策机构,党委会则主管党务、党建、文化建设等工作。

(3)高管选聘

目前国有企业对于公开招聘高管持较为消极的态度。企业高管直接影响企业文化、内部环境和经营思路等,长期体制内的选拔管理层,会抑制企业增加"新鲜血液",难以突破固有思路和模式,也难以提升创新性,这可能是中国国有企业持续推进深化改革面临的困难之一。我们认为,选聘不同背景的高管,会带来多元化模式和思路的优势,也必然会引发不同思想碰撞所产生的"阵痛",然而,不能因为"阵痛"就认为这种选聘方式不适用于国有企业,固守原有思维模式只会加剧国有企业的"故步自封",从而抑制企业推进改革和创新。由于竞争性国有企业处于存在充分竞争的市场环境下,因此可以推动通过经理或人才市场选聘企业高管,选聘的标准是如何在合乎公司治理规范的前提下实现企业价值最大化;而对于合理垄断性国有企业,由于其高管进入和退出企业的成本较高,可以尝试引入公开招聘制度,但公开招聘的标准要与竞争性企业不同,应该是如何加强成本控制和体现公众利益。

(4)董事长与总经理的关系

从调研结果看,国有企业董事长和总经理对自身的职责有较清晰的认识。尽管如此,仍然必须明确和强调,董事长作为董事会的召集人,要切实负起通过董事会机制来实现对以总经理为首的经营层的监督的职责,而不是自己充当经营者,否则,董事会和经营层之间监督与被监督的关系将不复存在。

(5) 高管考核与激励

调研结果显示,国资委对于不同类型国有企业的高管考核与激励,体现了一定的差异性,但差异性不够。我们认为,公益性国有企业、自然垄断性国有企业、稀缺资源垄断性国有企业和竞争性国有企业的考核标准,应该有很大的不同。对于公益性国有企业,应该以实现社会公共目标作为评价标准,高管激励不是薪酬多少,而是行政职务的晋升。对于自然垄断性和稀缺资源垄断性国有企业,为防止因追求利润而忽视公众利益,或者过度开发稀缺资源,在高管激励上应与公益性国有企业相同,即高管激励不是来自薪酬,而是行政职务的晋升。但在考核上,自然垄断性国有企业和稀缺资源垄断性国有企业应该有一定差异。对于自然垄断性国有企业,要把成本控制水平和公众满意度作为重要评价标准;对于稀缺资源垄断性国有企业,要把成本控制水平和利润水平(尽管利润是全额上缴财政)作为重要评价标准。对于竞争性国有企业,应该取消高管的行政级别,高管激励来自市场和薪酬。

目前国资委对于高管薪酬有总额限制,但由此带来的主要问题是,有的企业业绩上涨较快(尤其是竞争性国有企业),但薪酬没有上涨的余地,高管薪酬没有真正与企业实际情况相结合。对此,我们认为,合理垄断性国有企业的高管薪酬,要严格限制上限,可以借鉴西方国有企业的薪酬制度,参照公务员薪酬标准,具体额度要视其完成的公共绩效目标;而对于竞争性国有企业,则应该在政府放弃特殊支持的前提下,高管薪酬完全按市场规则来确定,以促进其按照市场规则追求利润最大化。具体来说,是在董事会公开选聘高管的基础上,由被选高管与董事会之间的谈判来决定,具体额度则由董事会视高管完成经济绩效的情况而定。

(6) 专业委员会

对于国有企业是否应该设置专业委员会,不同的企业存在不同的看法。我们认为,专业委员会的设置与作用的发挥,需要与独立董事制度相结合,专业委员会的负责人由独立董事担任,有助于行使其被赋予的职责。公益性国有企业的独立董事应具有很强的公益和财务背景,自然垄断性和稀缺资源垄断性国有企业的独立董事应具有较强的行业、公益和财务背景,而竞争性国有企业的独立董事应对竞争性市场有深入了解。由此,由不同背景的独立董事负责的专业委员会,可以有针对性地监督不同类型国有企业的社会目标和经济目标的实现。

2. 国有企业监事会设置

调研企业反映的独立董事或审计委员会的职责不能代替监事会职责(反之亦然),说明二者的职能划分是比较清晰的。但是,这并不意味着同时设置独立董事制度和监事会制度是合理的。如果独立董事职责能够覆盖监事会职责,或者监事会职责能够覆盖独立董事职责,则可以减少机构臃肿,以及监管"搭便车"的费用,从而使公司治理更加规范。总之,不管哪种类型的国有企业,在健全的公司治理中,不管是监事会,还是独立董事,一定要职责清晰,避免重叠,这样才有助于从不同层面监督企业的经营和运作。

3. 国有企业信息披露

由于国有企业的最终出资者是全体公众,因此,信息披露不应仅仅针对投资者这一与企业经济目标相关的群体,还应该包括社会公众等与社会目标相关的群体。由此,公益性国有企业、自然垄断性国有企业、稀缺资源垄断性国有企业和竞争性国有企业信息披露的对象和侧重点应该明显不同。公益性国有企业的信息披露对象应是社会公众,其披露重点应是公益目标和成本控制的实现情况;自然垄断性和稀缺资源垄断性国有企业的信息披露对象也是社会公众,其披露重点除了社会目标和成本控制实现情况外,对于稀缺资源垄断性国有企业,还应包括利润获取和上缴财政情况;竞争性国有企业的披露对象主要是投资者、债权人以及社会公众,其披露重点应是企业经济目标的实现、自愿承担社会责任情况,以及红利分配情况。

最后需要说明的,国有企业分类治理,并不意味着不同国有企业在治理的各方面都有严格区别,个别方面也有相同之处,或者存在共性,这是正常的,就像国有企业和民营企业在治理上存在共性一样。

6.6 本章小结

本章以"国有企业分类改革与分类治理"为基本思路，根据中国的实际情况，将国有企业划分为公益性国有企业、合理垄断性国有企业(包括自然垄断性国有企业和稀缺资源垄断性国有企业)和竞争性国有企业三大类四小类，并实际走访调研了多家中央和地方国有企业，探索目前国有企业改革和治理的现状及存在的问题。通过对调研企业高管和各部门负责人进行深度访谈，我们发现，调研企业普遍认为对国有企业进行分类改革和分类治理是非常有必要的，并且认可了我们划分的三大类四小类国有企业的合理性，由于调研企业规模上都属于大中型国有企业，其业务的多样化使得企业在分类过程中，认为其更偏向某一种类型。分类后的调研企业的收入来源，即政府补贴或自身盈利，与我们的预期基本一致，但公益性国有企业目前存在着较大程度的过度市场化倾向。同时，调研的三类国有企业都承担了一定的社会责任，但承担模式存在显著不同，这进一步说明了我们分类的合理性。通过对比调研企业的董事会构成、董事会与党委会的关系、高管选聘、董事长与总经理的关系、高管考评与激励，以及专业委员会制度，我们发现，虽然公益性国有企业、自然垄断性国有企业、稀缺资源垄断性国有企业和竞争性国有企业的经营目标和社会功能性质存在显著差异，但这四类企业的董事会设置和治理，并没有体现相应的差异化。此外，调研企业虽然都建立了一定的信息披露机制，但不同类型国有企业在信息披露对象和披露内容方面并不存在明显的差异。

可见，目前中国国有企业的布局基本符合公益性国有企业、自然垄断性国有企业、稀缺资源垄断性国有企业和竞争性国有企业四种分类，但是对国有企业的公司治理评价及监管，却没有针对不同类型的企业有的放矢。因此，一方面，在国有企业布局上，要通过改革，尽可能使四类国有企业更纯粹一些，使不同类型国有企业更符合自身的本质属性；另一方面，在公司治理评价和治理上，要制定符合各自属性的评价指标体系和治理准则。

总之,国有企业分类改革和分类治理的思路,既强调了国有企业的盈利性(竞争性国有企业),又考虑了国有企业的社会作用和公共性(合理垄断性国有企业),是深化国有企业改革、做优做强国有企业的有效途径,也是国有企业改革研究的未来方向。

第7章　政府规制下高管的薪酬反映其贡献吗?

国有垄断企业的高管薪酬是政府规制的重要方面。在一般意义上,国有垄断企业高管薪酬因受到政府规制而比竞争性企业要低。从现实情况来看,国有垄断企业高管薪酬的绝对额确实比国外同类同规模企业要低。不仅如此,其相对额(相对于其绩效)比国内很多其他企业也要低,甚至低很多。那么,这是否意味着政府规制下的国有垄断企业存在高管激励不足呢? 答案是否定的,因为政府规制带来的不仅仅是低薪酬,更重要的是高度的资源垄断,而这种资源垄断并非是高管的贡献使然。这意味着,薪酬与贡献的不匹配是国有垄断企业规制中需要关注的问题。

7.1　引　　言

近年来,垄断带来的业绩是否应该纳入高管薪酬激励体系成为人们争论的焦点。2009 年 4 月 9 日,财政部出台"限薪令",指出"国有金融机构在清算 2008 年年度高管人员薪酬时,按不高于 2007 年年度薪酬 90％的原则确定;在此基础上,2008 年年度业绩下降的国有金融机构,高管人员薪酬再下调 10％"。

尽管有如此"限薪令",但 2008 年很多垄断企业高级管理层(以下简称高管)的薪酬仍是居高不下。如中信银行行长陈小宪 551.31 万元,中远洋董事长魏家福 224.06 万元,太平洋保险董事长高国富 177.1 万元,工商银行董事长姜建清 161 万元,建设银行董事长郭树清 156.9 万元,中国银行董事长肖钢 150.7 万元,华能国际总经理刘国跃 87.94 万元,中石化总裁王天普 84.4 万元,神华集团总裁凌文 84.3 万元,华电国际总经理陈建华 71.55 万元。[①] 拿着如此高的薪酬,却仍有很多国企高管抱怨自己的薪酬激励不足,要求薪酬和国际接轨。2014 年,国有企业高管薪酬改革向纵深推进,《中央管理企业主要负责人薪酬制度改革方案》自 2015 年开始实施,新一轮的限薪拉开帷幕。

垄断企业高管薪酬到底是高还是低,要看高管对企业业绩的贡献有多大。一般认为,企业高管的薪酬应该与企业业绩挂钩。但是,"应该对垄断性和非垄断性企业进行区分"(高明华,2009)[②]。因为对于垄断企业来说,天生就被赋予了垄断优势。它们获得高利润主要源自垄断资源或垄断地位,并不完全来自高管的能力或努力。因此,对垄断企业高管薪酬合理性的判断也不能简单地按照一般企业的标准,直接将企业业绩与高管薪酬挂钩,而应该将垄断因素考虑进去,这就是本章的研究内容。

这里有必要先界定一下垄断企业。按照经济学理论,垄断分为行政垄断、自然垄断和市场垄断三种。行政垄断指依靠行政权力控制市场准入,只允许一家或少数几家企业生产经营的情况,如石油、石化、食盐、军工、烟草、广播电台、电信等。自然垄断有传统和现代两种理解:传统意义的自然垄断是指由于规模经济的存在,单一企业在一定的产量范围内,平均成本持续下降,产量越大成本越低。20 世纪 80 年代以来,经济学家在弱可加性理论基础上重新定义了自然垄断,这就是现代意义的自然垄断,它认为如果有一个企业生产整个行业产品的成本比两个或两个以上的企业分别生产该产品的成本总和更低,这个行业就是自然垄断的,如铁路、自来水、输电、管道天然气等。市场垄断是指因市场力量或技术原因导致的垄断(王锐,2007)。我国的垄断主要指前两种,但由于行政权力的保护,自然垄断行业也存在很浓的行政垄断色彩,因此中国的垄断是两种垄断相互交织的垄断,而这两种垄断权力都是国家赋予的。本章的垄断企业包括行政垄断企业和自然垄断企业,其他企业为非垄断企业。

---

① 上述高管薪酬仅为现金部分,不包括股权激励。
② 孙洁琳. 垄断带来的业绩不能纳入薪酬激励体系. 新浪财经,2009 - 04 - 16. http:// finance. sina. com. cn/roll/20090416/01236106681. shtml.

7.2　文　献　综　述

很多经济学家、心理学家和管理学家从不同角度出发,基于不同理论对高管薪酬进行了研究,这其中很大一部分学者是从交易费用理论出发来进行研究的。委托—代理理论认为企业的所有者和经营者之间构成委托—代理关系。当代理人的行为不可观察时,委托人往往按照代理绩效决定报酬,以激励其选择对委托人最有利的行为,最大程度地降低代理成本。但由于委托人对代理人的奖惩只能根据观测到的产出(企业业绩),基于委托—代理理论的研究主要集中于分析高管报酬与企业业绩之间的关系,说明公司应该根据经营者对公司的贡献支付报酬。

国外最早研究高管薪酬的学者是陶辛斯和贝克(Taussings and Baker,1925),他们研究发现企业经营者报酬和企业业绩之间相关性很小,这个结果让人感到惊讶。卢埃林和亨茨曼(Lewellen and Huntsman,1970)用近 20 年的数据对 50 家企业进行了研究,发现企业的会计利润和销售收入共同影响高管薪酬。科赫兰和施密特(Coughlan and Schmidt,1985)用 149 家公司的数据证明了高管现金薪酬的变化与变动的市场收益正相关,与销售额增长非线性相关。詹森和墨菲(Jensen and Murphy,1990)用福布斯提供的 7 750 个公司的数据估计了高管报酬—企业绩效敏感度,发现股东财富每增加 1 000 美元,高管薪酬增加 2.19 美分。他们还认为,由于存在许多政治原因,规模较大的企业高管薪酬与业绩之间关系的敏感性较低。罗斯和舍泼德(Rose and Sherpard,1993)用主营业务收入、资产规模和员工数量作为衡量公司规模的指标,发现高管薪酬和主营业务收入正相关。托西等(Tosi et al.,2000)研究了公司规模和业绩对高管薪酬的影响,发现规模对高管薪酬的解释力度是 40%,而业绩对高管薪酬的解释力度却只有 5%,薪酬对规模的敏感性相比薪酬对业绩的敏感性要大。

国内对高管报酬和企业业绩关系的研究起步较晚,魏刚(2000)用

1999 年 719 家上市公司的数据,证明了中国上市公司的高管薪酬水平和公司绩效不存在显著的相关关系。李增泉(2000)用 1998 年 800 多家上市公司的数据,检验高管薪酬和企业业绩之间的关系,发现高管薪酬和企业规模存在显著关系,但和净资产收益率不存在显著关系。张俊瑞等(2003)的研究证明了高管薪酬和企业业绩有较稳定的正相关关系。邵平、刘林、孔爱国(2008)专门研究了影响高管薪酬和企业业绩敏感性的因素,发现公司规模、负债比率、收益波动性与敏感性负相关,外资进入、高管任职时间、金融监管以及董事会的独立性对敏感性的影响不显著。

综上所述,学者们用企业业绩衡量高管绩效,研究企业业绩和高管薪酬之间的关系,存在以下几个问题:第一,由于样本或者方法不同,学者们得到的研究结果存在很大差异,没有统一说法。第二,至今为止,没有学者将垄断企业和非垄断企业区分开,单独考虑不同性质企业的高管薪酬决定。第三,现有的大部分研究都是实证分析,没有人用理论模型证明高管薪酬和企业业绩之间的关系,实证分析只能说明两者数量上的关系,并不能解释作用原理,因为相关关系不等于因果关系,数量上的相关不能说明逻辑上的相关。这些问题正是本章想要解决的。

7.3 理 论 模 型

企业和高管是委托—代理关系,企业作为委托人希望高管最大化企业利益,高管作为代理人却以自身利益最大化为行为准则。高管的努力程度属于私人信息,是企业难以观察到的,更是难以衡量的,这种事后的信息不对称很容易造成管理层的道德风险。为了避免道德风险带来的损失,企业往往会根据企业业绩来判断高管的努力程度,进而决定支付的薪酬,这就是基于委托—代理理论的高管薪酬设计。问题的关键是,企业的业绩到底在多大程度上能够反映高管的努力程度。换句话说,企业业绩中有多少来自高管的努力,多少来自企业自身的固有条件,多少来自政府赋予的垄断优势。

对于非垄断企业,决定企业业绩的主要是企业的规模、治理结构和高管努力等。对于垄断企业,决定企业业绩的除了上述因素外,还有其天生的自然垄断优势或行政垄断优势。为了用理论模型进行深入分析,先做如下前提假设:

假设 1 高管是理性的经济人,其行为出发点是自身利益最大化;

假设 2 高管自己决定采取何种努力程度(k),这个努力程度是高管的私人信息,为其他人所不知;

假设 3 高管努力要付出体力和脑力成本,记为 $c(k)$。成本与努力程度有关,高管越努力,成本越高,即 $\dfrac{\partial c(k)}{\partial k} > 0$。因此,令 $c(k) = a + bk$,其中 a、b 均为常数,b 反映了高管成本对努力程度的敏感性;

假设 4 企业看不到高管的努力程度,只能看到结果,即企业业绩等一系列数字和指标;

假设 5 企业根据业绩支付高管薪酬,表示为 $w = w(y)$,y 是企业业绩;

假设 6 企业业绩由很多因素决定,包括企业固有条件(如资产、规模等),政府赋予企业的垄断优势,高管的能力和努力程度。进而,业绩可以表示为 $y = y(k, q, s, m)$,其中,q 表示高管能力,s 表示企业固有条件,m 表示垄断优势。这里,将 m 写进 s。如果企业拥有垄断优势,则 $m > 0$,如果企业没有垄断优势,则 $m = 0$。即非垄断企业的 $s_1 = s + m = s$,垄断企业的 $s_2 = s + m > s$,则 $s_1 < s_2$。

对于管理者来说,效益函数为 $u = w(y) - c(k)$。高管最大化其效益函数,求效益函数的一阶导数,结果为: $\dfrac{\partial u}{\partial k} = \dfrac{\partial w}{\partial y} \times \dfrac{\partial y}{\partial k} - \dfrac{\partial c}{\partial k}$,令 $\dfrac{\partial u}{\partial k} = 0$,则 $\dfrac{\partial w}{\partial y} \times \dfrac{\partial y}{\partial k} = \dfrac{\partial c}{\partial k}$。由于 $c(k) = a + bk$,所以 $\dfrac{\partial c}{\partial k} = b$,$b$ 为常数。因此,$\dfrac{\partial w}{\partial y} = \dfrac{\dfrac{\partial c}{\partial k}}{\dfrac{\partial y}{\partial k}} = \dfrac{b}{\dfrac{\partial y}{\partial k}}$,$\dfrac{\partial w}{\partial y}$ 就是"高管薪酬—企业业绩相关度"。

由于企业业绩由很多因素决定,这里参考柯布—道格拉斯生产函数,考虑企业业绩的决定。柯布—道格拉斯生产函数为 $y = L^{\alpha}K^{1-\alpha}$,其中 L 为人力资本,K 为物质资本,α 为人力资本的贡献率,$1-\alpha$ 为物质资本的贡献率。相似的,企业高管的能力和努力水平可以看作是人力资本投入,而企业固有条件和垄断优势则是物质资本投入。写成由高管能力、努力水平、企业固有条件构成的企业业绩函数,为 $y = (kq)^{\alpha}s^{1-\alpha}$。

对于非垄断企业:

$$y_1 = (k_1q_1)^{\alpha}s_1^{1-\alpha}, \quad \frac{\partial y_1}{\partial k_1} = \alpha q_1^{\alpha}s_1^{1-\alpha}k_1^{\alpha-1} = \alpha q_1^{\alpha}\left(\frac{s_1}{k_1}\right)^{1-\alpha}$$

对于垄断企业:

$$y_2 = (k_2q_2)^{\alpha}s_2^{1-\alpha}, \quad \frac{\partial y_2}{\partial k_2} = \alpha q_2^{\alpha}s_2^{1-\alpha}k_2^{\alpha-1} = \alpha q_2^{\alpha}\left(\frac{s_2}{k_2}\right)^{1-\alpha}$$

在高管能力相同($q_1 = q_2$),努力水平相同($k_1 = k_2$)的情况下,垄断企业和非垄断企业的"高管薪酬—企业业绩相关度"主要取决于企业固有条件和垄断优势(s)。由于政府赋予垄断企业垄断优势和特权,所以相对于同等条件的非垄断企业,$s_1 < s_2$。进而有,$\alpha q_1^{\alpha}\left(\frac{s_1}{k_1}\right)^{1-\alpha} < \alpha q_2^{\alpha}\left(\frac{s_2}{k_2}\right)^{1-\alpha}$,于是,$\frac{\partial y_1}{\partial k_1} < \frac{\partial y_2}{\partial k_2}$。

这个不等式说明垄断企业的业绩对高管努力程度的敏感度大于非垄断企业的业绩对高管努力程度的敏感度。这是因为垄断企业天生的垄断优势放大了高管的努力成果,这可以称为垄断的"放大效应"。而非垄断企业没有这种垄断优势,也就不存在放大效应。譬如,垄断企业的高管努力 10,由于垄断因素的存在,这个 10 反映到业绩上就是 100;非垄断企业的高管努力 10,反映到业绩上仍是 10。

这个关系应用到薪酬的决定上,就可以说明垄断企业薪酬的合理性问题。因为 $\frac{\partial y_1}{\partial k_1} < \frac{\partial y_2}{\partial k_2}$,所以 $\frac{b}{\frac{\partial y_1}{\partial k_1}} > \frac{b}{\frac{\partial y_2}{\partial k_2}}$。又因为 $\frac{\partial w}{\partial y} = \frac{b}{\frac{\partial y}{\partial k}}$,

所以 $\dfrac{\partial w_1}{\partial y_1} > \dfrac{\partial w_2}{\partial y_2}$。垄断企业的"高管薪酬—企业业绩相关度"小于非垄断企业的"高管薪酬—企业业绩相关度"，即垄断企业和非垄断企业的业绩同样上升一个单位，高管薪酬上升的程度不应是相同的，垄断企业高管薪酬的增加应该少于非垄断企业高管薪酬的增加。因为业绩上升同样的程度，垄断企业高管付出的努力小于非垄断企业高管付出的努力。

综上所述，理论模型得出以下两个主要结论：

第一，垄断企业"业绩对高管努力程度的敏感度"大于非垄断企业"业绩对高管努力程度的敏感度"；

第二，垄断企业"高管薪酬—企业业绩相关度"小于非垄断企业"高管薪酬—企业业绩相关度"。

正因如此，对垄断企业高管努力的评价不能完全用企业业绩来衡量。即使将企业高管薪酬和企业业绩挂钩，也应将垄断企业和非垄断企业区分开来。同时，那些垄断企业的高管以业绩为借口要求涨工资，或者抱怨自己薪酬激励不足是没有依据的。

7.4　经　验　检　验

7.4.1　变量定义

我们选取在沪深上市的所有公司作为样本，剔除 ST 公司，最后得到 1 439 个有效样本。根据第三部分的理论模型，我们定义以下变量（见表 7-1）：

表 7-1　变量定义与说明

变　量		变量定义	变量说明	符号预期
被解释变量	营业收入（OUT）	企业在销售商品、提供劳务等日常经营业务过程中所形成的经济利益的总流入	反映企业业绩	

续　表

变　量		变量定义	变量说明	符号预期
解释变量	总资产（SIZE）	企业拥有或控制的、能够带来经济利益的全部资产	反映企业自身固有资源	＋
	垄断情况（MONO）	属于垄断企业，MONO = 1；属于非垄断企业，MONO = 0	垄断的判断标准为 HHI 指数	＋
	高管薪酬（WAGE）	薪酬最高的前三名高管薪酬之和的平均值	反映企业高管的薪酬水平	＋

需要进一步说明的是垄断企业和非垄断企业的判断标准。本章采用赫芬达尔–赫希曼指数(HHI 指数)判断一个行业是否属于垄断行业。本章 HHI 的计算是用市场上所有厂商市场份额百分比的平方和来表示。HHI 指数越大,说明市场集中度越大;反之,市场集中度越小。根据 HHI 指数,可以将行业分为垄断行业和非垄断行业。一般认为 HHI 指数大于 1 800 的行业属于垄断行业。根据这种方法来计算本章样本所涉的 22 个行业①的 HHI 指数,结果见表 7 - 2。

表 7 - 2　22 个行业的 HHI 指数

行　业	HHI 指数（行业中的企业个数）	行　业	HHI 指数（行业中的企业个数）
农林牧渔业	1 017.365(36)	电子业	1 077.743(67)
采掘业	3 264.218(32)	金属非金属业	605.627(128)
食品饮料业	367.196(62)	医药生物业	239.490(222)
纺织服装业	447.983(62)	机械设备业	453.471(86)
木材家具业	3 734.877(4)	其他制造业	1 028.842(22)
造纸印刷业	824.523(29)	水电煤气业	2 690.322(63)
石化塑胶业	204.710(158)	建筑业	3 210.033(34)

---

① 这 22 个行业分别为农林牧渔业、采掘业、食品饮料业、纺织服装业、木材家具业、造纸印刷业、石化塑胶业、电子业、金属非金属业、医药生物业、机械设备业、其他制造业、水电煤气业、建筑业、运输仓储业、信息技术业、批发零售贸易、金融保险业、房地产业、社会服务业、传播文化产业、综合类。

续　表

行　业	HHI 指数 （行业中的企业个数）	行　业	HHI 指数 （行业中的企业个数）
运输仓储业	585.190(61)	房地产业	528.789(63)
信息技术业	924.979(84)	社会服务业	981.242(47)
批发零售贸易	390.688(84)	传播文化产业	1 565.647(10)
金融保险业	2 346.604(25)	综合类	405.940(60)

资料来源：根据上市公司 2008 年年报计算得到。

从数据看，属于垄断行业的有：采掘业、木材家具业、水电煤气业、建筑业和金融保险业。但是，由于木材家具业的有效样本只有 4 个，以此计算出来的 HHI 指数并不准确，因此不算作垄断行业。另外，由于行业划分不够细致，有些大行业不属于垄断行业，但是其下属的子行业却属于垄断行业。例如，信息技术业不是垄断行业，但电信业作为子行业却属于垄断行业；运输仓储业不是垄断行业，但民航和海洋运输作为子行业却属于垄断行业。还有些大行业不属于垄断行业，但是由于某个子行业的垄断性很强，而使整个大行业都显示为垄断行业，对这种行业也要加以区分。例如，建筑业作为大行业是垄断行业，主要因为其子行业铁路建筑业属于高度垄断行业。综上，本章的垄断行业主要包括采掘业、水电煤气业、金融保险业、电信业、铁路建筑业、民航业和海洋运输业。

7.4.2　描述统计

首先对样本中的全部上市公司做描述性统计，结果见表 7-3：

表 7-3　全部上市公司的描述性统计

变量名称	样本量	均值(万元)	标准差	最大值(万元)	最小值(万元)
OUT	1 439	729 780	5 127 000	145 200 000	113.10
SIZE	1 439	3 209 600	38 970 000	975 800 000	11 870
MONO	1 439	0.07	0.257	1	0
WAGE	1 439	55.410	301.168	10 340	2.153 2

资料来源：根据上市公司 2008 年年报计算得到。

表7-3所示,所有样本的前三名高管薪酬平均值为55.41万元,营业收入平均值为729 780万元,高管薪酬相对于营业收入的比值为0.000 076,这个比值反映了高管薪酬与营业收入的相对值。这个比例过高说明相对于企业的营业收入来说,高管薪酬太高了,也就是薪酬激励过度;这个比例过低说明相对于企业的营业收入来说,高管薪酬太低了,也就是薪酬激励不足。这里,我们可以把0.000 076看作是一个粗略的标准,用来判断高管薪酬激励是否合理。

将样本按照企业的垄断性分为垄断企业和非垄断企业,再分别对两种类型企业的相关变量做描述性统计,结果见表7-4:

表7-4　分垄断性质的描述性统计

垄断性质	变量名称	样本量	均值（万元）	标准差	最大值（万元）	最小值（万元）
垄断企业	OUT	102	4 933 000	18 260 000	145 200 000	368.357 6
	SIZE	102	33 390 000	141 300 000	975 800 000	42 929.00
	WAGE	102	65.303 5	87.253	592.63	5.20
非垄断企业	OUT	1 337	409 100	1 275 000	23 460 000	113.103 7
	SIZE	1 337	907 100	7 152 000	157 200 000	11 872
	WAGE	1 337	54.656	311.518	10 339.8	2.15

资料来源:根据上市公司2008年年报计算得到。

由表7-4看出,垄断企业的前三名高管薪酬平均值为65.303 5万元,营业收入平均值为4 933 000万元,高管薪酬相对于营业收入的比值为0.000 013。非垄断企业的前三名高管薪酬平均值为54.656万元,营业收入平均值为409 100万元,高管薪酬相对于营业收入的比值为0.000 13。垄断企业的"薪酬—收入比"(0.000 013)远远低于平均水平(0.000 076),说明从"薪酬—收入比"的角度看,垄断企业存在严重的激励不足,这也正是众多垄断企业的高管抱怨自己薪酬水平偏低的原因。非垄断企业的"薪酬—收入比"(0.000 13)则远远高于平均水平(0.000 076),这主要是因为,由于工资刚性和高管攀比心理,不管是垄断企业还是非垄断企业,高管薪酬都不会有太大的差别。但是,企业的营业收入却会有很大差别。非垄断企业的营业收入明显低于垄断企业的营业收入。仅从描述性统计就能看出，垄断企业高管薪酬和非垄断企业高管薪酬存在很大的差异。

7.4.3　模型估计

以上是对样本的描述性统计，下面用数据分别检验理论部分得到的两个主要结论：

(1) "企业业绩对高管努力程度的敏感度"检验

检验"企业业绩对高管努力程度的敏感度"其实就是检验高管努力对企业业绩的贡献率，即企业现有业绩中有多少是来自高管的努力。因此，应该用影响企业业绩的多种因素对企业业绩做多元线性回归。考虑到影响企业业绩的因素有企业资产规模、企业垄断情况以及高管努力程度等。建立如下计量模型：

$$OUT = \gamma_0 + \gamma_1 SIZE + \gamma_2 MONO + \gamma_3 k + \varepsilon$$

但是，高管努力程度 k 是无法衡量的，只能用其他变量来代替。这里用本年度的高管薪酬代表高管努力程度作为解释变量，因为本年度的高管薪酬是对本年度高管努力程度的衡量，虽然这个衡量不够准确，但是大部分企业的高管薪酬还是基本能够反映其高管的努力程度的。这区分于平时我们所说的薪酬的激励作用，薪酬的激励作用主要是指本年度薪酬对下一年的高管努力程度的激励，图 7 - 1 表示了两者之间的关系。

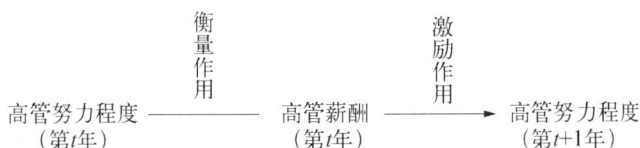

高管努力程度 ——衡量作用—— 高管薪酬 ——激励作用——→ 高管努力程度
（第 t 年）　　　　　　　（第 t 年）　　　　　　　（第 $t+1$ 年）

图 7 - 1　高管薪酬和高管努力关系图

基于这种关系，我们用当年的高管薪酬代表高管努力程度，得到计量模型：

$$OUT = \gamma_0 + \gamma_1 SIZE + \gamma_2 MONO + \gamma_3 WAGE + \varepsilon$$

做多元回归之前,首先检验所有的解释变量和被解释变量的相关性,结果见表7-5:

表7-5 变量的相关性检验

变 量		营业收入	总 资 产	垄断情况	高管薪酬
营业收入 (OUT)	相关系数	1	0.470**	0.119**	0.401**
	显著性水平	—	0.000	0.000	0.000
总资产 (SIZE)	相关系数	0.470**	1	0.357**	0.152**
	显著性水平	0.000	—	0.000	0.000
垄断情况 (MONO)	相关系数	0.119**	0.357**	1	0.009
	显著性水平	0.000	0.000	—	0.731
高管薪酬 (WAGE)	相关系数	0.401**	0.152**	0.009	1
	显著性水平	0.000	0.000	0.731	—

注:* 表示在10%的显著性水平下显著,** 表示在5%的显著性水平下显著,*** 表示在1%的显著性水平下显著。

由表7-5看出,被解释变量(营业收入)与三个解释变量(总资产、垄断情况和高管薪酬)都高度相关,可以进行下一步的回归分析。但同时也看到,解释变量总资产和另外两个解释变量垄断情况和高管薪酬也是高度相关的,因此在做回归分析的时候,会产生共线性。

用解释变量对被解释变量做多元线性回归,结果见表7-6:

表7-6 模型的线性回归结果

自变量	符 号	系 数	标准化系数	显著性水平	回归标准误	t 值
常数项	—	−0.013	−0.013	0.943	0.179	−0.071
MONO	—	−0.131	−0.039*	0.09	0.077	−1.694
WAGE	+	0.001	0.336*	0.00	0.000	15.403
SIZE	+	0.271	0.433*	0.00	0.015	18.544

注:* 表示在10%的显著性水平下显著,** 表示在5%的显著性水平下显著,*** 表示在1%的显著性水平下显著。

模型中的三个解释变量都是有意义的,但是MONO的符号为负,和我们之前的理论分析不符。出现这种情况的原因是,模型存在较强的共线性。这可以从条件指数（condition index）判断出来，该模型的条件指数为 20.379①，介于 10 和 30 之间，说明模型存在较强的共线性，这和我们之前做相关性分析时的预测相同。产生共线性的原因是 $SIZE$ 与 $MONO$、$WAGE$ 高度相关。因此，这个模型的结论并不准确，必须解决共线性问题。解决共线性问题的方法有很多，例如，去除一些影响比较小的变量、增加样本数据、岭回归、因子分析法、变量变换等。这里，由于我们选取的是上市公司的数据，因而无法扩大样本容量，采用的方法是变量变换。

由于产生共线性的原因是解释变量 $SIZE$ 和其他解释变量 $MONO$、$WAGE$ 相关，这里将模型做简单的变化，去除 $SIZE$ 的影响，将模型写成如下形式：

$$\frac{OUT}{SIZE} = \left(\gamma_0 \frac{1}{SIZE} + \gamma_1\right) + \gamma_2 \frac{MONO}{SIZE} + \gamma_3 \frac{WAGE}{SIZE} + \varepsilon$$

变换后的模型剔除了 $SIZE$ 对其他解释变量的影响，不再存在共线性问题。对变换后的模型进行回归，结果见表 7-7：

表 7-7　变换后模型的线性回归结果

自变量	符号	系数	标准化系数	显著性水平	回归标准误	t 值
常数项	+	3.282	3.282**	0.000	0.022	151.337
$MONO/SIZE$	+	0.385	0.115**	0.000	0.080	4.798
$WAGE/SIZE$	+	0.001	0.400**	0.000	0.000	15.697

注：* 表示在 10% 的显著性水平下显著，** 表示在 5% 的显著性水平下显著，*** 表示在 1% 的显著性水平下显著。

变换后的模型不存在共线性问题，而且 DW 值等于 1.795，也不存在序列相关，结果是可以接受的。由表 7-7 看出，$\dfrac{MONO}{SIZE}$ 的系数显著，而且为正，说明垄断性与企业业绩正相关，垄断企业的业绩高于非垄断企业的业绩。$\dfrac{WAGE}{SIZE}$ 的系数显著，而且为正，说明高管努力与企业业绩正相

---

① 条件指数 $=\sqrt{\text{最大特征值／最小特征值}}$，通过计算得到本模型的条件指数为 20.379。

关,高管越努力工作,企业的业绩越高。

根据上面的回归结果可以写出方程:

$$\frac{OUT}{SIZE} = 3.282 + 0.115\,\frac{MONO}{SIZE} + 0.4\,\frac{WAGE}{SIZE}$$

从这个式子可以看出,在垄断企业的高管和非垄断企业的高管付出同样努力程度的情况下(即两者的 $\dfrac{WAGE}{SIZE}$ 相同),由于垄断企业的 $\dfrac{MONO}{SIZE}$ 项不为零,而非垄断企业的 $\dfrac{MONO}{SIZE}$ 项为零,使得两者的企业业绩产生差异。由于这种差异是排除了企业总资产等固有条件影响的基础上做出来的,因此,我们可以认为差异的主要来源是 $\dfrac{MONO}{SIZE}$,$\dfrac{MONO}{SIZE}$ 就是垄断的"放大效应"。正因为垄断的"放大效应",使得垄断企业"业绩对高管努力程度的敏感度"大于非垄断企业"业绩对高管努力程度的敏感度"。由此,我们验证了第一个理论结论。

(2)"高管薪酬—企业业绩相关度"检验

为了检验垄断企业和非垄断企业的"高管薪酬—企业业绩相关度",建立如下计量模型:

$$\frac{WAGE}{SIZE} = \varphi_0 + \varphi_1\,\frac{OUT}{SIZE} + \varepsilon$$

分别用垄断企业和非垄断企业的数据对模型进行回归,结果见表 7-8:

表 7-8　模型的线性回归结果

企业性质	自变量	符号	系数	显著性水平	回归标准误	t 值
垄断企业	常数项	—	0.242***	0.000	0.005	51.642
	OUT/SIZE	+	200***	0.000	0.001	7.132
非垄断企业	常数项	—	0.27***	0.000	0.002	16.101
	OUT/SIZE	+	100***	0.000	0.000	13.721

注:* 表示在10%的显著性水平下显著,** 表示在5%的显著性水平下显著,*** 表示在1%的显著性水平下显著。

根据上面的回归结果可以分别写出垄断企业和非垄断企业的方程:

垄断企业: $\dfrac{WAGE}{SIZE} = -0.242 + 200\dfrac{OUT}{SIZE}$

非垄断企业: $\dfrac{WAGE}{SIZE} = -0.27 + 100\dfrac{OUT}{SIZE}$

回归结果显示,垄断企业的"高管薪酬—企业业绩相关度"为 200,非垄断企业的"高管薪酬—企业业绩相关度"为 100,这个结果与之前的理论分析恰好相反。

之前我们的结论是,由于垄断的"放大效应",使得垄断企业的"业绩对高管努力程度的敏感度"大于非垄断企业的"业绩对高管努力程度的敏感度"。基于此,在企业业绩相同的情况下,应该支付给垄断企业高管低一些的工资,支付给非垄断企业高管高一些的工资,即垄断企业的"高管薪酬—企业业绩相关度"应该小于非垄断企业的"高管薪酬—企业业绩相关度"。

实证分析的结果和理论研究的结论不符,说明现在垄断企业的高管薪酬水平并不合理。在垄断企业业绩和非垄断企业业绩相同的情况下,垄断企业非但没有减少对高管的支付,反而是支付了更高的薪酬。这恰好说明,垄断企业并没有考虑垄断的"放大效应",垄断企业的高管薪酬激励不是不足,而是过度。

为了进一步说明垄断的"放大效应",我们将垄断企业作为样本单独考察,检验垄断企业的垄断程度对"高管薪酬—企业业绩相关度"的影响,建立如下实证模型:

$$\frac{WAGE}{SIZE} = \sigma_0 + \sigma_1\frac{OUT}{SIZE} + \sigma_2\frac{OUT}{SIZE} \times MS + \varepsilon$$

式中,MS 为企业的市场份额,用来表示垄断企业的垄断程度;用交叉项 $\dfrac{OUT}{SIZE} \times MS$ 表示市场份额 MS 对"高管薪酬—企业业绩相关度"的影响,回归结果见表 7 - 9:

表 7 - 9　模型的线性回归结果

自　变　量	符号	系　数	显著性水平	回归标准误	t 值
常数项	＋	0.95***	0.000	0.012	77.865
$OUT/SIZE$	＋	6.45***	0.011	0.002	−1.572
$(OUT/SIZE) \times MS$	＋	50.548**	0.035	0.001	2.106

注：* 表示在10%的显著性水平下显著，** 表示在5%的显著性水平下显著，*** 表示在1%的显著性水平下显著。

根据上面的回归结果写出方程：

$$\frac{WAGE}{SIZE} = 0.95 + 6.45 \frac{OUT}{SIZE} + 50.548 \frac{OUT}{SIZE} \times MS。$$

由回归结果看出，$\frac{OUT}{SIZE} \times MS$ 的系数显著为正，证明垄断程度对"高管薪酬—企业业绩相关度"的影响是正向的，即随着垄断程度的增加，"高管薪酬—企业业绩相关度"也是逐渐增加的。这说明，越是垄断程度高的企业，高管薪酬激励过度的问题越严重。随着垄断程度的增加，这些企业非但没有相应地减弱高管薪酬和企业业绩之间的关系，反而加强了两者的联系。

7.5　本 章 小 结

通过理论模型和实证检验，本章得到以下主要结论：

第一，在目前政府规制下，垄断企业"业绩对高管努力程度的敏感度"大于非垄断企业"业绩对高管努力程度的敏感度"，即在高管付出同样努力的情况下，由于垄断的"放大效应"，垄断企业的业绩对高管努力更敏感，能够获得更高的业绩，这一结论在随后的实证检验中得到了证实。

第二，理论上，垄断企业"高管薪酬—企业业绩相关度"应该小于非垄断企业"高管薪酬—企业业绩相关度"，即在垄断企业和非垄断企业具有相同业绩的情况下，垄断企业支付给高管的薪酬应该低于非垄断企业支付给高管的薪酬。但是根据上市公司 2008 年的数据,我们发现,现实中垄断企业"高管薪酬—企业业绩相关度"大于非垄断企业"高管薪酬—企业业绩相关度",这说明目前垄断企业高管薪酬水平并不合理,存在激励过度问题。并且,越是垄断程度高的垄断企业,激励过度问题越严重。

　　需要说明的是,本章的样本还不够完整,由于个别垄断企业没有在深沪两市上市,而是选择了海外上市(例如,中移动和中海油),因此并不在本章的样本中。其次,本章没有考虑风险对薪酬的影响。这些需要以后进一步研究。

第8章 政府规制下国有垄断企业
董事会治理比较

本章将基于北京师范大学公司治理与企业发展研究中心"中国公司治理分类指数",从董事会治理指数角度,对 2012 年上市公司中的国有垄断企业与其他类型企业的董事会治理进行比较。我们可以按照国有股比例从大到小,把所有上市公司分为国有绝对控股公司(国有股比例 $x >$ 50%)、国有强相对控股公司(国有股东是第一大股东,国有股比例 30%＜ $x \leqslant$ 50%)、国有弱相对控股公司(国有股东是第一大股东,国有股比例 $x \leqslant$ 30%)、国有参股公司(存在国有股东,但国有股东不是第一大股东)和无国有股份公司,以上五类企业,国有垄断的程度逐步降低,在进行比较分析时,我们可以近似地把国有绝对控股上市公司视为国有垄断企业[①],非国有控股上市公司(包括国有参股公司和无国有股份公司)视为竞争性企业。

8.1 董事会治理总体比较

8.1.1 董事会治理指数总体比较

表 8-1 比较了不同所有制上市公司总体的董事会治理指数,并按照均值从高到低的顺序进行了排序。可以看出,五类所有制公司的董事会治理指数均达到及格水平,它们的均值差异不大,最大值和最小值之差仅为

---

① 尽管国有绝对控股公司并不等同于国有垄断企业,但它们之间的差别不大。

1.658 2。国有垄断企业(国有绝对控股公司)的董事会治理指数均值仅略高于无国有股份公司,低于其他三类公司。

表 8 - 1　2012 年五类所有制上市公司董事会治理指数比较

排序	所有制类型	公司数目	平均值	中位值	最大值	最小值	标准差
1	国有弱相对控股公司	308	53.160 9	53.547 9	68.161 3	31.619 1	6.251 6
2	国有强相对控股公司	384	52.519 0	52.697 1	69.285 7	30.300 1	6.774 9
3	国有参股公司	386	51.841 1	52.151 7	71.434 1	32.571 1	6.691 7
4	国有绝对控股公司	276	51.534 0	51.359 8	67.506 4	34.148 8	6.361 2
5	无国有股份公司	960	51.502 7	51.848 3	69.906 2	27.608 2	6.892 9
	总　　体	2 314	51.952 2	52.289 0	71.434 1	27.608 2	6.716 1

进一步观察五种所有制类型上市公司董事会治理指数之间的差异,可以发现,随着国有垄断程度的降低,或者说,随着第一大股东中国有股持股比例的降低,董事会治理指数先逐渐上升,后逐渐降低,呈现"倒 U"型关系。即国有垄断程度越高,或民营垄断程度越高,董事会治理指数越低(参见图 8-1),这说明,适度降低股权集中度,尤其是适度降低国有垄断程度,可能是提高公司董事会治理水平的比较有效的方式。

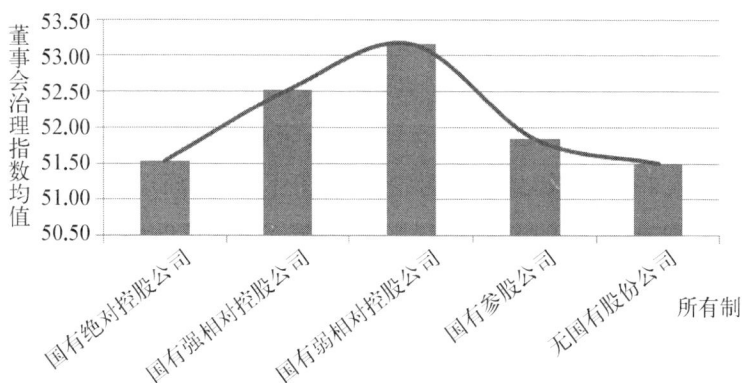

图 8 - 1　2012 年五类所有制上市公司董事会治理指数趋势图

在五种所有制类型中,可以把国有参股公司和无国有股份公司归类为非国有控股公司,即民营控股公司,这属于典型的竞争性企业。表 8 - 2 比较了国有垄断企业(国有绝对控股公司)与竞争性企业(非国有控股公司)在董事会治理上的差异。

表 8 - 2   2012 年上市公司中国有垄断企业与
竞争性企业董事会治理指数比较

	公司数目	平均值	中位值	最大值	最小值	标准差
国有垄断企业	276	51.534 0	51.359 8	67.506 4	34.148 8	6.361 2
竞争性企业	1 346	51.599 8	51.934 6	71.434 1	27.608 2	6.835 0

从表 8 - 2 可知,国有垄断企业与竞争性企业的董事会治理指数总体均值差距不大,国有垄断企业的董事会治理指数均值略低于竞争性企业,董事会治理指数的最大值和最小值均来自竞争性企业。

我们进一步将国有垄断企业(国有绝对控股公司)按照实际控制人划分为中央国有垄断企业和地方国有垄断企业,表 8 - 3 对二者进行了比较。可以发现,中央国有垄断企业与地方国有垄断企业的董事会治理指数差别很小,前者均值略低于后者。

表 8 - 3   2012 年中央国有垄断企业与地方国有垄断
企业董事会治理指数比较

	公司数目	平均值	中位值	最大值	最小值	标准差
地方国有垄断企业	163	51.639 5	51.795 6	67.506 4	34.148 8	6.350 6
中央国有垄断企业	113	51.381 8	51.253 2	66.733 9	37.933 4	6.401 7

8.1.2   董事会治理分项指数总体比较

董事会治理指数包括董事会结构、独立董事独立性、董事会行为和董事激励与约束四个分项指数[①],表 8 - 4 对五类所有制上市公司的四个董事会治理分项指数进行了比较。

---

① 高明华,苏然,方芳,等.中国上市公司董事会治理指数报告 2013[M].北京:经济科学出版社,2013.

表 8 - 4　2012 年五类所有制上市公司董事会治理分项指数均值比较

所有制类型	董事会结构	独立董事独立性	董事会行为	董事激励与约束
国有绝对控股公司	50.234 9	57.487 1	47.447 6	50.966 2
国有强相对控股公司	51.817 2	58.754 7	46.914 5	52.589 7
国有弱相对控股公司	51.619 8	59.719 9	48.237 5	53.066 4
国有参股公司	49.139 4	59.211 4	46.710 8	52.302 8
无国有股份公司	48.300 6	58.764 2	47.649 7	51.296 3
总　　体	49.696 6	58.812 1	47.425 2	51.875 1

从表 8 - 4 可以看出，与董事会治理总体指数一样，四个分项指数的均值也均未达到及格水平，且存在较大的差异。在五类公司中，国有垄断企业(国有绝对控股公司)的董事会结构分项指数高于国有参股公司和无国有股份公司，低于国有强相对控股公司和国有弱相对控股公司；其独立董事独立性分项指数和董事激励与约束分项指数在五类公司中都是最低的；而其董事会行为分项指数则低于国有弱相对控股公司和无国有股份公司，高于国有强相对控股公司和国有参股公司。

图 8 - 2 更直观地反映了五类所有制上市公司董事会治理四个分项指数均值的差异。可以发现，随着国有垄断程度的降低，即随着第一大股东中国有股持股比例的降低，独立董事独立性分项指数和董事激励与约束分项指数先逐渐上升，后逐渐降低，呈现典型的"倒 U"型关系，即上市公司的控股方持股比例越大，独立董事独立性和董事激励与约束方面的治理水平越差，这说明，适度降低股权集中度，对于增强独立董事独立性，改善公司董事激励与约束机制，将是比较有效的方式。对于董事会结构，随着国有垄断程度的降低，即随着第一大股东中国有股比例的降低，该分项指数也是先升后降，但不像前两个分项指数那么明显，呈现非典型的"倒 U"型关系。而董事会行为分项指数则是先降后升，随后又降再升，呈现"W"型曲线关系。这意味着，从整体看，适度降低第一大股东持股比例，尤其是适度降低国有垄断企业的国有股持股比例，对于优化董事会结构

和行为,增强独立董事独立性,规范董事激励与约束,可能具有一定的积极意义。

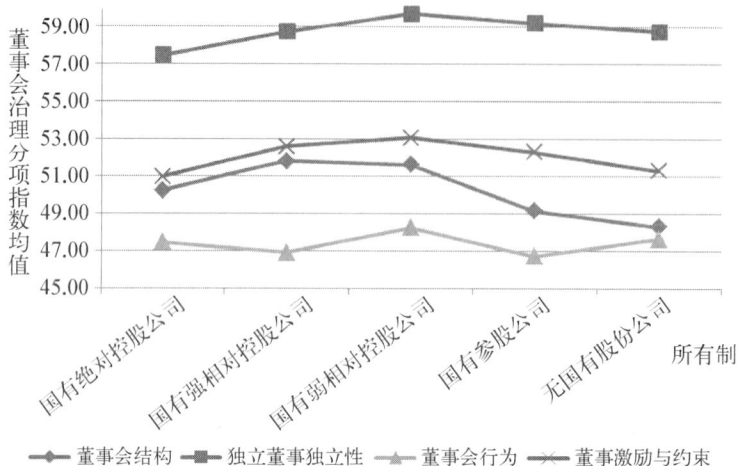

图 8-2 2012年五类所有制上市公司董事会治理分项指数趋势图

我们进一步将国有参股公司和无国有股份公司归类为非国有控股公司,将国有垄断企业(国有绝对控股公司)与竞争性企业(非国有控股公司)的董事会治理指数进行比较(参见表 8-5),可以看出,在独立董事独立性和董事激励与约束两个分项指数上,国有垄断企业低于竞争性企业;而在另外两个分项指数上,则是国有垄断企业高于或略高于竞争性企业。

表 8-5 2012年国有垄断企业与竞争性企业董事会治理分项指数均值比较

	董事会结构	独立董事独立性	董事会行为	董事激励与约束
国有垄断企业	50.234 9	57.487 1	47.447 6	50.966 2
竞争性企业	48.541 2	58.892 4	47.380 5	51.585 0

我们将国有垄断企业(国有绝对控股公司)进一步划分为中央国有垄断企业和地方国有垄断企业,两者的比较参见表 8-6。可以看出,除了董事会行为分项指数外,在其他三个分项指数上,地方国有垄断企业都高于中央国有垄断企业。

表 8 - 6 2012 年中央国有垄断企业与地方国有垄断
企业董事会治理分项指数均值比较

	董事会结构	独立董事独立性	董事会行为	董事激励与约束
地方国有垄断企业	50.686 8	59.160 7	45.722 0	50.988 4
中央国有垄断企业	49.583 2	55.073 0	49.936 8	50.934 1

8.2 不同行业董事会治理比较

8.2.1 不同行业董事会治理指数比较

为了更好地了解不同行业国有垄断企业(国有绝对控股公司)与竞争性企业(非国有控股公司)董事会治理指数的差异,我们选择了六个代表性行业:制造业(C),电力、热力、燃气及水生产和供应业(D),交通运输、仓储和邮政业(G),信息传输、软件和信息技术服务业(I),金融业(J)和房地产业(K),上述六个行业董事会治理指数比较参见表 8 - 7。

表 8 - 7 2012 年不同行业国有垄断企业与竞争性企业董事会治理指数比较

行　　业	企业类型	公司数目	平均值	中位值	最大值	最小值	标准差
制造业(C)	国有垄断企业	112	51.189 7	51.207 6	66.733 9	37.712 2	6.160 6
	竞争性企业	963	51.792 5	51.980 1	69.906 2	32.571 1	6.658 3
电力、热力、燃气及水生产和供应业(D)	国有垄断企业	27	49.494 9	48.575 5	65.038 3	34.148 8	6.828 4
	竞争性企业	9	53.498 5	53.100 2	60.934 1	43.794 1	5.462 0
交通运输、仓储和邮政业(G)	国有垄断企业	23	53.264 8	53.747 3	60.402 2	45.720 6	3.937 2
	竞争性企业	12	50.489 1	47.289 9	71.434 1	36.881 3	10.183 0
信息传输、软件和信息技术服务业(I)	国有垄断企业	6	51.171 7	50.040 8	60.074 6	43.178 2	5.709 1
	竞争性企业	78	48.678 8	49.299 7	65.424 4	27.608 2	7.941 8
金融业(J)	国有垄断企业	6	56.600 0	58.752 8	64.957 0	47.846 7	6.754 8
	竞争性企业	17	55.844 7	56.607 8	66.358 2	45.733 7	5.263 9

续　表

行　　业	企业类型	公司数目	平均值	中位值	最大值	最小值	标准差
房地产业(K)	国有垄断企业	22	53.800 0	55.366 0	63.324 3	43.994 2	5.628 6
	竞争性企业	75	51.970 2	52.934 4	66.008 7	36.353 3	5.833 1

从表 8-7 可以看出,六个代表性行业中,除制造业(C)和电力、热力、燃气及水生产和供应业(D)两个行业外,其余四个行业的国有垄断企业董事会治理指数均值都高于竞争性企业。

8.2.2　不同行业董事会治理分项指数比较

我们再对六个行业国有垄断企业与竞争性企业的董事会治理分项指数进行比较,参见表 8-8。可以看出,在制造业(C)中,仅仅董事会结构分项指数,国有垄断企业高于竞争性企业,其他三个分项指数,则均是竞争性企业高于国有垄断企业;在电力、热力、燃气及水生产和供应业(D)中,四个分项指数,均是竞争性企业高于国有垄断企业;在交通运输、仓储和邮政业(G)中,四个分项指数,则均是国有垄断企业高于竞争性企业;在信息传输、软件和信息技术服务业(I)中,除了独立董事独立性分项指数,竞争性企业高于国有垄断企业外,其他三个分项指数,均是国有垄断企业高于竞争性企业;在金融业(J)中,竞争性企业的董事会结构和独立董事独立性两个分项指数都高于国有垄断企业,而另外两个分项指数,则是国有垄断企业高于竞争性企业;在房地产业(K)中,除了董事激励与约束分项指数,竞争性企业高于国有垄断企业外,其他三个分项指数,都是国有垄断企业高于竞争性企业。

表 8-8　2012 年不同行业国有垄断企业与竞争性企业董事会治理分项指数比较

行　　业	企业类型	董事会结构	独立董事独立性	董事会行为	董事激励与约束
制造业(C)	国有垄断企业	49.942 0	57.864 8	46.803 2	50.148 8
	竞争性企业	48.485 3	59.073 5	47.828 6	51.782 6

行　　业	企业类型	董事会结构	独立董事独立性	董事会行为	董事激励与约束
电力、热力、燃气及水生产和供应业(D)	国有垄断企业	48.754 1	59.216 1	41.038 4	48.971 2
	竞争性企业	54.351 9	61.527 0	42.559 5	55.555 6
交通运输、仓储和邮政业(G)	国有垄断企业	52.267 1	57.997 0	48.447 2	54.347 8
	竞争性企业	48.038 2	54.447 3	47.619 0	51.851 8
信息传输、软件和信息技术服务业(I)	国有垄断企业	47.002 3	51.748 7	52.232 1	53.703 7
	竞争性企业	46.577 2	56.191 7	45.009 2	46.937 3
金融业(J)	国有垄断企业	58.328 4	53.372 4	57.291 7	57.407 4
	竞争性企业	61.239 5	56.239 4	53.939 1	51.960 8
房地产业(K)	国有垄断企业	54.209 9	60.016 3	48.701 3	52.272 7
	竞争性企业	48.933 1	59.679 3	46.750 0	52.518 5

8.3　国有产权、董事会治理与公司绩效：实证检验

8.3.1　研究假设

董事会代表股东利益行使决策职能和对经营者的监督职能。无疑,良好的董事会治理有利于董事会合理监督和科学决策两大职能的发挥,减少经理层的机会主义行为和公司犯错误的概率,更好地代表股东利益。因此,良好的董事会治理能够降低所有权和经营权分离引发的代理成本,从而提高公司绩效。根据以上分析,我们做出如下假设:

假设 1　董事会治理对公司绩效具有正向影响,即董事会治理水平越高,公司绩效越好。

产权性质的不同可能会影响董事会治理作用的发挥。国有垄断企业由于存在所有者缺位以及政治影响,甚至会存在一定的政治干预,促使企

业追求政治利益和经济利益的共同最大化,因而可能会削弱董事会决策和监督作用的发挥。根据以上分析,我们做出如下假设:

假设 2 在国有垄断公司中,董事会治理对公司绩效的正向影响减弱。

8.3.2 变量、模型与样本

1. 变量定义

我们采用净资产收益率(ROE)来衡量公司的经营绩效,用北京师范大学公司治理与企业发展研究中心构建的董事会治理指数($CCBI^{BNU}$)来衡量公司董事会治理水平,主要变量定义与说明参见表 8-9。为了避免异常值的影响,我们对所有财务指标上下 1% 都进行了缩尾调整(winsorize)。

表 8-9 主要变量定义与说明

变量类型	变量名称	变量符号	变量说明
被解释变量	净资产收益率(%)	ROE	(扣除非经常损益后的净利润/平均净资产) * 100%
解释变量	董事会治理指数	$CCBI^{BNU}$	根据高明华等《中国上市公司董事会治理指数报告 2013》构建的董事会治理指标体系赋值和计算,具体的指标体系和计算方法见该报告第 3 章
解释变量	董事会结构分项指数	BS	
解释变量	独立董事独立性分项指数	BI	
解释变量	董事会行为分项指数	BB	
解释变量	董事激励与约束分项指数	BIR	
调节变量	国有控股	SOE	虚拟变量,当公司为国有控股公司时(国有绝对控股公司、国有强相对控股公司、国有弱相对控股公司),取值为 1,否则取值为 0
控制变量	公司规模	$Size$	公司期末总资产的自然对数
控制变量	资产负债率	Lev	公司期末负债额/资产总额
控制变量	营业收入增长率(%)	$Growth\_income$	[(本期营业收入-上期营业收入)/上期营业收入] * 100%

变量类型	变量名称	变量符号	变　量　说　明
控制变量	第一大股东持股比例(%)	$Top1$	第一大股东持股数占全部股本的比例
	机构投资者持股比例(%)	$Inst\_$ $holdings$	第二到第十大股东中机构投资者持股比例
	行业	Ind	根据证监会行业分类标准,共 18 个行业,设置 17 个行业虚拟变量

2. 模型设定

为了检验董事会治理对公司绩效的影响,我们建立如下回归模型:

$$ROE = \beta_0 + \beta_1 CCBI^{BNU} + \beta_i Control_i + \varepsilon \qquad (1)$$

其中,被解释变量 ROE 用来衡量公司绩效,解释变量 $CCBI^{BNU}$ 用来衡量公司董事会的治理水平,$Control_i$ 为公司规模、资产负债率、营业收入增长率、第一大股东持股比例、机构投资者持股比例、行业等控制变量。我们主要关注 β_1 的系数,如果 β_1 系数为正,则支持假设 1,即董事会治理对公司绩效有正向影响。

为了检验国有控股对董事会治理与公司绩效之间正相关关系的调节作用,我们建立如下回归模型:

$$ROE = \beta_0 + \beta_1 CCBI^{BNU} + \beta_2 CCBI^{BNU} * SOE + \beta_i Control_i + \varepsilon \quad (2)$$

其中,被解释变量 ROE 用来衡量公司绩效,解释变量 $CCBI^{BNU}$ 用来衡量公司董事会的治理水平,$CCBI * SOE$ 为董事会治理指数与国有控股的交叉项,$Control_i$ 为公司规模、资产负债率、营业收入增长率、第一大股东持股比例、机构投资者持股比例、行业等控制变量。我们主要关注 β_1 和 β_2 的系数,如果 β_1 系数为正,β_2 系数为负,则支持假设 2,即在国有控股公司中,董事会治理对公司绩效的正向影响减弱。

3. 研究样本和数据来源

我们选取 2012 年全部 A 股上市公司,剔除金融业上市公司,最终得到有效样本 2 273 个。董事会治理和其他治理变量的数据来自北京师范大学公司治理与企业发展研究中心"中国公司治理分类指数数据库",财务数据来自同花顺 iFinD 数据库。

8.3.3 实证检验

1. 相关性分析

表 8-10 为主要变量相关性分析的结果。

表 8-10 主要变量相关性分析

(一)

变　量		(1)	(2)	(3)	(4)	(5)
(1)	ROE	1				
(2)	$CCBI^{BNU}$	0.053**	1			
(3)	BS	−0.008	0.580***	1		
(4)	BI	−0.008	0.546***	0.145***	1	
(5)	BB	0.067***	0.724***	0.217***	0.085***	1
(6)	BIR	0.076***	0.501***	0.056***	0.03	0.267***
(7)	$Size$	0.125***	0.013	0.079***	−0.108***	0.039*
(8)	Lev	−0.251***	−0.037*	0.048**	−0.039*	−0.078***
(9)	$Growth\_income$	0.263***	−0.042**	−0.058***	−0.016	−0.008
(10)	$Top1$	0.142***	−0.019	−0.051**	−0.065***	0.055***
(11)	$Inst\_holdings$	0.152***	0.029	0.005	0.003	0.031

(二)

变　量		(6)	(7)	(8)	(9)	(10)	(11)
(6)	BIR	1					
(7)	$Size$	0.031	1				
(8)	Lev	0.004	0.431***	1			
(9)	$Growth\_income$	−0.026	−0.022	0.01	1		

续　表

变　量	(6)	(7)	(8)	(9)	(10)	(11)
(10) *Top1*	0.001	0.302***	0.023	−0.015	1	
(11) *Inst_holdings*	0.031	0.141***	−0.039*	0.088***	−0.082***	1

注：*** 代表在 1% 的显著性水平下显著，** 代表在 5% 的显著性水平下显著，* 代表在 10% 的显著性水平下显著。

从表 8-10 可以看出，公司绩效（ROE）与董事会治理指数显著正相关，与董事会治理四个分项指数中的董事会行为和董事激励与约束两个分项指数显著正相关，与董事会结构和独立董事独立性两个分项指数没有显著相关关系。在控制变量中，公司绩效（ROE）与公司规模、营业收入增长率、第一大股东持股比例以及机构投资者持股比例显著正相关，与资产负债率显著负相关。作为解释变量的董事会治理指数与董事会治理四个分项指数高度正相关，因此在回归时为了避免多重共线性的影响，我们将五个解释变量分别进入回归方程而不是同时进入。解释变量和控制变量以及控制变量之间不存在高度相关关系。

2. 回归分析

（1）董事会治理与公司绩效

为了检验董事会治理对公司绩效的影响，我们对回归模型(1)进行了回归分析。其中在检验董事会治理分项指数对公司绩效的影响时，我们将回归模型(1)中的 $CCBI^{BNU}$ 分别替换为 BS、BI、BB 和 BIR 进行回归分析。回归结果见表 8-11。

表 8-11　董事会治理与公司绩效回归结果

解释变量	被解释变量：*ROE*				
	(1)	(2)	(3)	(4)	(5)
$CCBI^{BNU}$	0.096 5***				
	(2.914)				
BS		0.009 68			
		(0.451)			

解释变量	被解释变量：ROE				
	(1)	(2)	(3)	(4)	(5)
BI			0.005 06		
			(0.266)		
BB				0.027 3*	
				(1.686)	
BIR					0.136***
					(5.394)
Size	2.771***	2.767***	2.778***	2.761***	2.787***
	(12.54)	(12.47)	(12.51)	(12.47)	(12.67)
Lev	−24.52***	−24.66***	−24.65***	−24.50***	−24.78***
	(−20.07)	(−20.16)	(−20.15)	(−19.99)	(−20.39)
Growth_income	0.092 3***	0.091 7***	0.091 6***	0.091 6***	0.092 5***
	(13.35)	(13.23)	(13.23)	(13.24)	(13.44)
Top1	0.066 8***	0.065 5***	0.065 0***	0.064 2***	0.066 5***
	(4.435)	(4.328)	(4.312)	(4.263)	(4.442)
Inst_holdings	0.118***	0.120***	0.120***	0.119***	0.117***
	(4.581)	(4.644)	(4.633)	(4.604)	(4.527)
Constant	−54.99***	−50.26***	−50.31***	−50.95***	−57.24***
	(−11.53)	(−11.12)	(−10.69)	(−11.35)	(−12.38)
Observations	2 236	2 236	2 236	2 236	2 236
R-squared	0.272	0.269	0.269	0.270	0.279

注：*** 代表在1％的显著性水平下显著，** 代表在5％的显著性水平下显著，* 代表在10％的显著性水平下显著，括号内为 t 值。

表8−11中第(1)栏检验董事会治理总体指数对公司绩效的影响，第(2)~(5)栏分别检验董事会治理四个分项指数对公司绩效的影响。

从回归结果可以看出，董事会治理指数($CCBI^{BNU}$)对公司绩效具有正向影响，且在1％的显著性水平下通过了显著性检验，说明在其他条件不变的情况下，董事会治理水平越高，公司绩效越好，这支持了假设1。

董事会治理四个分项指数的回归结果进一步支持了假设 1。董事会行为(BB)和董事激励与约束(BIR)对公司绩效具有正向显著影响,其中董事激励与约束(BIR)影响最大且显著性水平最高;董事会结构(BS)和独立董事独立性(BI)对公司绩效的影响正向但不显著。可能的原因是,董事会结构和独立董事独立性侧重从形式上考察董事会治理水平,而董事会行为和董事激励与约束则侧重从实质上考察董事会治理质量(包括制度和行为),实质重于形式,实质比形式更能发挥治理作用。中国很多上市公司的董事会治理在形式上做得很漂亮,但是并没有发挥实质性作用。因此,加强董事会治理应该更多地从董事会行为和董事激励与约束等实质方面进行改善,尤其是要重视董事激励与约束方面的制度建设和实施。

从控制变量来看,公司规模、公司成长性(营业收入增长率)、第一大股东持股比例、机构投资者持股比例对公司绩效有正向显著影响。资产负债率对公司绩效具有负向显著影响。

(2) 董事会治理与公司绩效——加入国有产权变量

为了检验国有产权对董事会治理与公司绩效之间正向关系的调节作用,我们在回归模型(1)的基础上加入了董事会治理指数和国有控股的交叉项($CCBI^{BNU} * SOE$),即对回归模型(2)进行了回归分析。其中在检验国有产权对董事会治理分项指数和公司绩效之间关系的调节作用时,我们将回归模型(2)中的 $CCBI^{BNU}$ 分别替换为 BS、BI、BB 和 BIR 进行回归分析。回归结果见表 8 - 12。

表 8 - 12　董事会治理、国有产权与公司绩效的回归结果

解释变量	被解释变量：ROE				
	(1)	(2)	(3)	(4)	(5)
$CCBI^{BNU}$	0.109***				
	(3.257)				
$CCBI^{BNU} * SOE$	−0.021 2**				
	(−2.179)				
BS		0.021 8			
		(0.980)			

续　表

解 释 变 量	被解释变量：ROE				
	（1）	（2）	（3）	（4）	（5）
$BS*SOE$		−0.021 2**			
		（−2.111）			
BI			0.013 7		
			（0.707）		
$BI*SOE$			−0.018 1**		
			（−2.124）		
BB				0.035 6**	
				（2.106）	
$BB*SOE$				−0.017 3*	
				（−1.683）	
BIR					0.144***
					（5.666）
$BIR*SOE$					−0.019 8**
					（−2.080）
$Size$	2.853***	2.845***	2.859***	2.822***	2.859***
	（12.74）	（12.66）	（12.70）	（12.59）	（12.85）
Lev	−23.97***	−24.14***	−24.11***	−24.08***	−24.27***
	（−19.22）	（−19.38）	（−19.31）	（−19.25）	（−19.59）
$Growth\_income$	0.090 5***	0.090 0***	0.089 8***	0.090 3***	0.090 8***
	（13.02）	（12.92）	（12.89）	（12.99）	（13.12）
$Top1$	0.069 7***	0.068 8***	0.067 9***	0.066 0***	0.069 0***
	（4.615）	（4.528）	（4.488）	（4.374）	（4.598）
$Inst\_holdings$	0.119***	0.121***	0.120***	0.120***	0.117***
	（4.588）	（4.662）	（4.624）	（4.619）	（4.534）
$Constant$	−57.31***	−52.45***	−52.46***	−52.58***	−59.13***
	（−11.73）	（−11.32）	（−10.90）	（−11.46）	（−12.56）
$Observations$	2 236	2 236	2 236	2 236	2 236
$R\text{-}squared$	0.274	0.271	0.271	0.271	0.280

注：*** 代表在1%的显著性水平下显著，** 代表在5%的显著性水平下显著，* 代表在10%的显著性水平下显著，括号内为 t 值。

表 8-12 第(1)栏检验国有控股对董事会治理总体指数与公司绩效之间正相关关系的调节作用,第(2)~(5)栏分别检验国有控股对董事会治理四个分项指数与公司绩效之间关系的调节作用。

从回归结果可以看出,董事会治理指数($CCBI^{BNU}$)的估计系数正向显著,交叉项 $CCBI^{BNU}*SOE$ 的估计系数负向显著,说明董事会治理对公司绩效有正向影响,这进一步支持了假设 1,国有控股对董事会治理与公司绩效之间的正相关关系起了负向调节作用,即国有垄断控股公司中,董事会治理对公司绩效的正向影响会减弱,这支持了假设 2。

从董事会治理分项指数来看,董事会行为(BB)和董事激励与约束(BIR)的估计系数正向显著,董事会结构(BS)和独立董事独立性(BI)的估计系数正向不显著,这进一步说明董事会治理中实质重于形式。四个分项指数与国有控股交叉项的估计系数都显著为负,说明在国有垄断控股公司中,董事会治理四个分项指数对公司绩效的正向影响会减弱,这进一步支持了假设 2。

为了进一步验证国有控股对董事会治理与公司绩效的调节作用。我们把样本公司分为国有控股公司和非国有控股公司(即民营控股公司)两个组分别进行回归。董事会治理总体指数分组回归结果见表 8-13。

表 8-13 董事会治理与公司绩效——国有控股与非国有控股公司分组回归结果

解释变量	国有控股公司	非国有控股公司
$CCBI^{BNU}$	0.042 5	0.071 3*
	(0.685)	(1.917)
$Size$	2.150***	3.630***
	(6.021)	(12.39)
Lev	−29.53***	−20.99***
	(−13.17)	(−14.59)
$Growth\_income$	0.125***	0.078 7***
	(8.324)	(10.94)

解释变量	国有控股公司	非国有控股公司
$Top1$	0.057 6**	0.079 5***
	(2.142)	(4.569)
$Inst\_holdings$	0.156***	0.087 3***
	(3.424)	(2.930)
$Constant$	−36.01***	−73.21***
	(−4.211)	(−12.13)
$Observations$	932	1 304
$R\text{-}squared$	0.309	0.278

注：*** 代表在 1% 的显著性水平下显著，** 代表在 5% 的显著性水平下显著，* 代表在 10% 的显著性水平下显著，括号内为 t 值。

从表 8-13 可以看出，在国有控股公司中，董事会治理（$CCBI^{BNU}$）对公司绩效的影响正向但不显著；在非国有控股公司中，董事会治理（$CCBI^{BNU}$）对公司绩效的影响正向且显著。从估计系数的大小来看，非国有控股公司中董事会治理对公司绩效的影响系数更大。这进一步支持了假设 2。

表 8-14 为董事会治理分项指数的分组回归结果。

表 8-14　董事会治理分项指数与公司绩效——国有控股与
非国有控股公司分组回归结果

解释变量	国有控股公司			
	（1）	（2）	（3）	（4）
BS	−0.007 27			
	(−0.179)			
BI		−0.032 2		
		(−0.929)		
BB			0.022 8	
			(0.849)	
BIR				0.103**
				(2.123)

续　表

解释变量	国有控股公司			
	(1)	(2)	(3)	(4)
Size	2.112***	2.063***	2.123***	2.251***
	(5.980)	(5.780)	(6.013)	(6.285)
Lev	−29.67***	−29.71***	−29.54***	−29.42***
	(−13.26)	(−13.29)	(−13.20)	(−13.18)
Growth_income	0.125***	0.124***	0.124***	0.125***
	(8.320)	(8.317)	(8.295)	(8.345)
Top1	0.0562**	0.0556**	0.0569**	0.0609**
	(2.092)	(2.072)	(2.121)	(2.266)
Inst_holdings	0.160***	0.161***	0.157***	0.151***
	(3.520)	(3.542)	(3.446)	(3.320)
Constant	−32.44***	−29.79***	−34.22***	−41.55***
	(−4.287)	(−3.761)	(−4.637)	(−5.023)
Observations	932	932	932	932
R-squared	0.309	0.309	0.309	0.312
解释变量	非国有控股公司			
	(5)	(6)	(7)	(8)
BS	0.00991			
	(0.417)			
BI		0.0203		
		(0.957)		
BB			0.00680	
			(0.349)	
BIR				0.102***
				(3.584)
Size	3.683***	3.705***	3.685***	3.546***
	(12.57)	(12.71)	(12.58)	(12.10)
Lev	−21.12***	−21.09***	−21.08***	−21.23***
	(−14.69)	(−14.66)	(−14.59)	(−14.83)

解释变量	非国有控股公司			
	(5)	(6)	(7)	(8)
Growth_income	0.078 3***	0.078 3***	0.078 2***	0.079 0***
	(10.87)	(10.88)	(10.87)	(11.03)
Top1	0.079 4***	0.079 3***	0.078 1***	0.076 8***
	(4.526)	(4.549)	(4.477)	(4.432)
Inst_holdings	0.086 2***	0.085 1***	0.085 9***	0.086 8***
	(2.888)	(2.855)	(2.878)	(2.926)
Constant	−71.08***	−72.27***	−70.94***	−72.81***
	(−11.96)	(−11.84)	(−11.98)	(−12.32)
Observations	1 304	1 304	1 304	1 304
R-squared	0.276	0.276	0.276	0.283

注：*** 代表在1%的显著性水平下显著，** 代表在5%的显著性水平下显著，* 代表在10%的显著性水平下显著，括号内为 *t* 值。

从表 8-14 可以看出，国有控股公司中只有董事激励与约束（BIR）的系数正向显著，董事会行为（BB）的系数正向但不显著，董事会结构（BS）与独立董事独立性（BI）的系数负向但不显著。非国有控股公司中也只有董事激励与约束（BIR）的系数正向显著，另外三个分项指数的系数正向但不显著。两类公司的主要区别在于董事会结构（BS）和独立董事独立性（BI）两个分项指数的系数，国有控股公司为负，非国有控股公司为正，虽然系数不显著，但仍然在一定程度上反映了问题，即在国有控股公司中，董事会治理对公司绩效的正向影响会减弱，在一定程度上支持了假设 2。这说明，放松政府规制，适度降低国有垄断程度，对于公司绩效的提高是有益的。

需要注意的是，董事会治理总体指数与公司绩效呈显著正相关关系，而四个分项指数却只有部分与公司绩效呈显著正相关关系，这意味着，董事会治理只有作为一个系统才能发挥更好的作用，单独一个方面的作用都是有限的。因此，应该注意董事会整体有效性的研究，而不是拘泥于个别指标的研究。

　　此外,我们还用总资产收益率(ROA)作为公司绩效的衡量指标进行稳健性检验,主要结论没有变化,假设 1 和假设 2 均得到了支持。

8.4　本　章　小　结

　　本章以 2012 年沪深两市上市公司为样本,对国有垄断企业(国有绝对控股公司)和竞争性企业(非国有控股公司)的董事会治理指数及四个分项指数进行了统计和比较分析,并实证检验了国有产权对董事会治理与公司绩效之间关系的影响,主要结论如下:

　　(1) 关于董事会治理总体指数。随着国有垄断程度的降低,即随着第一大股东中国有股比例的降低,董事会治理指数先逐渐上升,后逐渐降低,呈现“倒 U”型关系,因此,适度降低股权集中度,尤其是适度降低国有股比例,可能是提高公司董事会治理水平的比较有效的方式。

　　(2) 关于董事会治理分项指数。随着国有垄断程度的降低,即随着第一大股东中国有股持股比例的降低,独立董事独立性分项指数和董事激励与约束分项指数呈现典型的“倒 U”型关系,这说明,适度降低第一大股东持股比例,尤其是适度降低国有垄断企业的国有股持股比例,对于优化董事会结构和行为,增强独立董事独立性,可能具有一定的积极意义。

　　(3) 通过实证检验发现,董事会治理对公司绩效具有正向显著影响,国有控股对两者之间的正向关系起了负向调节作用,即在国有控股公司中,董事会治理对公司绩效的正向影响会减弱,董事会治理四个分项指数也具有同样的影响。这说明,放松政府规制,适度降低国有垄断程度,对于公司绩效的提高是有益的。

第9章 政府规制下国有垄断企业财务治理比较

本章仍基于北京师范大学公司治理与企业发展研究中心"中国公司治理分类指数",从财务治理指数角度,对2012年上市公司中的国有垄断企业与其他类型企业的财务治理进行比较。在进行比较分析时,我们仍然近似地把国有绝对控股上市公司视为国有垄断企业,把非国有控股上市公司(包括国有参股公司和无国有股份公司)视为竞争性企业。

9.1 财务治理总体比较

9.1.1 财务治理指数总体比较

表9-1比较了不同所有制上市公司总体的财务治理指数,并按照均值从高到低的顺序进行了排序。可以看出,五类所有制公司的财务治理指数的均值差异较大,最大值和最小值之差为5.198 4,国有垄断企业(国有绝对控股公司)的财务治理指数均值最高,最低的是国有参股公司。

表9-1 2012年五类所有制上市公司财务治理指数比较

排序	所有制类型	公司数目	平均值	中位值	最大值	最小值	标准差
1	国有绝对控股公司	276	60.830 6	60.870 5	81.150 0	35.315 0	7.894 6
2	国有强相对控股公司	384	60.233 5	60.870 0	79.175 0	36.405 0	7.976 2
3	国有弱相对控股公司	308	58.119 9	58.310 5	78.830 0	35.980 0	8.051 3

续　表

排序	所有制类型	公司数目	平均值	中位值	最大值	最小值	标准差
4	无国有股份公司	960	55.794 6	56.200 0	78.782 0	22.774 0	8.605 5
5	国有参股公司	386	55.632 2	56.152 9	77.980 0	26.290 0	8.984 3
	总　体	2 314	57.414 3	57.801 5	81.150 0	22.774 0	8.665 2

　　进一步观察五种所有制类型上市公司财务治理指数之间的差异,可以发现,随着第一大股东中国有持股比例的降低,或者说,随着国有垄断程度的降低,财务治理指数均值先降低后略升高,如图9-1所示。说明控股方较大的持股比例有利于财务治理水平的提升,尤其在国有控股上市公司中更加明显。

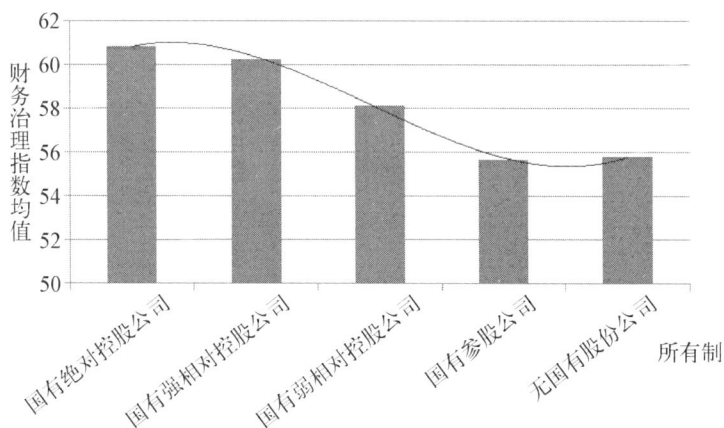

图9-1　2012年五类所有制上市公司财务治理指数趋势图

　　在五种所有制类型中,可以把国有参股公司和无国有股份公司归类为非国有控股公司,即民营控股公司,这属于典型的竞争性企业。表9-2比较了国有垄断企业(国有绝对控股公司)与竞争性企业(非国有控股公司)在财务治理上的差异。

表9-2　2012年上市公司中国有垄断企业与竞争性企业财务治理指数比较

	公司数目	平均值	中位值	最大值	最小值	标准差
国有垄断企业	276	60.830 6	60.870 5	81.150 0	35.315 0	7.894 6
竞争性企业	1 346	55.748 0	56.184 1	78.782 0	22.774 0	8.712 8

从表9-2可知,国有垄断企业比竞争性企业的财务治理指数高出许多,财务治理指数的最大值来自国有垄断企业,最小值来自竞争性企业。

我们进一步将国有垄断企业(国有绝对控股公司)按照实际控制人划分为中央国有垄断企业和地方国有垄断企业,表9-3对二者进行了比较。可以发现,中央国有垄断企业与地方国有垄断企业的财务治理指数有一定差别,二者均值之差为2.063 2。

表9-3　2012年中央国有垄断企业与地方国有垄断企业财务治理指数比较

	公司数目	平均值	中位值	最大值	最小值	标准差
地方国有垄断企业	163	59.985 9	59.927 7	78.885 0	35.315 0	8.134 9
中央国有垄断企业	113	62.049 1	61.385 0	81.150 0	42.235 0	7.400 8

9.1.2　财务治理分项指数总体比较

财务治理指数包括财权配置、财务控制、财务监督和财务激励四个分项指数[①],表9-4对五类所有制上市公司的四个财务治理分项指数进行了比较。

表9-4　2012年五类所有制上市公司财务治理分项指数均值比较

所有制类型	财权配置	财务控制	财务监督	财务激励
国有绝对控股公司	56.171 8	62.930 3	79.823 4	42.862 3
国有强相对控股公司	54.353 6	62.386 1	78.727 2	45.026 0
国有弱相对控股公司	52.920 8	59.577 9	76.095 8	43.344 2
国有参股公司	46.548 3	55.472 8	75.453 4	48.108 8
无国有股份公司	47.055 9	53.405 0	75.507 8	51.104 2
总　　体	50.050 2	57.198 0	76.626 0	47.580 0

---

① 高明华,张会丽,等.中国上市公司财务治理指数报告2013[M].北京:经济科学出版社,2013.

　　从表 9-4 可以看出,财务治理四个分项指数的均值存在较大的差异。在五类公司中,国有垄断企业(国有绝对控股公司)的财权配置、财务控制和财务监督三个分项指数的平均值都高于其他四类公司,但其财务激励分项指数却在五类公司中排在末尾。

　　图 9-2 更直观地反映了五类所有制上市公司财务治理四个分项指数均值的差异。可以发现,随着国有垄断程度的降低,即随着第一大股东中国有股持股比例的降低,财权配置、财务控制和财务监督三个分项指数基本上呈逐渐降低趋势,说明就这三个分项指数而言,较高的国有持股比例对于提高公司财权配置、财务控制和财务监督的水平是比较有效的。相反,随着第一大股东中国有股持股比例的降低,财务激励分项指数总体却呈上升趋势,说明较高的国有股权比例不利于财务激励水平的提高。究其原因,这可能与国有上市公司受到较强的国有资产监管有关,不仅在财权配置、财务控制和财务监督上有较强的约束,在薪酬激励上同样有严格的控制。

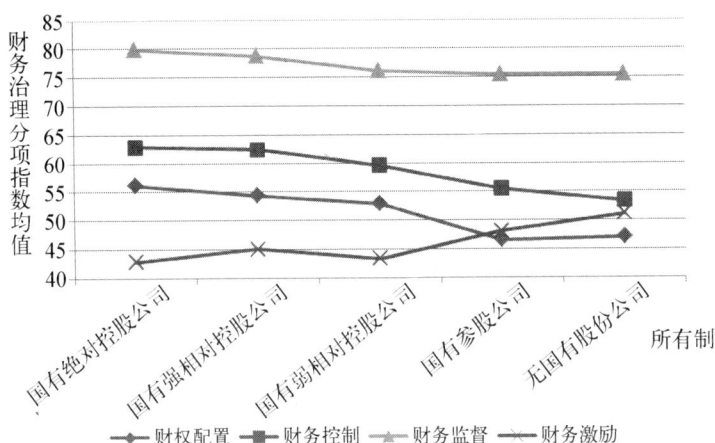

图 9-2　2012 年五类所有制上市公司财务治理分项指数趋势图

　　我们进一步将国有参股公司和无国有股份公司归类为非国有控股公司,将国有垄断企业(国有绝对控股公司)与竞争性企业(非国有控股公司)的财务治理指数进行比较(参见表 9-5),可以看出,在财务激励分项指数上,国有垄断企业低于竞争性企业;而在另外三个分项指数上,则是国有垄断企业高于或略高于竞争性企业。

表 9 - 5　2012 年国有垄断企业与竞争性企业财务治理分项指数均值比较

	财权配置	财务控制	财务监督	财务激励
国有垄断企业	56.171 8	62.930 3	79.823 4	42.862 3
竞争性企业	46.910 3	53.998 0	75.492 2	50.245 2

我们将国有垄断企业(国有绝对控股公司)进一步划分为中央国有垄断企业和地方国有垄断企业,两者的比较参见表 9 - 6。可以看出,在财务治理四个分项指数上,中央国有垄断企业都高于地方国有垄断企业。

表 9 - 6　2012 年中央国有垄断企业与地方国有垄断
企业财务治理分项指数均值比较

	财权配置	财务控制	财务监督	财务激励
地方国有垄断企业	56.095 1	62.385 0	77.914 1	41.472 4
中央国有垄断企业	56.282 3	63.716 8	82.577 4	44.867 3

9.2　不同行业财务治理比较

9.2.1　不同行业财务治理指数比较

为了更好地了解不同行业国有垄断企业(国有绝对控股公司)与竞争性企业(非国有控股公司)财务治理指数的差异,我们选择了六个代表性行业:制造业(C),电力、热力、燃气及水生产和供应业(D),交通运输、仓储和邮政业(G),信息传输、软件和信息技术服务业(I),金融业(J)和房地产业(K),上述六个行业财务治理指数比较参见表 9 - 7。可以看出,六个代表性行业中,国有垄断企业财务治理指数均值都高于竞争性企业。

表 9 - 7　2012 年不同行业国有垄断企业与竞争性企业财务治理指数比较

行　　业	企业类型	公司数目	平均值	中位值	最大值	最小值	标准差
制造业(C)	国有垄断企业	112	60.103 2	59.587 5	81.150 0	35.315 0	8.437 3
	竞争性企业	963	56.011 6	56.240 8	78.782 0	22.774 0	8.525 4
电力、热力、燃气及水生产和供应业(D)	国有垄断企业	27	60.596 2	60.430 0	77.490 0	41.428 0	8.627 7
	竞争性企业	9	53.372 5	52.984 0	61.448 8	41.265 3	6.729 8
交通运输、仓储和邮政业(G)	国有垄断企业	23	62.637 0	62.115 0	70.821 0	54.590 0	4.402 2
	竞争性企业	12	55.640 7	55.347 8	65.953 4	43.928 8	7.580 8
信息传输、软件和信息技术服务业(I)	国有垄断企业	6	65.935 7	64.852 5	74.120 0	58.966 5	6.056 5
	竞争性企业	78	52.409 6	53.468 0	75.279 5	25.155 0	9.465 5
金融业(J)	国有垄断企业	6	63.422 9	63.070 0	68.832 2	57.485 0	4.130 5
	竞争性企业	17	61.236 0	61.095 0	73.660 0	40.000 0	7.700 6
房地产业(K)	国有垄断企业	22	60.478 5	61.935 0	71.615 0	50.350 0	5.939 2
	竞争性企业	75	56.605 3	57.435 0	73.540 0	32.403 0	8.842 4

9.2.2　不同行业财务治理分项指数比较

我们再对六个行业中国有垄断企业与竞争性企业的财务治理分项指数进行比较,参见表 9 - 8。可以看出,在财权配置和财务监督两个分项指数上,六个行业的国有垄断企业都高于竞争性企业;在财务控制分项指数上,除了金融业竞争性企业高于国有垄断企业外,其他五个行业都是国有垄断企业高于竞争性企业;在财务激励分项指数上,制造业(C)和电力、热力、燃气及水生产和供应业(D)两个行业的竞争性企业高于国有垄断企业,而其他四个行业则是国有垄断企业高于竞争性企业。

表 9 - 8　2012 年不同行业国有垄断企业与竞争性企业财务治理分项指数比较

行　　业	企业类型	财权配置	财务控制	财务监督	财务激励
制造业(C)	国有垄断企业	55.681 0	61.997 8	78.404 0	40.857 1
	竞争性企业	46.475 4	54.634 0	75.077 9	52.056 1

行　　业	企业类型	财权配置	财务控制	财务监督	财务激励
电力、热力、燃气及水 生产和供应业(D)	国有垄断企业	58.266 2	59.490 7	78.240 7	44.818 1
	竞争性企业	45.892 5	47.916 7	75.694 4	47.777 8
交通运输、仓储 和邮政业(G)	国有垄断企业	56.947 5	60.869 6	84.239 1	49.130 4
	竞争性企业	44.977 7	58.333 3	75.520 8	46.666 7
信息传输、软件和信 息技术服务业(I)	国有垄断企业	62.502 2	65.625 0	84.375 0	50.000 0
	竞争性企业	43.624 5	44.551 3	77.323 7	49.615 4
金融业(J)	国有垄断企业	51.235 7	67.708 3	92.708 3	43.333 3
	竞争性企业	49.573 4	68.750 0	85.294 1	41.764 7
房地产业(K)	国有垄断企业	55.415 1	63.636 4	78.977 3	42.272 7
	竞争性企业	51.217 9	56.583 3	78.166 7	40.000 0

9.3　国有产权、财务治理与
财务风险：实证检验

9.3.1　研究假设

从一般意义上讲,企业财务风险可以理解为企业在经营活动中,由于内外部环境及各种难以预料或无法控制的因素作用,使企业财务活动的未来结果偏离预期财务目标的可能性。这种可能性表现在两个方面,一方面可能给企业造成预期外损失;另一方面可能给企业带来预期外收益。现实中,第一方面的可能性更值得关注,因为它可能导致企业陷入财务困境。本章的分析关注财务风险的负效应,即导致企业陷入财务困境的可能性。

财务治理是公司治理的子系统,是关于企业财务权力配置、财务控制、财务监督和财务激励的一系列正式和非正式的制度安排,这些制度安排通过财权配置将各个财务主体紧密联系起来,同时通过财务控制、财务监督

和财务激励对财务主体形成合理的控制、监督和激励,实现有效的财务治理。较高的财务治理质量不仅能够合理配置各财务主体的权责利,有力控制各个财务环节,有效监督财务行为,还能适当激励财务主体,是公司正常运行的关键保障。相应地也将对降低企业的财务风险起到最为直接的关键作用。

基于上述分析,提出研究假设 1:

假设 1　财务治理水平越高,则企业的财务风险越低。

国有控股公司与非国有控股公司(民营控股公司)的产权性质划分是中国特定制度背景下具有一定研究意义的话题。与国有控股公司相比,非国有控股公司通常面临更大的财务风险。原因在于,一方面,与国有控股公司相比,非国有控股公司的融资渠道不够通畅,企业通常存在融资约束或者只能通过较高成本的渠道融资。当企业的流动性出现问题而融资渠道不通畅时,往往是使企业陷入财务困境甚至破产的重要原因。现实中非国有控股公司资金链断裂的案例不胜枚举。另一方面,与国有控股公司相比,非国有控股公司缺少来自政府方面的政策性隐性担保,且当宏观经济政策如银行信用收紧时,非国有控股公司往往受到更大影响,这客观上使得企业的财务风险相对较高。综合上述分析,加之非国有控股公司的整体财务治理水平较低,这类企业的财务风险对财务治理水平的提升可能更为敏感。

基于此,提出研究假设 2:

假设 2　与国有控股公司相比,非国有控股公司财务治理水平对财务风险的抑制作用更强。

9.3.2　变量、模型与样本

1. 变量定义

我们采用北京师范大学公司治理与企业发展研究中心构建的财务治理指数($CCFI^{BNU}$)来衡量公司财务治理水平,主要变量定义与说明参见表 9 - 9。

表 9 - 9　变量定义说明表

变量名	说　　明	计　算　方　式
$Size$	企业规模	企业资产规模的自然对数
Lev	负债水平	总债务占总资产的比例
ROA	盈利性	总资产增长率
$NonSOE$	控制权性质	非国有企业取值为 1，否则为 0
$CCFI^{BNU}$	财务治理指数	$CCFI^{BNU}$
FA	财权配置分项指数	$CCFI^{BNU}$ 中的财权配置分项指数
FC	财务控制分项指数	$CCFI^{BNU}$ 中的财务控制分项指数
FS	财务监督分项指数	$CCFI^{BNU}$ 中的财务监督分项指数
FI	财务激励分项指数	$CCFI^{BNU}$ 中的财务激励分项指数

2. 模型设定

为了检验上文的研究假设 1，我们设置如下研究模型：

$$Frisk = \beta_0 + \beta_1 Size + \beta_2 Lev + \beta_3 ROA + \beta_4 CCFI^{BNU} + \sum Industry + \varepsilon$$

(1)

其中，因变量 $Frisk$ 表示企业的财务风险。我们采用经麦奇-梅森（MacKie - Mason，1990）修正后的阿特曼（Altman）Z 值测度财务风险，该指标的明显优势在于可以避免股票市场指标对财务风险测度可靠性的干扰，更适用于评价新兴市场中的企业财务风险。其具体计算公式如下：（3.3×息税前利润＋1.0×销售收入＋1.4×留存收益＋1.2×营运资金）/总资产。修正后的阿特曼 Z 值越大，企业陷入财务困境的潜在可能性越低，财务风险也相应越小（Graham，2000；Byoun，2008）。为了便于分析，我们将计算得到的阿特曼 Z 值乘以－1，得到变量 $Frisk$，用以表达企业的财务风险。$Frisk$ 的值越大，表示企业的财务风险越高。基于上文的研究假设 1，预期 $CCFI^{BNU}$ 的系数 β_4 的符号显著为负。为考察财务治理四个分项指数对财务风险的影响，后文将分别以 FA（财权配置）、FC（财务控制）、FS（财务监督）和 FI（财务激励）代替式（1）中的 $CCFI^{BNU}$。

同时,我们控制了企业规模、财务杠杆以及企业业绩等常规财务因素对财务风险的可能影响。企业规模越大,业绩越好,则企业发生资金链断裂的可能性越小,从而财务风险相对较低,故预期 β_1 和 β_3 的系数显著为负。当企业的财务杠杆过高时,则企业面临的还本付息和财务违约的可能性就比较大,故预期 β_2 的系数显著为正。

此外,我们还对行业效应在模型中一并加以控制。

为了检验假设 2,我们在模型(1)中进一步加入 $NonSOE$ 与 $CCFI^{BNU}$ 的交叉项。

$$Frisk = \beta_0 + \beta_1 Size + \beta_2 Lev + \beta_3 ROA + \beta_4 CCFI^{BNU}$$
$$+ \beta_5 NonSOE * CCFI^{BNU} + \beta_6 NonSOE + \sum Industry + \varepsilon \quad (2)$$

式中,$NonSOE$ 为表示企业控制权性质的哑变量,当企业为非国有企业时取值为 1,否则取 0。其他变量取值同上。为考察财务治理各分项指标对财务风险的影响,后文将分别以 FA、FC、FS 和 FI 代替式(1)中的 $CCFI^{BNU}$。

3. 研究样本与数据来源

我们选择了 2012 年全部 A 股上市公司,剔除金融业样本、财务数据缺失的样本,最终为 2 274 家上市公司。财务治理指数($CCFI^{BNU}$),包括财权配置(FA)、财务控制(FC)、财务监督(FS)和财务激励(FI)数据来自北京师范大学公司治理与企业发展研究中心"中国公司治理分类指数数据库"之"中国上市公司财务治理指数数据库"。其他财务数据来自国泰安 CSMAR 数据库。同时,为了剔除极端值的影响,我们对所有连续变量进行了 1%～99%水平的缩尾处理(winsorize)。

9.3.3　实证检验

1. 相关性分析

表 9-10 给出了主要研究变量的相关系数表。可以看到,财务风险($Frisk$)与财务治理指数($CCFI^{BNU}$)的相关系数为 -0.250,且在 1%水平下显著异于 0。$Frisk$ 与 FA、FC、FS 以及 FI 的相关系数分别为 -0.007、

−0.091、−0.198 和−0.335,除 FA 外,其余全部在 1% 水平下显著。上述相关性分析结果表明,财务风险与财务治理指数及其各分项指数呈现负相关关系,与我们的研究假设 1 初步吻合。另外,财务风险 $Frisk$ 与公司的规模和业绩的相关系数显著为负,与企业财务杠杆的相关系数显著为正,表明企业的规模越大、业绩越好,则企业的财务风险越小,财务杠杆越高则财务风险越大,也初步与预期相一致。

表 9 - 10　主要变量相关系数表

(一)

	$Frisk$	$CCFI^{BNU}$	FA	FC	FS
$Frisk$	1				
$CCFI^{BNU}$	−0.250***	1			
FA	−0.007	0.607***	1		
FC	−0.091***	0.657***	0.140***	1	
FS	−0.198***	0.516***	0.130***	0.129***	1
FI	−0.335***	0.444***	−0.055***	0.059***	0.132***
$Size$	−0.048**	0.357***	0.230***	0.295***	0.233***
Lev	0.623***	0.021	0.134***	0.164***	−0.080***
ROA	−0.676***	0.142***	−0.001	0.049**	0.105***

(二)

	FI	$Size$	Lev	ROA
FI	1			
$Size$	0.022	1		
Lev	−0.269***	0.428***	1	
ROA	0.208***	−0.007	−0.408***	1

注: *** 代表在 1% 的显著性水平下显著,** 代表在 5% 的显著性水平下显著,* 代表在 10% 的显著性水平下显著。

2. 回归分析

表 9 - 11 报告了假设 1 的 OLS 回归结果,同时报告了以财务风险($Frisk$)为因变量、以财务治理指数及其各分项指标为自变量的回归结果。

第(1)列的结果显示,$CCFI^{BNU}$ 的回归系数为 -0.010,且在 1% 水平下显著,表明财务治理指数与企业财务风险呈显著的负相关关系。$Size$ 和 ROA 的回归系数均在 1% 水平下显著为负,表明企业规模越大,业绩越好,则财务风险越小;而 Lev 的系数在 1% 水平下显著为正,表明企业负债水平越高,则财务风险越大。上述结果均与预期相一致。

表 9 - 11　假设 1 的检验结果

变　　量	(1)	(2)	(3)	(4)	(5)
$Size$	-0.178^{***}	-0.203^{***}	-0.191^{***}	-0.199^{***}	-0.196^{***}
	(-10.16)	(-10.11)	(-10.37)	(-9.97)	(-10.16)
Lev	2.136^{***}	2.189^{***}	2.208^{***}	2.162^{***}	2.100^{***}
	(17.97)	(17.25)	(17.62)	(17.30)	(17.46)
ROA	-6.922^{***}	-7.076^{***}	-6.969^{***}	-7.079^{***}	-6.935^{***}
	(-14.49)	(-14.86)	(-14.70)	(-14.91)	(-14.42)
$CCFI^{BNU}$	-0.010^{***}				
	(-5.42)				
FA		-0.001			
		(-1.34)			
FC			-0.004^{***}		
			(-4.83)		
FC				-0.002^{**}	
				(-2.45)	
FI					-0.004^{***}
					(-5.96)
$Constant$	3.244^{***}	3.268^{***}	3.162^{***}	3.280^{***}	3.263^{***}
	(8.46)	(8.24)	(8.40)	(8.27)	(8.38)
样本数	2 274	2 274	2 274	2 274	2 274
调整后 R^2	0.71	0.70	0.70	0.70	0.70

注:*** 代表在 1% 的显著性水平下显著,** 代表在 5% 的显著性水平下显著,* 代表在 10% 的显著性水平下显著。

第(2)至(4)列分别列示了以财务治理四个分项指数,即财权配置分项指数(FA)、财务控制分项指数(FC)、财务监督分项指数(FS)和财务激励分项指数(FI)为自变量的回归结果。四个分项指数的回归系数符号均为负,除FA不显著外,其他三个分项指数的回归系数均在1%或5%水平下显著。

上述回归结果验证了研究假设1。

表9-12给出了假设2的检验结果。从第(1)列可以看出,对于国有控股公司而言(当$NonSOE = 0$时),财务治理指数与财务风险的回归系数为-0.004,且在5%水平下显著。$NonSOE$与$CCFI^{BNU}$的交互项的系数为-0.010,且在1%水平下显著,表明非国有控股公司财务风险与财务治理之间的负向关系显著强于国有企业,非国有控股公司财务治理指数与财务风险的回归系数为-0.014($= -0.004 - 0.010$)。第(2)至(4)列$NonSOE$与财务治理四个分项指数的交互项系数均显著为负。

上述实证结果支持了研究假设2,非国有控股公司的财务风险对财务治理指数水平的提升更为敏感。

表9-12 假设2的检验结果

变　　量	(1)	(2)	(3)	(4)	(5)
$Size$	-0.184^{***}	-0.210^{***}	-0.196^{***}	-0.204^{***}	-0.196^{***}
	(-10.52)	(-10.36)	(-10.68)	(-10.25)	(-10.46)
Lev	2.106^{***}	2.171^{***}	2.188^{***}	2.141^{***}	2.091^{***}
	(17.79)	(16.96)	(17.38)	(17.07)	(17.24)
ROA	-6.892^{***}	-7.053^{***}	-6.938^{***}	-7.061^{***}	-6.927^{***}
	(-14.61)	(-14.82)	(-14.68)	(-14.95)	(-14.47)
$CCFI^{BNU}$	-0.004^{**}				
	(-2.47)				
$NonSOE$	0.521^{**}	0.181^{**}	0.050	0.208	0.112
	(2.48)	(2.20)	(0.45)	(1.52)	(1.53)
$NonSOE *$ $CCFI^{BNU}$	-0.010^{***}				
	(-2.88)				

变　量	(1)	(2)	(3)	(4)	(5)
FA		0.001			
		(1.27)			
$NonSOE * FA$		-0.004^{***}			
		(-2.84)			
FC			-0.003^{***}		
			(-2.77)		
$NonSOE * FC$			-0.002		
			(-1.08)		
FS				-0.000	
				(-0.11)	
$NonSOE * FS$				-0.003^{*}	
				(-1.91)	
FI					-0.002^{**}
					(-2.29)
$NonSOE * FI$					-0.003^{**}
					(-2.25)
$Constant$	3.066^{***}	3.304^{***}	3.257^{***}	3.276^{***}	3.192^{***}
	(8.58)	(8.66)	(8.77)	(8.73)	(8.55)
样本数	2 274	2 274	2 274	2 274	2 274
调整后 R^2	0.71	0.70	0.71	0.70	0.70

注：*** 代表在 1% 的显著性水平下显著，** 代表在 5% 的显著性水平下显著，* 代表在 10% 的显著性水平下显著。

　　为验证上述结论的稳健性，我们将上述交互项回归改为分样本回归，以 $CCFI^{BNU}$ 的回归结果为例，非国有控股公司、国有控股公司子样本的回归结果参见表 9 - 13。可以看到，非国有控股公司的 $CCFI^{BNU}$ 的回归系数为 -0.011，国有控股公司的 $CCFI^{BNU}$ 的回归系数为 -0.007，表明非国有控股公司财务治理水平的提升对财务风险的抑制作用更强。其他控制变量的回归结果也保持较好的稳定性。但是,这并不意味着国有控股公司(包括国有垄断企业)的财务风险较低,因为,不论是国有控股公司还是民营控股公司,财务治理总体水平是偏低的。

表 9 - 13　稳 健 性 检 验

变　量	Non - SOE	SOE
$CCFI^{BNU}$	-0.011^{***}	-0.007^{***}
	(-4.30)	(-4.16)
$Size$	-0.264^{***}	-0.115^{***}
	(-9.57)	(-5.54)
Lev	2.372^{***}	1.686^{***}
	(15.81)	(10.65)
ROA	-6.399^{***}	-7.808^{***}
	(-9.86)	(-15.47)
$Constant$	5.049^{***}	1.923^{***}
	(8.32)	(4.43)
样本数	1 330	944
调整后 R^2	0.69	0.77

注: *** 代表在 1% 的显著性水平下显著, ** 代表在 5% 的显著性水平下显著, * 代表在 10% 的显著性水平下显著。

9.4　本 章 小 结

　　本章以 2012 年沪深两市上市公司为样本,对国有控股公司(其中国有绝对控股公司代表国有垄断企业)和非国有控股公司(竞争性企业)的财务治理指数及四个分项指数进行了统计和比较分析,并实证检验了国有产权对财务治理与财务风险之间关系的影响,主要结论如下:

　　(1)关于财务治理总体指数。随着国有垄断程度的降低,即随着第一大股东中的国有股持股比例的降低,财务治理指数先逐渐下降后有所上升,即上市公司的控股方持股比例越大,财务治理指数越高,尤其是国有控股上市公司更加明显。国有垄断企业的财务治理指数高于竞争性企业。

(2) 关于财务治理分项指数。随着国有垄断程度的降低,即随着第一大股东中的国有股持股比例的降低,财权配置、财务控制和财务监督三个分项指数基本上都呈逐渐降低趋势,说明就这三个分项指数而言,较高的国有持股比例有利于提升公司财权配置、财务控制和财务监督的水平,但在财务激励分项指数上却出现相反的作用机制,这可能与国有控股上市公司受到较强的国有资产监管有关,不仅在财权配置、财务控制和财务监督上有较强的约束,在薪酬激励上同样有严格的控制。

(3) 通过实证检验发现,财务治理水平的提高能够显著降低企业的财务风险;非国有控股公司财务治理水平对财务风险的抑制作用显著强于国有控股公司,表明由于非国有控股公司的整体财务治理水平较低,这类企业的财务风险对财务治理水平的提升更为敏感。但是,这并不意味着国有控股公司(包括国有垄断企业)的财务风险较低,因为,不论是国有控股公司还是非国有控股公司,财务治理总体水平是偏低的。

第10章 政府规制下国有垄断企业
自愿性信息披露比较

本章仍基于北京师范大学公司治理与企业发展研究中心"中国公司治理分类指数",从自愿性信息披露指数角度,对 2013 年上市公司中的国有垄断企业与其他类型企业的自愿性信息披露进行比较。在进行比较分析时,我们仍然近似地把国有绝对控股上市公司视为国有垄断企业,把非国有控股上市公司(包括国有参股公司和无国有股份公司)视为竞争性企业。

10.1 自愿性信息披露总体比较

10.1.1 自愿性信息披露指数总体比较

表 10－1 比较了不同所有制上市公司总体的自愿性信息披露指数,并按照均值从高到低的顺序进行了排序。可以看出,五类所有制上市公司的自愿性信息披露指数的均值差异不大,最大值和最小值之差为 1.486 7,国有垄断企业(国有绝对控股公司)的自愿性信息披露指数居中。

表 10－1 2013 年五类所有制上市公司自愿性信息披露指数比较

排序	所有制类型	公司数目	平均值	中位值	最大值	最小值	标准差
1	国有参股公司	362	42.250 3	42.447 9	62.500 0	18.229 2	8.550 0
2	无国有股份公司	1 137	41.936 5	42.187 5	67.013 9	16.145 8	8.347 0
3	国有绝对控股公司	326	41.388 1	41.579 9	62.847 2	18.923 6	8.791 8

排序	所有制类型	公司数目	平均值	中位值	最大值	最小值	标准差
4	国有强相对控股公司	371	41.368 6	41.319 4	59.201 4	23.263 9	7.595 2
5	国有弱相对控股公司	268	40.763 6	40.711 8	60.590 3	17.881 9	8.923 3
	总　　体	2 464	41.697 0	41.840 3	67.013 9	16.145 8	8.398 9

　　进一步观察五种所有制类型上市公司自愿性信息披露指数之间的差异,可以发现,随着第一大股东中国有持股比例的降低,或者说,随着国有垄断程度的降低,自愿性信息披露指数均值先降低后升高,又略微下降,如图 10 - 1 所示,说明控股方较大的持股比例有利于自愿性信息披露水平的提升,但这种情况在非国有控股上市公司(竞争性企业)中更加明显。

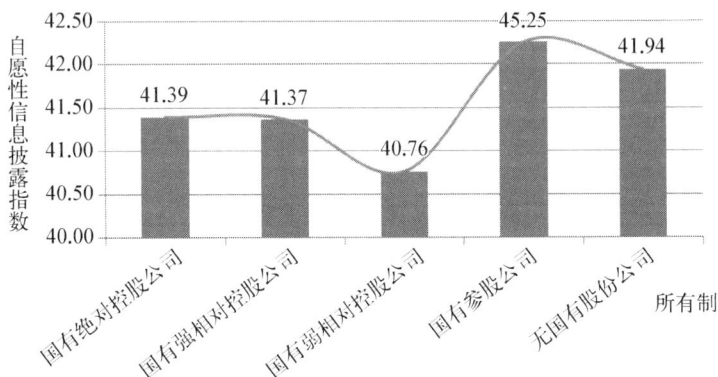

图 10 - 1　2013 年五类所有制上市公司自愿性信息披露指数趋势图

　　在五种所有制类型中,可以把国有参股公司和无国有股份公司归类为非国有控股公司,即民营控股公司,这属于典型的竞争性企业。表 10 - 2 比较了国有垄断企业(国有绝对控股公司)与竞争性企业(非国有控股公司)在自愿性信息披露上的差异。

表 10 - 2　2013 年上市公司中国有垄断企业与竞争性
企业自愿性信息披露指数比较

	公司数目	平均值	中位值	最大值	最小值	标准差
国有垄断企业	326	41.388 1	41.579 9	62.847 2	18.923 6	8.791 8
竞争性企业	1 499	42.012 27	42.187 5	67.013 89	16.145 83	8.394 691

从表10-2可知,国有垄断企业的自愿性信息披露指数低于竞争性企业,自愿性信息披露指数的最大值和最小值均来自竞争性企业。可能的原因在于:相对于国有垄断企业,竞争性企业受到较强的融资约束,因此,需要通过更充分的信息披露来吸引投资者。

10.1.2 自愿性信息披露分项指数总体比较

自愿性信息披露指数包括治理结构、治理效率、利益相关者和风险控制四个分项指数[1],表10-3对五类所有制上市公司的四个自愿性信息披露分项指数进行了比较。

表10-3 2013年五类所有制上市公司自愿性
信息披露分项指数均值比较

所有制类型	治理结构	治理效率	利益相关者	风险控制
国有绝对控股公司	32.496 2	33.320 6	66.538 9	33.197 0
国有强相对控股公司	32.294 5	32.917 8	66.599 3	33.662 8
国有弱相对控股公司	30.970 2	32.695 9	65.516 2	33.872 3
国有参股公司	34.927 5	30.283 2	67.633 5	36.157 2
无国有股份公司	37.181 2	27.479 1	66.058 3	37.027 3
总　　体	34.818 9	30.050 2	66.375 8	35.542 9

从表10-3可以看出,自愿性信息披露四个分项指数的均值存在较大的差异。在五类公司中,国有垄断企业(国有绝对控股公司)只有在治理效率方面的信息披露水平高于其他四类公司,在治理结构和风险控制两个方面的信息披露水平则都低于竞争水平较高的国有参股公司和无国有股份公司,而且在风险控制方面的信息披露水平更是排在五类公司的末尾。在利益相关者信息披露方面,国有垄断企业与竞争水平较高的国有参股公司

---

① 高明华,张祚禄,杨丹,等.中国上市公司自愿性信息披露指数报告2014[M].北京:经济科学出版社,2014.

和无国有股份公司基本相当。

图 10-2 更直观地反映了五类所有制上市公司自愿性信息披露四个分项指数均值的差异。可以发现,在利益相关者信息披露方面,国有垄断企业与其他企业差异很小;在治理结构和风险控制信息披露方面,国有垄断企业明显低于民营控股公司;但在治理效率方面,则是国有垄断企业明显好于民营控股公司。

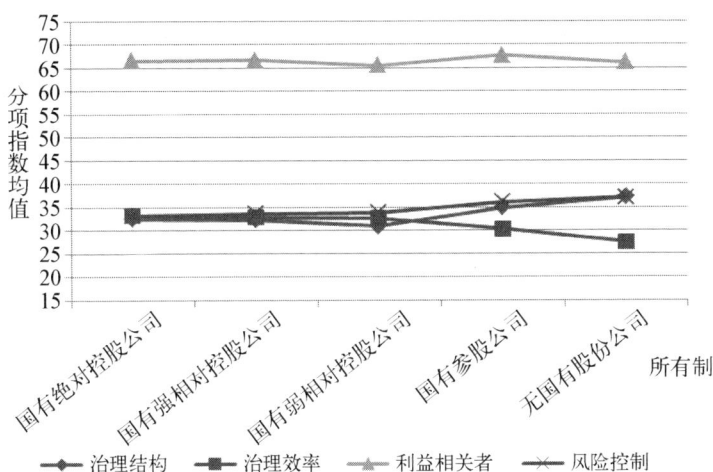

图 10-2　2013 年五类所有制上市公司自愿性信息披露分项指数趋势图

我们进一步将国有参股公司和无国有股份公司归类为非国有控股公司,将国有垄断企业(国有绝对控股公司)与竞争性企业(非国有控股公司)的自愿性信息披露指数进行比较(参见表 10-4),可以更明显地看出国有垄断企业与竞争性企业在自愿性信息披露方面的异同。总体而言,国有垄断企业在各方面的自愿性信息披露的动力均是不足的。

表 10-4　2013 年国有垄断企业与竞争性企业自愿性
信息披露分项指数均值比较

	治理结构	治理效率	利益相关者	风险控制
国有垄断企业	32.496 2	33.320 6	66.538 9	33.197 0
竞争性企业	36.636 9	28.156 3	66.438 7	36.817 1

10.2 不同行业自愿性信息披露比较

10.2.1 不同行业自愿性信息披露指数比较

为了更好地了解不同行业国有垄断企业(国有绝对控股公司)与竞争性企业(非国有控股公司)自愿性信息披露指数的差异,我们选择六个代表性行业:制造业(C),电力、热力、燃气及水生产和供应业(D),交通运输、仓储和邮政业(G),信息传输、软件和信息技术服务业(I),金融业(J)和房地产业(K),上述六个行业自愿性信息披露指数比较参见表 10 - 5。可以看出,六个代表性行业中,除了交通运输、仓储和邮政业外,其他五个行业的国有垄断企业自愿性信息披露指数均值都低于竞争性企业。

表 10 - 5　2013 年不同行业国有垄断企业与竞争性企业
自愿性信息披露指数比较

行　　业	企业类型	公司数目	平均值	中位值	最大值	最小值	标准差
制造业(C)	国有垄断企业	137	41.713 6	42.013 9	62.847 2	23.090 3	8.750 1
	竞争性企业	1 068	42.464 7	42.708 3	67.013 9	16.145 8	8.356 5
电力、热力、燃气及水生产和供应业(D)	国有垄断企业	30	41.614 6	42.013 9	55.902 8	21.527 8	7.719 0
	竞争性企业	11	44.917 9	43.750 0	55.555 6	32.638 9	7.697 5
交通运输、仓储和邮政业(G)	国有垄断企业	29	41.882 2	40.798 6	62.673 6	25.868 1	8.805 0
	竞争性企业	15	40.393 5	39.583 3	57.812 5	27.256 9	9.552 8
信息传输、软件和信息技术服务业(I)	国有垄断企业	7	35.441 5	28.125 0	51.215 3	20.833 3	12.722 8
	竞争性企业	100	40.133 7	40.625 0	58.159 7	23.263 9	7.250 8
金融业(J)	国有垄断企业	11	44.176 1	43.750 0	58.159 7	29.861 1	7.710 5
	竞争性企业	15	44.664 4	43.923 6	62.500 0	34.722 2	7.897 6
房地产业(K)	国有垄断企业	20	38.541 7	36.545 1	52.256 9	22.743 1	8.898 0
	竞争性企业	73	40.491 8	43.402 8	53.645 8	18.576 4	8.441 3

10.2.2　不同行业自愿性信息披露分项指数比较

我们再对六个行业国有垄断企业与竞争性企业的自愿性信息披露分项指数进行比较,参见表 10－6。可以看出,在治理结构分项指数上,除了交通运输、仓储和邮政业,以及金融业两个行业外,其他四个行业的国有垄断企业都低于竞争性企业;在治理效率分项指数上,除了电力、热力、燃气及水生产和供应业外,其他五个行业的国有垄断企业都高于竞争性企业;在利益相关者分项指数上,除了制造业外,其他五个行业的国有垄断企业都低于竞争性企业;在风险控制分项指数上,除了金融业和房地产业外,其他四个行业的国有垄断企业都低于竞争性企业。总体而言,国有垄断企业与竞争性企业在四个维度的自愿性信息披露上各有突出之处,但竞争性企业表现更好一些。

表 10－6　2013 年不同行业国有垄断企业与竞争性企业
自愿性信息披露分项指数比较

行　　业	企业类型	治理结构	治理效率	利益相关者	风险控制
制造业(C)	国有垄断企业	31.113 1	31.341 2	69.282 2	35.117 6
	竞争性企业	36.873 8	27.762 2	67.696 6	37.526 0
电力、热力、燃气及水生产和供应业(D)	国有垄断企业	29.375 0	32.083 3	72.777 8	32.222 2
	竞争性企业	37.500 0	34.090 9	75.757 6	32.323 2
交通运输、仓储和邮政业(G)	国有垄断企业	35.560 3	36.853 4	64.080 5	31.034 5
	竞争性企业	26.666 7	32.500 0	66.111 1	36.296 3
信息传输、软件和信息技术服务业(I)	国有垄断企业	33.928 6	24.107 1	48.809 5	34.920 6
	竞争性企业	40.312 5	24.000 0	59.666 7	36.555 6
金融业(J)	国有垄断企业	61.931 8	42.045 5	30.303 0	42.424 2
	竞争性企业	53.333 3	41.250 0	43.333 3	40.740 7
房地产业(K)	国有垄断企业	25.000 0	33.750 0	63.750 0	31.666 7
	竞争性企业	33.047 9	31.164 4	66.095 9	31.659 1

10.3 国有产权、自愿性信息披露与股价同步性：实证检验

10.3.1 研究假设

代理问题是现代企业理论的核心问题之一。由于所有权与控制权的分离,经理人和股东在利益上存在潜在的冲突,使得前者可能以损害后者利益为代价而追求其个人目标。代理问题的本质原因是信息不对称。因此,提高信息披露水平,改善信息质量也就成为降低代理成本的有效途径。格罗斯顿和米尔格罗姆(Glosten and Milgrom, 1985)通过理论模型证明,信息不对称程度随公司信息披露水平的提高而下降。这一结论也得到了实证结果的广泛佐证(例如,Welker, 1995; Lang and Lundholm, 1993, 1996; Healy et al., 1999; Heflin et al., 2005; Brown and Hillegeist, 2007)。

信息披露具有很强的内生性,因此披露的结果往往被看作是一系列成本和收益的函数。由于产品市场存在竞争,信息披露尤其是对专用信息(proprietary information)的披露可能使公司在竞争中面临困境(Verrecchia, 1983)。尽管如此,公司仍然有动机进行信息披露,因为信息质量较高的公司,融资成本较低(Botosan, 1997; Francis et al., 2008),分析师跟进程度更高(Lang and Lundholm, 1996),以及公司股票的流动性更好(Healy et al., 1999)等。此外,公司的信息披露政策还与其融资约束有直接关系。融资约束越高的公司,越有动机通过提高信息披露水平来吸引外部投资者(Tan et al., 2014)。中国资本市场恰好为我们提供了一个观察在融资约束的环境中企业信息披露决策的视角。根据世界银行2000年对80个国家的投资环境调查结果,中国企业的融资约束程度居于首位,甚至高于海地和吉尔吉斯共和国。因此,研究中国企业(尤其是融资约束较高的企业)的信息披露是否能够有效缓解信息不对称,具有非常重要的现实意义和政策影响。

以往研究信息质量的文献主要关注公司的盈余信息质量(例如,Dechow and Dichev, 2002；Dechow et al., 2010)。对投资者而言,盈余信息是进行投资决策的最主要的信息来源。随着安然和世通事件的爆发,以美国为代表的发达国家越来越强调非财务信息的重要性,同时也有越来越多的文献开始关注非财务信息(包括管理层分析与讨论、内部控制报告、风险信息披露、社会责任报告等)对资本市场的影响(例如,Campbell et al., 2014；Kravet and Muslu, 2013)。同样地,为满足投资者的信息需求和强化上市公司的信息披露质量,中国监管机构出台了一系列的信息披露指引,强制或鼓励上市公司发布一些与公司发展密切相关的非财务信息。英国特许公认会计师协会(ACCA)与上海证券交易所 2010 年的联合调查结果显示,尽管 70%的投资者仍然认为财务信息最为重要,但绝大部分投资者也认为非财务信息对投资决策有重要影响。其中,投资者认为最重要的三种非财务信息包括：管理层分析和讨论(92%)、公司背景信息(89%)和风险信息(82%)。

本章通过回答以下两个问题来检验上市公司自愿性信息披露的信息含量：第一,总体而言,自愿性信息披露是否降低了信息不对称程度？第二,自愿性信息披露质量是否在融资约束较高的企业中更高？自愿性信息披露是否具有信息含量本身就是一个存在争议的问题。一方面,自愿性信息披露的有用性可以通过至少三种途来解释：首先,自愿性信息披露为投资者提供了财务信息以外的、与企业发展密切相关的信息,从而影响投资者对公司未来现金流和折价因子(discount rate)的判断,最终影响公司价值；其次,财务信息一般是历史信息,而企业自愿披露的信息更多的是前瞻性信息,这也为投资者提供了更多的价值判断的区间(range)；最后,自愿性信息披露越多的公司,证券分析师等金融媒介的关注成本越低,因而越容易为投资者提供及时和准确的投资建议。另一方面,自愿性信息披露可能不具有或具有非常有限的信息含量,因为：第一,自愿性信息主要包含一些定性(qualitative)信息,这类信息对公司估值造成了更大的不确定性(Schipper, 2007)；第二,由于其自愿的本质,管理者在发布自愿性信息时具有更大的灵活性和选择性,对信息披露的操纵程度也更大。这些因素都可能会降低自愿性信息披露的信息含量。综上所述,我们无法预判自愿性信息披露的信息含量,因此提出假设1。

假设1 自愿性信息披露与信息不对称程度显著相关。

如前所述,公司信息披露的程度与其面临的融资环境息息相关。公司选择披露信息的最主要原因就是降低融资成本,从而缓解融资约束。在中国,虽然总体而言企业面临着较高的融资约束,但这种约束在不同产权性质的公司中存在显著差异(Firth et al.,2007;Wang and Yung,2011)。具体而言,尽管中国在持续地推行市场化改革,但国有经济仍然占据很大比重。其中,近40%的上市公司被国家最终控制,而国家最终控制的上市公司资产更是高达80%。相对于国有控股上市公司,民营控股上市公司面临着巨大的融资瓶颈。首先,中国尚不存在真正意义上的公司债市场。其次,民营企业面临着银行的借款歧视。艾伦等(Allen et al.,2005)指出,虽然民营企业对中国经济的贡献大于国有企业,但银行信贷对前者的支持远远低于对后者。除去贷款,民营企业无法像国有企业一样,得到各级政府的大力扶持,例如上市名额、再融资机会和政府补贴等。在此背景下,民营企业只能通过改善信息披露来吸引投资者,从而获得满足发展机会所需的资本。因此,我们提出假设2。

假设2 相对于国有控股上市公司,民营控股上市公司(竞争性企业)自愿性信息披露的信息含量更高。

10.3.2 变量、模型与样本

1. 变量定义

本章采用股价同步性来衡量信息含量。从理论上讲,如果公司的股票回报率与市场回报率相关性较高,则表示公司所披露的信息更多是公共信息,而非私有信息,即信息披露的有用性较低。根据既有文献(Morck et al.,2000;Gul et al.,2010),我们先对下述回归方程进行估计:

$$RET_{i,t} = \beta_0 + \beta_1 MKTRET_t + \varepsilon_{i,t} \qquad (1)$$

其中,RET 和 $MKTRET$ 分别表示公司和市场层面的股票回报率。为反映投资者对信息披露质量的判断,同时也给予投资者一定的时间去吸收和理解公司所披露的信息(Kravet and Muslu,2013),我们用 2014 年 4 月 30 日之后一个月内的日股票回报率对模型(1)进行估计。[1] 通过估计上述模型,我们得到拟合优度(R^2),其代表了公司股票收益与市场收益的联动程度。根据以往文献,我们将 R^2 对数化,并得到股价同步性指标:

$$SYNCH_{i,t} = \log\left[\frac{R_{i,t}^2}{1-R_{i,t}^2}\right] \qquad (2)$$

由于 $SYNCH$ 是 R^2 的单调增函数,因此 $SYNCH$ 值越高,即代表了公司披露的信息含量越低。

本章的解释变量为自愿性信息披露指数($CCVDI^{BNU}$),包括了治理结构(GS)、治理效率(GE)、利益相关者(SH)和风险控制(RC)四个维度的分项指数,我们对信息披露指数取自然对数以消除异方差。

影响股价同步性的因素是复杂的,为此本章引入以下控制变量:公司规模($Size$)、资产负债率(Lev)、托宾 Q(Q)、管理费用($MFee$)、资产收益率(ROA)、第一大股东持股比例($Top1$)、董事会规模($Bsize$)、独立董事比例($Indep$)、董事长与总经理是否两职合一($Dual$)和是否聘用四大会计师事务所($Big4$)。此外,我们还控制了行业虚拟变量。为了避免异常值的影响,本章对所有连续变量上下 1% 都进行了缩尾处理(winsorize)。

表 10-7 包含了所有变量的具体定义:

表 10-7　变量定义

变　　　量	定　　　义
因变量	
股价同步性($SYNCH$)	$=\log\left(\dfrac{R_{i,t}^2}{1-R_{i,t}^2}\right)$,$R^2$ 是模型(1)的拟合优度

[1] 中国上市公司在 4 月 30 日之前需要完成对年报的披露。

续　表

变　　量	定　　义
自变量	
自愿性信息披露指数（LnCCVDI^{BNU}）	$= \log(1 + CCVDI^{BNU})$
治理结构指数（LnGS）	$= \log(1 + GS)$
治理效率指数（LnGE）	$= \log(1 + GE)$
利益相关者指数（LnSH）	$= \log(1 + SH)$
风险控制指数（LnRC）	$= \log(1 + RC)$
控制变量	
公司规模（Size）	＝总资产的自然对数
资产负债率（Lev）	＝总负债/总资产
托宾 Q（Q）	＝（流通股市值＋优先股价值＋负债净值）/总资产
管理费用（MFee）	＝管理费用/总资产
资产收益率（ROA）	＝净利润/总资产
第一大股东持股比例（Top1）	＝第一大股东持股数/总股数
董事会规模（Bsize）	＝董事会人数
独立董事比例（Indep）	＝独立董事人数/董事总人数
董事长和经理人是否两职合一（Dual）	如果董事长和经理人为同一人，取值1,否则取值0
是否聘用四大会计师事务所（Big4）	如果聘用四大会计师事务所代为审计,取值1,否则取值0

2. 模型设定

本章首先检验假设 1,即自愿性信息披露是否影响到股价同步性,我们的回归模型如下:

$$SYNCH = \alpha_0 + \alpha_1 \mathrm{Ln}CCVDI^{BNU} + \alpha_i \sum Control + \varepsilon \qquad (3)$$

其中,$SYNCH$ 表示股价同步性,$CCVDI^{BNU}$ 表示自愿性信息披露指数。由于采用的是横截面数据,为控制同一行业内公司特征的相关性和异方差问题,我们对回归模型(3)中的标准误按行业聚类和异方差调整。如果自愿性信息披露具有信息含量,则预期 $\text{Ln}CCVDI^{BNU}$ 的系数显著为负。

为检验假设 2,即自愿性信息披露的信息含量是否在民营企业中更高,我们用模型(3)分别对国有控股公司子样本和民营控股公司子样本进行回归。如果民营控股公司披露的信息含量更高,则预期 $CCVDI^{BNU}$ 的系数在民营控股公司子样本中更加显著。

3. 研究样本与数据来源

本章的研究样本为 2013 年全部 A 股上市公司,自愿性信息披露指数来自北京师范大学公司治理与企业发展研究中心"中国公司治理分类指数数据库"之"信息披露数据库",其他数据来自国泰安 CSMAR 数据库。

考虑到研究问题的需要,本章对样本进行了如下筛选:(1) 考虑到与一般公司资本结构的显著差异,剔除金融类上市公司;(2) 剔除了部分数据缺失或数据异常的样本。经过上述处理,最终得到包含了 2 002 个观测值的有效样本。其中管理费用($MFee$)有 1 965 个观测值。

10.3.3　实证检验

1. 相关性分析

表 10 - 8 汇报了回归变量的描述性统计结果。

表 10 - 8　描述性统计

变　量	样本数	平均值	25 分位数	中位值	75 分位数	标准差
$SYNCH$	2 002	−0.661 1	−1.289 3	−0.395 5	0.315 5	1.473 8
$CCVDI^{BNU}$	2 002	41.744 2	35.763 9	42.013 9	47.569 5	8.329 6
GS	2 002	34.537 3	18.750 0	37.500 0	43.750 0	17.830 0
GE	2 002	30.466 4	25.000 0	31.250 0	37.500 0	11.558 4
SH	2 002	66.675 0	50.000 0	66.666 7	83.333 3	19.406 6
RC	2 002	35.298 0	22.222 2	33.333 3	44.444 4	12.437 9
$Size$	2 002	22.112 6	21.129 1	21.893 0	22.828 2	1.393 2
Lev	2 002	0.456 2	0.279 7	0.453 0	0.623 5	0.223 8

变　量	样本数	平均值	25分位数	中位值	75分位数	标准差
Q	2 002	1.516 1	0.985 8	1.238 6	1.646 5	1.022 8
MFee	1 965	0.100 8	0.048 2	0.078 6	0.122 3	0.089 1
ROA	2 002	0.035 9	0.011 8	0.031 0	0.060 2	0.050 7
Top1	2 002	36.426 2	23.780 0	34.590 0	47.880 0	15.528 0
Bsize	2 002	8.947 6	8.000 0	9.000 0	9.000 0	1.820 2
Indep	2 002	0.372 1	0.333 3	0.333 3	0.400 0	0.053 5
Dual	2 002	0.239 8	0.000 0	0.000 0	0.000 0	0.427 0
Big4	2 002	0.067 9	0.000 0	0.000 0	0.000 0	0.251 7

由表10-8可以看到,2013年中国A股上市公司的自愿性信息披露($CCVDI^{BNU}$)[①]均值为41.74,中位数为42.01,这意味着总体而言A股上市公司的自愿性信息披露水平较差(若以60分为及格标准)。从分类指标看,利益相关者(SH)信息披露得分最高,均值和中位数分别为66.68和66.67,25分位数也达到了50分。但与此同时,该分值在上市公司间差距较大,标准误差为19.41。治理结构(GS)、治理效率(GE)和风险控制(RC)得分比较接近,其中治理效率分项指数得分最低,均值和中位数分别为30.47和31.25,但这三类得分的组间差异较小。从自愿性信息披露的总体和分项得分来看,目前A股上市公司在信息披露上还有较大的提高空间,不仅总体得分较低,公司之间也存在较大差距。

从股价同步性(SYNCH)看,A股上市公司整体上披露了公司层面的异质性信息,均值为-0.661 1,中位数为-0.395 5。但从描述性统计来看,我们无法知道自愿性信息披露是否降低了股价同步性。除此以外,上市公司在样本期内的成长性和盈利能力都表现良好。从治理变量看,董事长与经理人两职合一的比例较低,但公司第一大股东持股比例和董事会规模存在明显差异。

相关性分析的结果参见表10-9。

---

① 为便于理解,在描述性统计中,自愿性信息披露指数均取原值,而非对数值。

表 10 - 9　相关性分析

（一）

	$SYNCH$	$LnCCVDI^{BNU}$	$LnGS$	$LnGE$	$LnSH$	$LnRC$	$Size$
$SYNCH$	1						
$LnCCVDI^{BNU}$	$-0.016\,0$	1					
$LnGS$	$-0.033\,1$	$0.596\,0^*$	1				
$LnGE$	$-0.012\,4$	$0.280\,7^*$	$-0.092\,7^*$	1			
$LnSH$	$0.001\,7$	$0.657\,1^*$	$0.080\,2^*$	$0.033\,0$	1		
$LnRC$	$0.020\,0$	$0.481\,1^*$	$0.171\,3^*$	$-0.108\,7^*$	$0.130\,9^*$	1	
$Size$	$0.056\,0^*$	$0.133\,5^*$	$0.017\,4$	$0.241\,6^*$	$-0.007\,4$	$-0.024\,7$	1
Lev	$0.000\,7$	$0.040\,3$	$-0.103\,8^*$	$0.207\,7^*$	$0.037\,6$	$-0.081\,0^*$	$0.537\,1^*$
Q	$-0.054\,0^*$	$-0.134\,6^*$	$-0.103\,0^*$	$0.014\,3$	$-0.080\,9^*$	$-0.078\,9^*$	$-0.327\,0^*$
$MFee$	$-0.072\,6^*$	$-0.128\,8^*$	$0.003\,0$	$-0.096\,8^*$	$-0.124\,2^*$	$-0.069\,9^*$	$-0.387\,3^*$
ROA	$0.077\,2^*$	$0.012\,4$	$0.006\,3$	$-0.013\,2$	$-0.011\,0$	$0.067\,3^*$	$0.000\,0$
$Topl$	$-0.042\,0$	$0.042\,3$	$0.027\,7$	$0.046\,8^*$	$0.043\,2$	$-0.037\,8$	$0.245\,6^*$
$Bsize$	$-0.000\,8$	$0.005\,1$	$-0.030\,0$	$0.142\,4^*$	$-0.090\,5^*$	$-0.071\,6^*$	$0.390\,3^*$
$Indep$	$0.017\,8$	$-0.015\,0$	$0.009\,1$	$-0.040\,5$	$-0.010\,4$	$0.016\,3$	$0.023\,8$
$Dual$	$-0.013\,7$	$0.046\,1^*$	$0.130\,9^*$	$-0.123\,5^*$	$0.017\,2$	$0.055\,1^*$	$-0.196\,2^*$
$Big4$	$-0.033\,4$	$0.105\,4^*$	$0.095\,8^*$	$0.131\,0^*$	$-0.063\,1^*$	$0.014\,7$	$0.449\,7^*$

（二）

	Lev	Q	$MFee$	ROA	$Topl$	$Bsize$	$Indep$	$Dual$	$Big4$
Lev	1								
Q	$-0.127\,8^*$	1							
$MFee$	$-0.313\,4^*$	$0.268\,3^*$	1						
ROA	$-0.369\,8^*$	$0.144\,4^*$	$-0.101\,9^*$	1					
$Topl$	$0.054\,7^*$	$-0.183\,0^*$	$-0.195\,2^*$	$0.065\,6^*$	1				
$Bsize$	$0.231\,1^*$	$-0.091\,7^*$	$-0.090\,0^*$	$-0.046\,1^*$	$-0.000\,7$	1			
$Indep$	$-0.025\,8$	$0.035\,9$	$0.008\,7$	$0.007\,8$	$0.047\,6^*$	$-0.365\,1^*$	1		
$Dual$	$-0.185\,0^*$	$0.012\,3$	$0.126\,9^*$	$0.025\,9$	$-0.043\,2$	$-0.160\,6^*$	$0.075\,5^*$	1	
$Big4$	$0.164\,8^*$	$-0.097\,2^*$	$-0.088\,4^*$	$0.017\,9$	$0.120\,3^*$	$0.214\,0^*$	$0.042\,9$	$-0.067\,9^*$	1

注：＊表示在 10％水平下显著。

由表 10-9 可以看到,自愿性信息披露指数($LnCCVDI^{BNU}$)与股价同步性($SYNCH$)呈负相关关系,但并不显著。各分项指数与 $SYNCH$ 的相关性也不显著。但从相关性分析中,我们还无法得出因果关系的判断,需要通过回归分析进一步研究。$LnCCVDI^{BNU}$ 与各分项指数之间存在非常显著的正相关关系。但有趣的是,治理效率分项指数($LnGE$)与治理结构分项指数($LnGS$)和风险控制分项指数($LnRC$)都呈显著负相关关系,表明治理效率信息与其他两种信息为互补关系,或是信息具有重叠性。因此,公司在披露更多的治理效率信息后,可能会减少对其他两种信息的披露。最后,各控制变量的相关系数都低于 0.7,表明本研究不存在严重的多重共线性问题。

2. 回归分析

(1) 考虑产权性质的多元回归分析

表 10-10 报告了考虑产权性质的自愿性信息披露总体指数多元回归结果。

表 10-10　自愿性信息披露与股价同步性

	全　样　本	非国有控股公司样本	国有控股公司样本
	(1)	(2)	(3)
$LnCCVDI^{BNU}$	−0.210* (−1.904)	−0.269** (−2.801)	−0.224 (−1.108)
$Size$	0.090* (1.816)	0.080 (1.401)	0.104 (1.401)
Lev	0.066 (0.619)	0.103 (0.317)	−0.016 (−0.138)
Q	−0.075* (−1.853)	−0.090*** (−3.021)	−0.070 (−1.165)
$MFee$	−0.788** (−2.184)	−0.816* (−1.952)	−0.635* (−1.853)
ROA	2.350*** (7.442)	1.999** (2.506)	2.647*** (5.094)
$Top1$	−0.008*** (−3.384)	−0.008*** (−5.132)	−0.007 (−1.619)

	全　样　本	非国有控股公司样本	国有控股公司样本
	(1)	(2)	(3)
Bsize	−0.018 (−0.707)	0.038 (1.741)	−0.036 (−1.097)
Indep	0.486 (0.932)	3.158*** (6.354)	−1.188 (−1.556)
Dual	−0.016 (−0.298)	−0.134 (−1.283)	0.145** (2.288)
Big4	−0.324** (−2.814)	−0.257 (−1.374)	−0.346** (−2.473)
Intercept	−1.253 (−1.255)	−1.625* (−2.070)	−0.954 (−0.686)
Industry	Y	Y	Y
样本数	1 965	864	1 101
Adj. R²	0.022	0.030	0.022

注：* 表示在 10% 的显著性水平下显著，** 表示在 5% 的显著性水平下显著，*** 表示在 1%
显著性水平下显著。

由表 10 - 10 第(1)列的结果可以发现,$LnCCVDI^{BNU}$ 的系数在 10%
水平下显著为负,表明 A 股上市公司的自愿性信息披露整体上降低了股
价同步性。换言之,这些信息披露向投资者传递了公司层面的异质信息,
具有一定的有用性。另外,公司规模与股价同步性正相关,这可能是因为
大规模公司本身在市场中所占份额较大,所以与市场的联动性较强。成长
性高的公司股价同步性较低,表现在托宾 Q 显著为负。一般而言,成长性
高的公司融资需求也较大,所以需要披露更多有用的信息来获得资金。第
一大股东的持股比例降低了股价同步性,表示当股权由分散趋于集中时,
控股股东的壕堑效应(entrenchment effect)向协同效应(alignment effect)
过渡,信息质量也得以提升。四大会计师事务所显著降低了股价同步性,
表明四大会计师事务所在信息披露中起到了有效的监督作用。虽然大部
分控制变量的方向与预期相符,仍有少数变量的符号无法解释。例如,管
理费用越高的公司,股价同步性越低。管理费用一般被用来衡量公司的代

理成本,但这个衡量存在较大噪音,因为管理费用与公司的资本结构和应收账款比重都有很大关系,由资产结构和行业因素所导致的管理费用率的增加并不能归咎于管理者本人。最后,盈利能力增加了股价同步性,这一结果与古尔(Gul et al. , 2010)的发现一致,但具体的作用机制并不明确。

第(2)列和第(3)列分别报告了非国有控股公司样本和国有控股公司样本的回归结果。$LnCCVDI^{BNU}$ 的系数在非国有控股公司样本中在5%水平下显著为负,而在国有控股公司样本中不具有统计意义上的显著性。此外,非国有控股公司样本中的拟合优度(R^2)为0.03,高于国有控股公司样本的0.022。这些结果证明了假设2,即非国有控股公司的自愿性信息披露具有更高的信息含量,因为非国有控股公司更需要通过提高信息披露质量来缓解其融资约束。控制变量的符号和显著性与全样本回归结果基本一致。

总体而言,A股上市公司的自愿性信息披露降低了信息不对称程度,而这种效应在融资约束较大的非国有控股公司中更为明显。

(2)考虑产权性质的分项指数多元回归分析

最后,我们再次进行分样本回归,检验各分项指数在不同产权性质企业中的表现。表10-11和表10-12报告了这一结果。

表 10-11　自愿性信息披露分项指数与股价同步性:非国有控股公司

	(1)	(2)	(3)	(4)	(5)
$LnGS$	−0.117*** (−5.688)				−0.121*** (−4.326)
$LnGE$		−0.017 (−0.214)			0.004 (0.040)
$LnSH$			−0.180*** (−3.857)		−0.188*** (−3.116)
$LnRC$				0.186 (1.262)	0.227 (1.552)
$Size$	0.070 (1.255)	0.077 (1.356)	0.082 (1.428)	0.076 (1.368)	0.077 (1.332)
Lev	0.082 (0.252)	0.107 (0.331)	0.112 (0.341)	0.121 (0.358)	0.110 (0.340)

续　表

	（1）	（2）	（3）	（4）	（5）
Q	−0.094*** （−3.193）	−0.084** （−2.906）	−0.086*** （−2.971）	−0.079** （−2.458）	−0.089** （−2.782）
$MFee$	−0.790* （−2.030）	−0.748* （−1.884）	−0.819* （−1.956）	−0.680 （−1.684）	−0.780* （−1.875）
ROA	1.917** （2.440）	2.000** （2.469）	2.010** （2.454）	1.920** （2.394）	1.833** （2.391）
$Topl$	−0.008*** （−5.065）	−0.008*** （−5.234）	−0.008*** （−5.038）	−0.008*** （−4.767）	−0.007*** （−4.342）
$Bsize$	0.037 （1.689）	0.037 （1.718）	0.040* （1.903）	0.039 （1.733）	0.042* （1.910）
$Indep$	3.160*** （6.120）	3.189*** （6.642）	3.204*** （6.279）	3.184*** （5.920）	3.153*** （5.992）
$Dual$	−0.127 （−1.201）	−0.137 （−1.275）	−0.138 （−1.293）	−0.134 （−1.220）	−0.125 （−1.147）
$Big4$	−0.255 （−1.356）	−0.270 （−1.372）	−0.275 （−1.509）	−0.276 （−1.411）	−0.258 （−1.354）
$Intercept$	−1.956* （−1.913）	−2.510** （−2.524）	−1.959* （−2.005）	−3.210*** （−4.774）	−2.154*** （−3.137）
$Industry$	Y	Y	Y	Y	Y
样本数	864	864	864	864	864
$Adj.R^2$	0.031	0.029	0.030	0.031	0.031

注：＊表示在 10% 的显著性水平下显著，＊＊表示在 5% 的显著性水平下显著，＊＊＊表示在 1% 的显著性水平下显著。

表 10－12　自愿性信息披露分项指数与股价同步性：国有控股公司

	（6）	（7）	（8）	（9）	（10）
LnGS	−0.084 （−1.166）				−0.089 （−1.247）
LnGE		−0.143* （−1.995）			−0.154* （−2.063）
LnSH			−0.031 （−0.259）		−0.016 （−0.131）

	(6)	(7)	(8)	(9)	(10)
LnRC				−0.007 (−0.069)	0.000 (0.003)
Size	0.103 (1.405)	0.103 (1.408)	0.099 (1.301)	0.099 (1.313)	0.108 (1.529)
Lev	−0.041 (−0.326)	0.003 (0.023)	−0.011 (−0.088)	−0.014 (−0.111)	−0.024 (−0.187)
Q	−0.069 (−1.135)	−0.061 (−1.038)	−0.067 (−1.150)	−0.067 (−1.112)	−0.064 (−1.075)
MFee	−0.624* (−1.794)	−0.597 (−1.600)	−0.608 (−1.679)	−0.602 (−1.692)	−0.626* (−1.791)
ROA	2.616*** (5.084)	2.667*** (5.485)	2.627*** (5.217)	2.632*** (5.269)	2.654*** (5.373)
Top1	−0.007 (−1.577)	−0.007 (−1.609)	−0.007 (−1.596)	−0.007 (−1.606)	−0.007 (−1.589)
Bsize	−0.036 (−1.123)	−0.032 (−0.962)	−0.034 (−1.013)	−0.033 (−1.016)	−0.035 (−1.074)
Indep	−1.183 (−1.527)	−1.141 (−1.429)	−1.157 (−1.466)	−1.151 (−1.454)	−1.179 (−1.528)
Dual	0.150** (2.357)	0.126** (2.274)	0.135** (2.376)	0.134** (2.287)	0.144** (2.247)
Big4	−0.344** (−2.557)	−0.348** (−2.377)	−0.355** (−2.417)	−0.354** (−2.429)	−0.337** (−2.559)
Intercept	−1.509 (−1.185)	−1.346 (−1.079)	−1.589 (−1.523)	−1.700 (−1.353)	−1.019 (−0.812)
Industry	Y	Y	Y	Y	Y
样本数	1 101	1 101	1 101	1 101	1 101
Adj. R²	0.022	0.022	0.021	0.021	0.021

注：* 表示在10%的显著性水平下显著，** 表示在5%的显著性水平下显著，*** 表示在1%的显著性水平下显著。

由表10-11和表10-12可以看出，与表10-10一致的是，治理结构分项指数（LnGS）与股价同步性的负相关关系也是主要出现在非国有控股公司样本中。类似地,利益相关者分项指数($LnSH$)的系数在非国有控股公司样本中显著为负。这些结果表明,非国有控股上市公司通过自愿披露与公司治理结构和利益相关者相关的信息来缓解其融资约束。对于投资者而言,国有控股上市公司披露的治理效率信息比非国有控股上市公司更有信息含量。这可能是因为国有控股上市公司的治理效率一直被市场所诟病,当其自愿向投资者披露相关信息时,投资者获得的增量信息较大。

10.4 本 章 小 结

本章以 2013 年沪深两市上市公司为样本,对国有垄断企业(国有绝对控股公司)和竞争性企业(非国有控股公司)的自愿性信息披露指数及四个分项指数进行了统计和比较分析,并实证检验了国有产权对自愿性信息披露水平与股价同步性之间关系的影响,主要结论如下:

(1) 关于自愿性信息披露总体指数。随着国有垄断程度的降低,自愿性信息披露指数均值先降低后升高,又略微下降,说明控股方较大的持股比例有利于自愿性信息披露水平的提升,但这种情况在非国有控股上市公司(竞争性企业)中更加明显。国有垄断企业的自愿性信息披露指数低于竞争性企业。

(2) 关于自愿性信息披露分项指数。在利益相关者方面,国有垄断企业与其他企业差异很小;在治理结构和风险控制方面,国有垄断企业明显低于非国有控股公司;但在治理效率方面,则是国有垄断企业明显好于非国有控股公司。

(3) 通过实证检验发现,自愿性信息披露从整体上降低了股价同步性,这个效应对于具有较大融资约束的非国有控股上市公司(竞争性企业)尤其显著,而对于国有垄断企业则不显著。进一步的研究发现,对于投资者而言,非国有控股上市公司披露的治理结构和利益相关者方面的信息具有较高的信息含量,而国有控股上市公司(含国有垄断企业)披露的治理效率相关信息更具有用性。

第 11 章　政府规制下国有垄断企业企业家能力比较

本章还是基于北京师范大学公司治理与企业发展研究中心"中国公司治理分类指数",从企业家能力指数角度,以总经理(CEO)为研究对象,对 2003 年上市公司中的国有垄断企业与其他类型企业的企业家能力进行比较。在进行比较分析时,我们仍然近似地把国有绝对控股上市公司视为国有垄断企业,把非国有控股上市公司(包括国有参股公司和无国有股份公司)视为竞争性企业。

11.1　企业家能力总体比较

11.1.1　企业家能力指数总体比较

表 11-1 比较了不同所有制上市公司总体的企业家能力指数,并按照均值从高到低的顺序进行了排序。可以看出,五类所有制公司的企业家能力指数的均值差异不大,最大值和最小值之差仅为 1.171 3,无国有股份公司的企业家能力指数均值最高,国有垄断企业(国有绝对控股公司)的企业家能力指数均值位居第二,最低的是国有弱相对控股公司。

表 11-1　2013 年不同所有制上市公司企业家能力指数比较

排序	所有制类型	公司数目	平均值	中位值	最大值	最小值	标准差
1	无国有股份公司	1 060	33.837 2	33.401 3	53.849 7	18.870 5	6.134 4
2	国有绝对控股公司	297	33.743 8	32.844 2	55.867 9	19.615 6	6.262 4

排序	所有制类型	公司数目	平均值	中位值	最大值	最小值	标准差
3	国有强相对控股公司	341	33.090 8	32.676 7	58.171 3	19.363 6	6.035 5
4	国有参股公司	341	33.052 7	32.936 3	58.263 9	18.342 1	6.633 3
5	国有弱相对控股公司	254	32.665 9	32.357 5	54.117 5	19.056 8	6.089 8
	总　　体	2 293	33.467 7	32.998 1	58.263 9	18.342 1	6.218 3

　　进一步观察不同所有制上市公司企业家能力指数之间的差异,可以发现,随着第一大股东中国有股持股比例的下降,企业家能力指数先逐渐下降,后逐渐升高,呈现"U型"关系(参见图 11 - 1)。也就是说,上市公司的控股方持股比例越大,企业家能力指数越高。可能的原因是:国有股份比例很低的公司,它们的发展完全依赖于市场,企业家必须有较强的能力才能适应市场变化;而国有股份比例很高的公司,尤其是国有垄断企业,政府赋予了较多的垄断资源和其他支持,这无疑会极大地吸引有能力的企业家人才加盟这些公司。

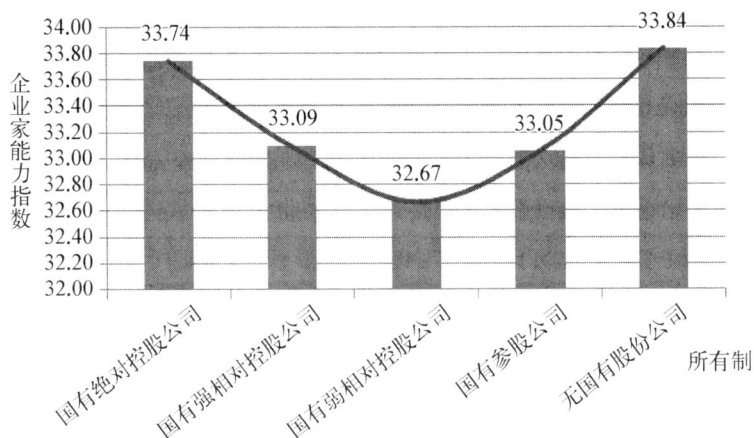

图 11 - 1　2013 年不同所有制上市公司企业家能力指数趋势图

　　在五种所有制类型中,可以把国有参股公司和无国有股份公司归类为非国有控股公司,即民营控股公司,这属于典型的竞争性企业。表 11 - 2 比较了国有垄断企业(国有绝对控股公司)与竞争性企业(非国有控股公司)在企业家能力上的差异。

表 11-2　2013 年上市公司中国有垄断企业与竞争性
企业企业家能力指数比较

所有制	公司数目	平均值	中位值	最大值	最小值	标准差
国有垄断企业	297	33.743 8	32.844 2	55.867 9	19.615 6	6.262 4
竞争性企业	1 401	33.646 3	33.286 9	58.263 9	18.342 1	6.266 1

由表 11-2 可知,国有垄断企业和竞争性企业的企业家能力指数的差距很小,国有垄断企业的企业家能力指数均值略高于竞争性企业,而中位值略低于竞争性企业,但企业家能力指数的最大值和最小值都来自竞争性企业。

11.1.2　企业家能力分项指数总体比较

企业家能力指数包括人力资本、关系网络能力、社会责任能力和战略领导能力四个分项指数[1],表 11-3 和图 11-2 对五类所有制上市公司的四个企业家能力分项指数进行了比较。

表 11-3　2013 年五类所有制上市公司企业家能力分项指数均值比较

所有制类型	人力资本	关系网络能力	社会责任能力	战略领导能力
国有绝对控股公司	31.286 7	7.762 8	68.350 2	27.575 6
国有强相对控股公司	30.486 0	7.404 7	67.155 5	27.316 9
国有弱相对控股公司	29.257 6	7.545 9	67.379 1	26.480 9
国有参股公司	28.868 9	8.432 7	69.292 0	25.617 2
无国有股份公司	28.415 8	9.154 6	71.779 0	25.999 4
总　　体	29.256 1	8.428 5	69.790 1	26.396 0

从表 11-3 和图 11-2 可以看出,企业家能力四个分项指数的均值存在很大差异。在五类公司中,国有垄断企业(国有绝对控股公司)在人力资本和战略领导能力两个方面的企业家能力都高于其他四类公司,而在关系网络能力和社会责任能力两个方面的表现则都不如国有参股公司和无国

---

[1]　高明华,万峰,等.中国上市公司企业家能力指数报告 2014[M].北京:经济科学出版社,2014.

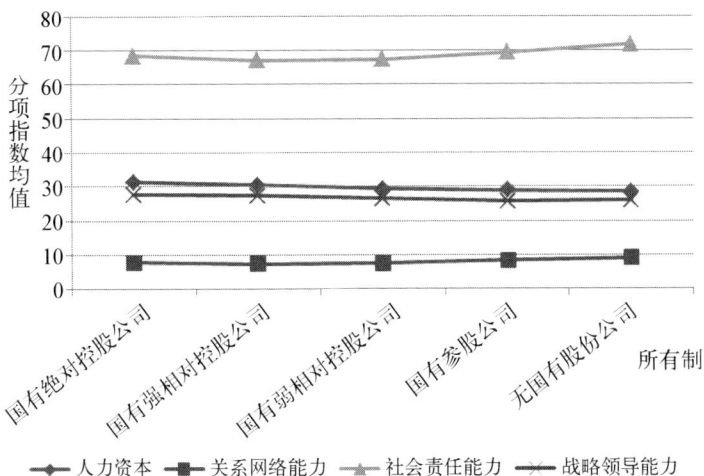

图 11 - 2　2013 年五类所有制上市公司企业家能力分项指数趋势图

有股份公司两类竞争性企业,但总体表现都不如人意。

　　我们进一步将国有参股公司和无国有股份公司归类为非国有控股公司,将国有垄断企业(国有绝对控股公司)与竞争性企业(非国有控股公司)的企业家能力指数进行比较(参见表 11 - 5),可以更明显地看到国有垄断企业和竞争性企业在企业家能力四个维度上的上述差别。

表 11 - 5　2013 年国有垄断企业与竞争性企业企业家能力分项指数均值比较

	人力资本	关系网络能力	社会责任能力	战略领导能力
国有垄断企业	31.286 7	7.762 8	68.350 2	27.575 6
竞争性企业	28.526 1	8.978 9	71.173 7	25.906 4

11.2　不同行业企业家能力比较

11.2.1　不同行业企业家能力指数比较

　　为了更好地了解不同行业国有垄断企业(国有绝对控股公司)与竞争

性企业(非国有控股公司)企业家能力指数的差异,我们选择六个代表性行业:制造业(C),电力、热力、燃气及水生产和供应业(D),交通运输、仓储和邮政业(G),信息传输、软件和信息技术服务业(I),金融业(J)和房地产业(K),上述六个行业企业家能力指数比较参见表11-6。可以看出,六个代表性行业中,除了制造业和房地产业外,其他四个行业的国有垄断企业企业家能力指数均值都高于竞争性企业。

表11-6 2013年不同行业国有垄断企业与竞争性企业企业家能力指数比较

行　　业	企业类型	公司数目	平均值	中位值	最大值	最小值	标准差
制造业(C)	国有垄断企业	125	33.385 9	31.887 9	55.867 9	19.615 6	6.030 4
	竞争性企业	1 001	33.991 8	33.657 5	53.849 7	18.884 4	6.236 6
电力、热力、燃气及水生产和供应业(D)	国有垄断企业	27	33.245 8	33.309 0	44.783 6	22.235 0	5.388 0
	竞争性企业	9	31.017 0	30.311 6	41.680 3	24.266 5	5.247 9
交通运输、仓储和邮政业(G)	国有垄断企业	27	32.670 9	32.844 2	42.498 2	23.907 0	5.153 3
	竞争性企业	14	32.442 2	32.306 9	41.617 8	21.932 5	5.179 3
信息传输、软件和信息技术服务业(I)	国有垄断企业	6	34.143 6	31.787 1	52.550 2	24.468 5	10.100 6
	竞争性企业	96	33.491 1	32.549 3	58.263 9	19.092 5	6.699 2
金融业(J)	国有垄断企业	9	40.090 4	40.997 6	51.650 0	28.028 0	7.842 2
	竞争性企业	13	35.028 4	32.807 4	52.722 3	25.476 1	8.069 1
房地产业(K)	国有垄断企业	19	30.355 9	29.321 8	40.212 3	23.770 1	4.940 1
	竞争性企业	64	31.825 3	31.448 2	48.195 3	18.870 5	5.816 1

11.2.2　不同行业企业家能力分项指数比较

我们再对六个行业国有垄断企业与竞争性企业的企业家能力分项指数进行比较,参见表11-7。可以看出,在人力资本分项指数上,除了交通运输、仓储和邮政业外,其他五个行业的国有垄断企业都高于竞争性企业;在关系网络能力分项指数上,六个典型行业中有三个行业国有垄断企业高于竞争性企业,另外三个行业则相反;在社会责任能力分项指数上,除了房地产业国有垄断企业和竞争性企业基本持平外,其他五个行业的国有垄断企业都低于竞争性企业;在战略领导能力分项指数上,除了房地产业外,其他五个行业的国有垄断企业都高于竞争性企业。总体而言,国有垄断企业与竞争性企业在四个维度的企业家能力上各有突出之处。相对于竞争性企业,国有垄断企业的企业家能力并不突出。

表 11 - 7　2013 年不同行业国有垄断企业与竞争性企业企业家能力分项指数比较

行　　　业	企业类型	人力资本	关系网络能力	社会责任能力	战略领导能力
制造业(C)	国有垄断企业	30.154 3	7.280 0	67.657 1	28.452 4
	竞争性企业	27.863 6	9.412 3	72.441 8	26.249 4
电力、热力、燃气及水生产和供应业(D)	国有垄断企业	32.460 3	6.646 1	70.370 4	23.506 6
	竞争性企业	27.619 0	6.666 7	71.428 6	18.353 9
交通运输、仓储和邮政业(G)	国有垄断企业	31.957 7	6.625 5	67.195 8	24.904 6
	竞争性企业	32.398 0	3.452 5	72.449 0	21.469 5
信息传输、软件和信息技术服务业(I)	国有垄断企业	32.261 9	7.407 4	69.047 6	27.857 6
	竞争性企业	30.014 9	8.998 8	69.196 2	25.754 4
金融业(J)	国有垄断企业	44.444 4	15.185 2	63.492 1	37.240 0
	竞争性企业	35.000 0	7.478 6	70.329 7	27.305 4
房地产业(K)	国有垄断企业	29.586 5	5.701 8	66.917 3	19.218 1
	竞争性企业	29.397 3	5.486 1	66.741 1	25.676 6

11.3　产权制衡、企业家能力与投资者回报:实证检验

11.3.1　研究假设

1. 企业家能力与投资者回报

企业家能力是一个相对的概念,也就是说企业家能力意味着能够在相

同的要素供给条件下使其产出高于平均产出,正的差额越大则表明企业家能力越强,反之则越弱。显而易见,企业家能力属于经营能力的范畴,如果把经营能力看成是提升企业要素配置能力的话,那么这种能力恰恰反映出企业家的重要地位和作用。当然对于企业家道德风险,学术界的认识比较统一。通常意义上的企业家道德风险是指企业家为了自身的利益而背离企业利益和股东权益,从而导致企业收益下降的一种风险。要减少企业家道德风险,必须同时从两个方面着手,即增加利益趋同性和减少信息不对称程度。第一方面可以通过激励来实现,第二方面可以通过监督来实现。企业家能力的充分发挥必然会导致企业经营绩效的改善,也为企业对投资者进行投资回报带来了可能。对于投资者来说,寄希望于将资金投资给具备较强企业家能力的公司,从而有机会享受到高能力企业家带来的企业成长和利润分配。

基于以上文献综述和分析,本章做出基本假设:

假设1 上市公司企业家能力越强,投资者回报程度越高。

2. 股权制衡与投资者回报

高企业家能力虽然能够带来企业的快速成长,但企业家往往出于企业快速成长的目标和企业长期发展战略而减少对投资者的利润分配,导致投资者回报受到侵害。利用股权制衡,限制大股东权利滥用和过度垄断,充分保护投资者权益,确保投资者的投资回报是有限发挥企业家能力的有效途径。拉伯塔等(La Porta et al.,1998)所构建的投资者保护指标最具代表性。关于投资者保护与股权制衡的关系,大量理论分析和经验证据表明,投资者保护程度与股权制衡之间存在正相关关系,而与股权集中度之间存在负相关关系,拉伯塔等(La Porta et al.,1998,1999,2002)的研究认为,当投资者保护较差时,股东需持有大量股权来监督管理者,以避免遭受管理层的剥削,降低代理成本。

国内一些学者也对这一问题进行了一定程度的探讨。许年行和吴世农(2006)从时间序列角度考察了中国投资者保护程度的改善与股权制衡之间的关系,实证结果与拉伯塔等(La Porta et al.,1998)基本相似,但他们认为股权集中度的下降和股权制衡度的提高并不完全是拉伯塔等提出的投资者保护逐步加强和完善的结果,而可能也与发行制度的演变,以及政府对国有股权转让的严格管理等因素有关。总而言之,高企业家能力为企业盈利提供了机会,但企业家能力如果没有有效的制约,必将导致企业家权力的滥用,反而侵害了投资者的权益。为此,必须存在一定的股权制衡度,防止一股独大和垄断,才能有效地保证投资者回报。

基于以上文献综述和分析,本章做出基本假设:

假设 2　上市公司股权制衡越强,投资者回报程度越高。

11.3.2　变量、模型与样本

1. 变量定义

本章相关变量指标和指标说明详见表 11 - 8。

表 11 - 8　相关变量表

变 量		衡 量 指 标	指 标 说 明
因变量	投资者回报（Inv_payout）	股利支付率（Dividend Payout Ratio）	（股息总额＋转增股资金）/当年净利润
自变量	企业家能力（$CCEI^{BNU}$）	企业家能力指数（$CCEI^{BNU}$）	参见高明华等《中国上市公司企业家能力指数报告 2014》第1章
		人力资本分项指数（EH）	
		关系网络能力分项指数（EN）	
		社会责任能力分项指数（ER）	
		战略领导能力分项指数（ES）	
	股权制衡度（ERR）	1/（第一大股东持股数/前五大股东持股总数）	为正向指标,数值越大表示股权制衡度越高,数值越小表示股权制衡度越低
控制变量	经营绩效（Fin_perf）	净资产收益率（ROE）总资产净利润率（ROA）托宾 Q 值（Q）	反映上市公司经营绩效常用指标
	公司规模（$Size$）	用公司总资产的自然对数表示	反映上市公司规模常用指标

变　量		衡　量　指　标	指　标　说　明
控制变量	负债比率（*Lev*）	公司负债总额占总资产的比例	公司负债总额/总资产
	股权结构（*Top1*）	第一大股东持股比例	第一大股东持股数/总股数
	所属行业（*Industry*）	采用中国证监会行业分类标准，其中制造业采用二级分类名称，其他行业采用一级分类名称	设置了 18 个代表行业分类的虚拟变量来控制不同行业所带来的影响
	独立董事比例（*Indep*）	独立董事占董事总人数的比例	独立董事人数/董事总人数
	公司所有制（*SOE*）	是否为国有性质	该指标为虚拟变量,当公司为国有性质时,取值为 1;当公司为非国有(民营)类型时,取值为 0

对于研究模型中所涉及的变量,这里需要重点说明如下：本章的因变量是投资者回报（Inv_payout）,用股利支付率体现,也就是净利润中用以股息和转增股资金支付给投资者的部分占全部净利润的比例;企业家能力采用本报告的企业家能力指数以及四个分项指数来体现;股权制衡度（ERR）用最大股东持股数与前五大股东持股总数的比例的倒数表示,用以体现最大股东受到其他持股较多股东的制衡能力;经营绩效（Fin_perf）,采用净资产收益率（ROE）、总资产收益率（ROA）和托宾 Q 值（Q）表示,本章主要以净资产收益率为主要指标,而总资产收益率和托宾 Q 值受篇幅限制,仅作稳健性检验。

2. 模型设定

为检验企业家能力、股权制衡与投资者回报的关系,我们设定如下经验模型：

$$Inv\_payout = \beta_0 + \beta_1 CCEI^{BNU} + \beta_2 CCEI^{BNU} \times ERR + \beta_3 Fin\_perf + \beta_4 Size$$
$$+ \beta_5 Lev + \beta_6 Top1 + \beta_7 Out\_ratio + \beta_8 SOE + \beta_9 Industry$$

上述研究模型用以研究企业家能力、股权制衡与投资者回报之间的关系,反映企业家能力和股权制衡等因素对投资者回报的影响。

3. 研究样本与数据来源

本章以 2013 年沪深两市上市公司为研究样本。为了保证样本的规范性,我们对样本进行了如下剔除:(1) 金融类上市公司;(2) ST 上市公司;(3) 数据不全的公司;(4) 当年上市的公司;(5) 1% 和 99% 分位数之外的异常值;(6) 当年未派发股息和转增股票的公司。最后得到 1 701 个样本。数据来自北京师范大学公司治理与企业发展研究中心"中国公司治理分类指数数据库",主要来自其中的"企业家能力数据库"。

11.3.3　实证检验

1. 描述性统计

表 11 - 9 为研究模型所涉及的变量的描述性统计结果。

表 11 - 9　主要变量的描述性统计

变　量　名　称	样本数	平均值	最大值	最小值	标准差
企业家能力指数($CCEI^{BNU}$)	1 701	34.45	58.26	19.08	6.01
人力资本分项指数(EH)	1 701	28.80	85.71	0	10.47
关系网络能力分项指数(EN)	1 701	9.05	60	0	10.99
社会责任能力分项指数(ER)	1 701	73.36	100	28.57	12.62
战略领导能力分项指数(ES)	1 701	26.58	77.39	13.30	10.43
股利支付率(Inv_payout)	1 701	0.67	0.91	0.15	0.07
股权制衡度(ERR)	1 701	1.84	9.06	1.01	0.791
总资产净利润率(ROA)	1 701	0.05	0.59	−0.08	0.04
净资产收益率(ROE)	1 701	0.09	0.67	−0.41	0.06
托宾 Q 值(Q)	1 701	1.66	15.05	0.33	1.08
公司规模($Size$)	1 701	22.14	30.57	19.32	1.47
资产负债率(Lev)	1 701	0.41	0.95	0.01	0.22
第一大股东持股比例($Top1$)	1 701	0.37	0.89	0.21	0.16
独立董事比例($Indep$)	1 701	0.37	0.71	0.18	0.056

由表 11-9 可以看到,企业家能力指数($CCEI^{BNU}$)的平均值为 34.45,人力资本分项指数(EH)的平均值为 28.80,关系网络能力分项指数(EN)的平均值为 9.05,社会责任能力分项指数(ER)的平均值为 73.36,战略领导能力分项指数(ES)的平均值为 26.58。企业家能力及分项指数变化范围很大,这说明样本公司的企业家能力存在较大差异。

反映投资者回报的股利支付率指标的平均值为 0.67,最大值为 0.91,最小值为 0.15;股权制衡度的平均值为 1.84,最大值为 9.06,最小值为 1.01。说明在投资者回报方面上市公司存在较大差异。

2. 回归分析

(1) 不考虑股权制衡的多元回归分析

为了检验本章假设,我们首先对全部样本进行回归分析。表 11-10 报告了企业家能力、股权制衡度与投资者回报的回归结果。回归结果 (1)~(5) 分别是以企业家能力指数($CCEI^{BNU}$)、人力资本分项指数 (EH)、关系网络能力分项指数(EN)、社会责任能力分项指数(ER)和战略领导能力分项指数(ES)作为解释变量的回归结果。此外,以净资产收益率(ROE)表征经营绩效(Fin_perf)。

表 11-10 投资者回报影响因素的多元回归结果

解释变量	被解释变量:Inv_payout				
	(1)	(2)	(3)	(4)	(5)
	$CCEI^{BNU}$	EH	EN	ER	ES
$CCEI^{BNU}$	0.023* (1.781)	0.022*** (3.732)	−0.018 (−0.942)	0.027*** (4.885)	−0.023 (−0.787)
ERR	0.073** (2.372)	0.071** (2.163)	0.071** (2.244)	0.072** (2.151)	0.072** (2.169)
Fin_perf	11.96*** (4.517)	12.06*** (4.543)	11.95*** (4.518)	12.02*** (4.538)	11.97*** (4.515)
$Size$	−0.15* (−1.926)	−0.014 (−1.46)	−0.16* (−1.69)	−0.17* (−1.68)	−0.16* (−1.71)
Lev	−0.92* (−1.945)	−0.93* (−1.97)	−0.86 (−1.27)	−0.90* (−1.737)	−0.86 (−1.26)

解释变量	被解释变量：Inv_payout				
	(1)	(2)	(3)	(4)	(5)
	$CCEI^{BNU}$	EH	EN	ER	ES
$Top1$	-0.011 (-1.161)	-0.012 (-1.167)	-0.013 (-1.142)	-0.014 (-1.149)	-0.012 (-1.167)
$Indep$	0.27 (0.156)	0.31 (0.177)	0.22 (0.128)	0.21 (0.123)	0.24 (0.131)
SOE	-0.335^{**} (-2.75)	-0.31 (-1.45)	-0.323^{**} (-2.49)	-0.34^{*} (-1.97)	-0.32^{**} (-2.20)
$Industry$	已控制	已控制	已控制	已控制	已控制
R^2	0.045	0.044	0.041	0.051	0.47
样本数	1 701	1 701	1 701	1 701	1 701

注：* 表示在 10% 的显著性水平下显著，** 表示在 5% 的显著性水平下显著，*** 表示在 1% 的显著性水平下显著，括号中为 t 值，标准误通过 White 异方差检验，由于篇幅限制，没有报告常数项和行业的估计系数。

由表 11 - 10 我们可以看到，企业家能力指数（$CCEI^{BNU}$）与投资者回报在 10% 的显著性水平下显著正相关，说明企业家能力的提升能够带来更多的投资者回报；人力资本分项指数（EH）与投资者回报在 1% 的显著性水平下显著正相关，说明企业家人力资本越高，越能够提升投资者回报；关系网络能力分项指数（EN）与投资者回报负相关，说明企业家关系网络能力有可能抑制企业对投资者的回报，但这种关系不显著；社会责任能力分项指数（ER）与投资者回报在 1% 的显著性水平下显著正相关，说明企业家社会责任能力提升能促使企业提高对投资者回报的重视；战略领导能力分项指数（ES）与投资者回报呈现负相关，说明企业家战略领导能力有可能抑制对投资者回报，但这种关系不显著。以上的分析结果与分析假设基本吻合。

在回归结果中，股权制衡度在企业家能力指数（$CCEI^{BNU}$），以及人力资本分项指数（EH）、关系网络能力分项指数（EN）、社会责任能力分项指数（ER）和战略领导能力分项指数（ES）作为解释变量的分析模型中均显示出与投资者回报显著正相关，说明股权制衡度越高，投资者回报就会更多。这样的结果与基本假设一致。

其他变量对投资者回报的影响如下：净资产收益率(ROE)表征的经营绩效(Fin_perf)与投资者回报显著正相关，说明企业盈利能力越强，企业对投资者带来的回报越多；企业规模与投资者回报显著负相关，说明企业规模越小，企业对投资者的回报越高；企业负债率与投资者回报呈现负相关，说明企业资产负债率越高，企业债务压力越大，对投资者的回报就越低；第一大股东持股比例与投资者回报呈现负相关，说明第一大股东持股比例越高，就越有可能抑制对投资者的回报，但这种关系不显著；所有制性质与投资者回报呈现负相关，说明相对于民营企业，国有企业对投资者的回报更低。

（2）考虑股权制衡的多元回归分析

企业家能力对投资者回报的影响可能会受到股权制衡度的影响。因此，根据理论模型将投资者回报作为被解释变量，分别将企业家能力指数（$CCEI^{BNU}$）、人力资本分项指数（EH）、关系网络能力分项指数（EN）、社会责任能力分项指数（ER）和战略领导能力分项指数（ES），以及相对应的交叉项企业家能力指数（$CCEI^{BNU}$）×股权制衡度、人力资本分项指数（EH）×股权制衡度、关系网络能力分项指数（EN）×股权制衡度、社会责任能力分项指数（ER）×股权制衡度和战略领导能力分项指数（ES）×股权制衡度进行回归，回归结果见表 11－11：

表 11－11　包含股权制衡交叉项的投资者回报影响因素的多元回归结果

解释变量	被解释变量：Inv_payout				
	(1)	(2)	(3)	(4)	(5)
	$CCEI^{BNU}$	EH	EN	ER	ES
$CCEI^{BNU}$	0.016* (1.919)	0.081** (2.391)	−0.015 (−0.779)	0.083*** (3.924)	−0.034 (−0.819)
$CCEI^{BNU} \times$ ERR	0.048** (2.332)				
$EH \times ERR$		0.038** (2.309)			
$EN \times ERR$			0.034* (2.069)		

解释变量	被解释变量：Inv_payout				
	(1)	(2)	(3)	(4)	(5)
	$CCEI^{BNU}$	EH	EN	ER	ES
$ER \times ERR$				0.061^{*} (2.029)	
$ES \times ERR$					0.050^{**} (1.967)
Fin_perf	11.949^{***} (4.504)	12.063^{***} (4.548)	11.563^{***} (4.361)	11.637^{***} (4.389)	11.922^{***} (4.490)
$Size$	-0.147^{*} (-1.902)	-0.127^{**} (-2.311)	-0.127 (-1.334)	-0.126 (-1.327)	-0.194^{*} (-1.738)
Lev	-0.936^{*} (-1.87)	-1.009 (-1.498)	-1.135^{*} (-1.793)	-1.193^{*} (-1.787)	-0.160 (-1.410)
$Topl$	-0.011 (1.101)	-0.011 (-1.136)	-0.005 (-0.652)	-0.006 (-0.880)	-0.008 (-0.853)
$Indep$	0.265 (0.150)	0.341^{*} (0.193)	0.241 (0.137)	0.217 (0.123)	0.187 (0.106)
SOE	-0.346^{*} (-1.906)	-0.341^{*} (-1.794)	-0.406^{*} (-1.906)	-0.424^{**} (-1.988)	-0.339^{*} (-1.773)
$Industry$	已控制	已控制	已控制	已控制	已控制
R^2	0.035	0.043	0.038	0.053	0.039
样本数	1 701	1 701	1 701	1 701	1 701

注：* 表示在 10％的显著性水平下显著，** 表示在 5％的显著性水平下显著，*** 表示在 1％的显著性水平下显著，括号中为 t 值，标准误通过 White 异方差检验，由于篇幅限制，没有报告常数项和行业的估计系数。

　　由表 11 - 11 我们可以看出，第(1)、(2)、(4)栏中企业家能力指数($CCEI^{BNU}$)、人力资本分项指数(EH)和社会责任能力分项指数(ER)与投资者回报呈现显著正相关关系，各自分别对应的交叉项——企业家能力指数($CCEI^{BNU}$)×股权制衡度、人力资本分项指数(EH)×股权制衡度、社会责任能力分项指数(ER)×股权制衡度也与投资者回报呈现显著正相关关系，这说明股权制衡对于企业家能力，以及企业家人力资本和企业家社会责任能力与投资者回报的正相关关系有正向影响作用。也就是说，股权制衡有助于企业家能力、企业家人力资本能力和企业家社会责任能力对提高投资者回报水平发挥积极作用。

表 11-11 中(3)和(5)栏反映出，企业家关系网络能力分项指数(EN)和战略领导能力分项指数(ES)与投资者回报存在负相关关系，但不够显著。而各自对应的交叉项——关系网络能力分项指数(EN)×股权制衡度和战略领导能力分项指数(ES)×股权制衡度对投资者回报呈现显著正相关关系。这说明虽然企业家关系网络能力和战略领导能力对投资者回报可能存在负向影响，但股权制衡可以削弱这种负向影响，即股权制衡对投资者回报的影响具有较为积极的作用。

（3）考虑产权性质的多元回归分析

在第 8 章中，我们将所有公司按所有制分为国有绝对控股公司、国有强相对控股公司、国有弱相对控股公司、国有参股公司、无国有股份公司等五种类型。不同所有制的企业，其企业家能力、股权制衡与投资者回报往往存在一定差异。为了进一步研究企业家能力、股权制衡与投资者回报的关系，我们分所有制对投资者回报进行多元回归，结果见表 11-12。

表 11-12　不同产权性质样本的投资者回报多元回归结果

解释变量	被解释变量：Inv_payout				
	国有绝对控股	国有强相对控股	国有弱相对控股	国有参股	无国有股份
$CCEI^{BNU}$	0.010 (0.930)	0.015 (0.688)	0.026* (1.922)	0.022** (2.171)	0.034*** (3.142)
ERR	0.0304 (0.502)	0.0576 (0.597)	0.077* (1.75)	0.039** (2.202)	0.075 6*** (4.141)
Fin_Perf	6.667 (0.378)	14.310*** (3.012)	7.135*** (3.949)	14.383*** (3.061)	15.214*** (3.598)
$Size$	−0.007 (−0.105)	0.016 (0.915)	0.020 (1.204)	0.049** (2.141)	0.034** (2.130)
Lev	−0.085 (−0.243)	−2.509*** (−3.003)	−1.659*** (−2.913)	−2.539* (−1.823)	−1.962** (−2.295)
$Top1$	−0.007 (−0.915)	−0.002 (−0.104)	−0.018 (−0.813)	−0.036 (−1.062)	−0.011 (−0.545)

续　表

解释变量	被解释变量：Inv_payout				
	国有绝对控股	国有强相对控股	国有弱相对控股	国有参股	无国有股份
$Indep$	0.618 (0.676)	0.471 (0.185)	0.468* (1.963)	1.992* (1.864)	1.276 (0.394)
$Industry$	已控制	已控制	已控制	已控制	已控制
R^2	0.041	0.043	0.042	0.041	0.039
样本数	242	232	162	233	832

注：* 表示在 10% 的显著性水平下显著，** 表示在 5% 的显著性水平下显著，*** 表示在 1% 的显著性水平下显著，括号中为 t 值，标准误通过 White 异方差检验，由于篇幅限制，没有报告常数项和行业的估计系数。

由表 11 - 12 可以看到，随着公司中国有股比例的下降，企业家能力与投资者回报之间的关系越来越显著，且呈正相关关系。在无国有股份公司中，二者在 1% 的显著性水平下高度正相关。股权制衡度也出现类似现象。这说明国有持股比例过大，会使企业家能力和股权制衡对投资者回报的正向影响受到限制。对于其他变量，包括经营绩效、资产负债率、企业规模和外部董事比例，在国有股比例过多的情况下，都有可能无法正向影响企业家能力对投资者的回报。

（4）企业家能力分组的多元回归分析

我们再进一步将所要研究的 1 701 个样本的企业家能力进行平均分组，即分为企业家能力强（$CCEI^{BNU}$ 位于 [58.263 9, 38.181 7] 区间）、企业家能力较强（$CCEI^{BNU}$ 位于 [38.175 4, 34.005 0] 区间）、企业家能力较弱（$CCEI^{BNU}$ 位于 [33.979 5, 30.118 5] 区间）、企业家能力弱四组（$CCEI^{BNU}$ 位于 [30.113 6, 19.076 3] 区间），样本数量分别为 425、425、425 和 426 个，四组样本企业家能力、股权制衡和投资者回报之间的多元回归结果如表 11 - 13。

表 11 - 13　企业家能力分组的投资者回报多元回归结果

解释变量	被解释变量：Inv_payout			
	企业家能力强	企业家能力较强	企业家能力较弱	企业家能力弱
$CCEI^{BNU}$	0.018 (1.068)	0.026* (1.719)	0.025** (2.711)	0.011 (1.146)

续　表

解释变量	被解释变量：Inv_payout			
	企业家能力强	企业家能力较强	企业家能力较弱	企业家能力弱
ERR	0.094* (1.892)	0.088*** (3.694)	0.054*** (3.891)	0.030* (1.984)
Fin_Perf	16.210** (2.219)	13.841** (2.146)	9.409*** (3.165)	16.104*** (3.415)
$Size$	−0.017* (−1.852)	−0.006 (−1.01)	−0.031** (−2.494)	−0.063 (−0.215)
Lev	−0.916** (−2.491)	−1.234** (−2.790)	−0.823 (−0.031)	−2.312 (−1.291)
$Top1$	−0.033 (−1.269)	−0.012 (−0.245)	−0.014 (−0.369)	−0.011 (−0.362)
$Indep$	1.260** (2.549)	0.161 (1.135)	0.891 (1.448)	0.099 (0.191)
SOE	−0.143** (−0.248)	−0.115 (−0.853)	−0.258* (−1.979)	0.798 (1.320)
$Industry$	已控制	已控制	已控制	已控制
R^2	0.031	0.039	0.051	0.042
样本数	425	425	425	426

注：* 表示在10%的显著性水平下显著，** 表示在5%的显著性水平下显著，*** 表示在1%的显著性水平下显著，括号中为 t 值，标准误通过 White 异方差检验，由于篇幅限制，没有报告常数项和行业的估计系数。

由表11-13我们发现，企业家能力与投资者回报呈正相关关系，其中企业家能力较强和企业家能力较弱两组结果显著；企业家能力强和能力弱两组正向相关，但不显著。这说明企业家能力居中的企业，其企业家能力能够给投资者带来较好的回报，而能力过强或过弱虽然也能给投资者带来正向回报，但结果不够显著。

股权制衡对于投资者回报的结果均呈现显著正相关，说明分组不影响股权制衡对投资者回报的正相关关系。股权制衡度高的企业，无论企业家能力强还是弱，都可以给投资者回报带来显著正向的影响，但在企业家能力较强和较弱的企业中，结果更显著；而在企业家能力强和企业家能力弱的企业中,则显著性降低。也就是说,企业家能力居中时,股权制衡更有利于投资者回报。

最后再看其他变量在分组后对投资者回报的影响。分组后企业经营绩效仍然呈现出对投资者回报的正相关关系。说明企业经营绩效对投资者回报的正向影响是持续稳定的;企业规模对于投资者回报呈现负相关关系,但分组后发现负相关关系不是全部都显著。此外,资产负债率、第一大股东持股比例、独立董事比例和所有制性质等也有类似经营绩效和企业规模的情况,具体情况见表 11 – 13,这里不再赘述。

3. 稳健性检验

为保证回归结果的稳健性,用总资产收益率(ROA)和托宾 Q 值(Q)代替净资产收益率(ROE)表征经营绩效,重复上述回归,结果并无差异。另外,OLS 回归要求每个解释变量与误差项不相关,但这个条件可能因为个别变量被忽略,或者解释变量与误差项的相关性而无法满足,因此产生内生性的问题。为了尽量避免如上问题,我们基于现有研究将可能的影响因素加入模型中,尽可能排除控制变量遗漏的因素,结果仍是相同的。

11.4　本 章 小 结

本章以 2013 年沪深两市上市公司为样本,对国有垄断企业(国有绝对控股公司)和竞争性企业(非国有控股公司)的企业家能力指数及四个分项指数进行了统计和比较分析,并实证检验了产权制衡和国有产权对企业家能力与投资者回报之间关系的影响,主要结论如下:

(1) 关于企业家能力总体指数。上市公司的控股方持股比例越大,企业家能力指数越高,即国有垄断企业(国有绝对控股公司)和无国有股份公司的企业家能力在五类所有制企业中是较高的。但总体看,国有垄断企业和竞争性企业的企业家能力指数的差距很小。

(2) 关于企业家能力分项指数。企业家能力四个分项指数的均值存在很大差异。在五类公司中,国有垄断企业(国有绝对控股公司)在人力资本和战略领导能力两个方面的企业家能力都高于其他四类公司,而在关系网络能力和社会责任能力两个方面的表现则都不如国有参股公司和无国有股份公司两类竞争性企业,但总体表现都不如人意。

(3)通过实证检验发现,企业家能力与投资者回报之间存在显著正相关关系;股权制衡度与投资者回报之间存在显著正相关关系;在国有垄断企业(国有绝对控股公司),企业家能力和股权制衡对投资者回报有正相关影响,而且随着国有股比例的降低,正相关关系越来越显著。这说明国有股比例过大或国有垄断程度过高有可能导致企业对投资者回报热情降低。

第 12 章　政府规制下国有垄断企业治理新思路

前面各章的理论和实证分析表明,既有政府规制下国有垄断企业的公司治理不尽如人意。即使比较规范的上市公司,其中的国有垄断企业的公司治理问题也比较突出。对于非上市公司,情况可能更加糟糕。如何更好地治理政府规制下的国有垄断企业,需要我们在充分借鉴既有经验的基础上,基于国有垄断企业的特殊性,勇于创新,提出一个新的治理思路。对此,本章将从治理架构、治理模式、治理结构等三个方面提出一个政府规制下国有垄断企业治理的新思路。

12.1　国有垄断企业的规制—治理新架构

在中国,许多规制部门与被规制部门之间不仅有着相同的经济利益,而且有着复杂的"血缘关系"。中国的国有垄断企业大多是由国务院和地方政府国资委来代理出资人的,单从机构名称上看,该机构既是监督部门又是管理部门,对国有资产既负有监督职能又负有保值、增值的责任。从中央一级看,国资委的直接上级机构是国务院,而财政部、发改委、电监会等规制部门的直接上级机构也是国务院,它们是"兄弟部门";国务院则和它们之间具有"父子关系"。在这样的规制体制下,中国的行业垄断就缺乏制衡机制,很难形成对垄断行业的有效规制。美国、日本等国的法律则规定反垄断执法机构直接向国会负责(而非向政府行政机构负责)。德国法律也赋予了反垄断执法机构独立的决定权。这方面的经验很值得我们国家借鉴。要想彻底打破中国的行业垄断,必须割断规制机构与垄断部门的密切关系。根据中国国情,需要把各政府部门的规制机构和职能独立出来,成立独立的规制机构,使其直接向全国人民代表大会负责。

国有垄断企业作为国有企业,从物权法的角度看,其最终所有者是全体国民;从垄断产业特点考虑,其治理结构要保证全民福利的最大化。所以,建立政府规制的新框架,首先应在全国人大设立一个专门的国有资产委员会(政府规制的国际普遍做法是通过由立法机构建立的独立规制委员会作为规制实施的主体)。该委员会是代表全国人民利益的、超越行政部门和集团利益的国有资产所有权处置的最高机构,专司国有资产的法规起草工作,它有权决定国有垄断企业的价格制订和利润分配。同时,它还负责相应的守法、守规的检查工作,行使资产"处置权"(樊纲、高明华,2005)。其次,应将国有垄断企业双重目标的监管分解至不同部门,社会目标由人大国有资产委员会(简称人大国资委)负责监管,企业利润目标由政府国有资产监督与管理委员会(简称政府国资委)监管。在这种分权制衡框架下,对国有垄断企业的政府规制便演变为法律规制。同时,企业在保障社会公共利益的前提下,按照公司法和市场原则来经营国有资产,以实现国有股东的利益。再次,在董事会组成上,人大国有资产委员会派出的董事(职能上类似于独立董事)代表公共利益,发挥法律规制的作用;国资委派出的董事,代表国家股东利益(见图 12-1)。如此一来,对国有垄断企业的法律规

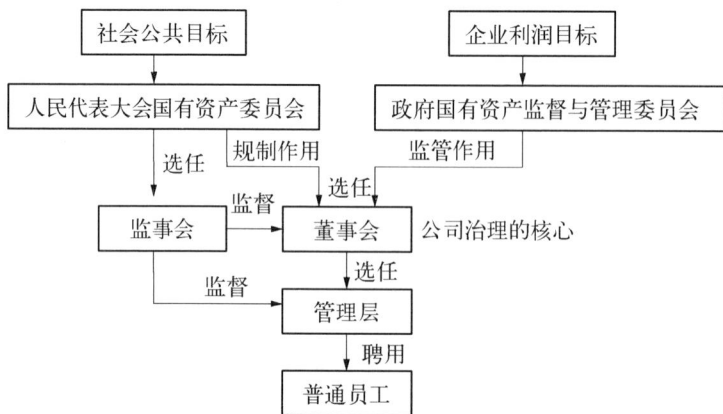

图 12-1 国有垄断企业治理结构改革的基本框架

制便和市场化的公司治理融合起来,既保证了社会公共利益的实现,又防止了国家股东单边治理的"治理垄断",从而形成了有效的企业微观治理。

12.2　国有垄断企业的"利益相关者治理模式"

12.2.1　"股东利益治理模式"和"利益相关者治理模式"的比较

按照公司治理中委托人主体资格的不同,公司治理模式主要分为两种:"股东利益治理模式"和"利益相关者治理模式"。传统的公司治理理论,如委托—代理理论等,遵循"股东至上"的逻辑,认为在现代公司中,只有股东承担剩余风险,因此他必然要求完全享有剩余收益,并实施监督者的功能。也就是说,公司剩余索取权和控制权应当全部归股东所有。因此,股东理所当然成为公司的所有者,经理人必须并且仅仅为股东服务。按照"股东至上"逻辑,一个必然的推论就是:有效率的治理模式只能是"资本雇佣劳动"式的单边治理结构。

但利益相关者理论认为,企业作为一种契约是关于两种或两种以上的要素所有者通过长期的交易合作来利用各自的资源获得更大收益的一种约定。因此,要素所有者,即包括股东、企业经理人员、企业员工、债权人、消费者和供应商等所有的利益相关者都应该拥有企业的所有权,他们都拥有企业的剩余索取权和剩余控制权。因此,企业不仅要重视股东的权益,还应关注消费者、债权人、广大职工等利益相关者的利益。有效率的治理模式是"利益相关者参与"的共同治理模式。

学者们关于这两种公司治理模式的争论由来已久,孰是孰非还没有最终的定论,但他们争论的假设前提是所有的企业都是同质的,这与现实情况不符。本书研究的国有垄断性企业就与一般竞争性企业存在巨大差异,二者在经营目标和控制权配置方面都存在非同质性,这决定了处于不同产业结构的企业在选择治理模式时的倾向性。

　　"股东利益治理模式"只考虑经济因素,而忽略了社会环境因素,这样的公司治理模式必然导致公司尽可能地以周围的社会环境为代价来争取其自身最大的经济利益,从而不可避免地引起一系列问题。而在"利益相关者治理模式"中,一个公司的整体目标不再局限于仅仅追求商业利益(股东投资回报),公司经营目标里还包含了对社会、环境的相关责任和义务。商业利润目标只是公司整体目标的一部分,其他方面诸如提高消费者满意度,减少对环境的损害等也都和追求经济利益的目标同等重要。在该治理模式中,公司的总体目标是长远可持续发展,对社会尽可能有所贡献。所以,从当前实际来看,"股东利益治理模式"适合一般竞争性企业,而"利益相关者治理模式"更适合国有垄断型企业。不过,从发展趋势看,"利益相关者治理模式"是所有企业都适用的一般治理模式,但对于公益性、自然垄断性、稀缺资源垄断性三类国有企业来说,追求利润之外的公共利益则应是首要选择,甚至是唯一选择。

12.2.2　国有垄断企业选择"利益相关者治理模式"的依据

　　就国有垄断企业的特征和本质来说,与"利益相关者治理模式"的一些主要特点相符合。下面就其主要特点的相互匹配做一详细说明:

　　第一,国有垄断企业是一个服务社会的经济系统,尽管有其自身的追求经济利益的目的,但其社会责任高于其自身的经济利益。由国有垄断企业的特征可知,它和一般的竞争性生产或服务行业不同,它是对于国民经济和社会发展具有全局性、先导性影响的基础行业,具有社会性、区域性和不可替代的特点,所以它优先保证的是社会的正常运转,同时在社会对其服务满意、接受的前提下,才能追求一定的经济利益。而"利益相关者治理模式"的特点就是将企业看作是一个服务社会的经济系统,必须优先履行其广泛的社会责任,而追求商业利益并非这类企业的目的。

　　第二,国有垄断企业的营运目标是为包括社会公众、政府组织、商业机构在内的所有的利益相关者服务。国有垄断企业要通过令人满意的社会服务来取得其社会价值。在其运营过程中,首先要综合考虑各个利益相关者的利益,同时尽可能平衡所有利益相关者之间的关系,在互相制动中实现公司的动态发展。在这一点上,国有垄断企业的特征完美地匹配了"利益相关者治理模式"的特点。"利益相关者治理模式"之所以区别于"股东利益治理模式",就在于它关注所有利益相关者的利益,而不是仅仅为股东利益最大化服务。其实,国有垄断企业应该是国有独资企业,股东就是全体国民,为广泛的利益相关者服务就是为全体国民服务。

第三,国有垄断企业对社会的贡献是社会综合效益。尽管部分国有垄断企业(如稀缺资源垄断性国有企业)必须保持一定的经济利润,但国有垄断企业的社会性和公益性,又强迫其不能像竞争性企业那样,一味地以经济利益为唯一追求。它在实现一定的经济效益,保证企业的正常运转外,还必须满足社会的广泛需求。其产品价格,必须要能为社会大众所接受;其服务,必须要能为社会大众所认可。而它在实现服务社会并满足自身的一定经济利益要求的同时,也起到了支持与保证社会持续稳定发展的基础性作用。所以国有垄断企业既有对社会的经济贡献,又有对社会的支持与推动作用,它所实现的是一种社会性的综合效益。而"利益相关者治理模式"要实现的就是社会综合效益(尽管有时也包括一定的经济效益)。这样,双方在这一点上也相符合。

因此,就国有垄断企业和"利益相关者治理模式"的特征来看,双方在一些主要方面是完全一致的。

一方面,"利益相关者治理模式"的"共同治理"的特点使得其成为国有垄断企业公司治理的最佳选择,而国有垄断企业的社会性和公益性使得其成为"利益相关者治理模式"的最佳载体。

另一方面,从企业控制权角度考虑,国有垄断企业也不能单单是由股东控制,而必须受到整个社会的利益相关者的监督和控制。这是因为,虽然从普遍意义上讲,国有垄断企业和竞争性企业所面临的主要利益相关者群体是大致相同的,都包括股东、债权人、雇员、供应商、消费者、政府管理部门、社会团体等(Freeman, 1984; Caroll, 1989),但政府作为利益相关者在两类企业中的重要性是显然不同的。对竞争性企业而言,政府和企业之间的关系更多的是一种间接指导与被指导的关系,政府对竞争性企业履行的是宏观层面的监督责任,以维护正常的交易秩序,企业的控制权实质上掌握在大股东手中。对国有垄断企业而言,政府除了要履行这种宏观层面的监督责任以外,更重要的是要承担起为公众利益和社会发展服务的受托责任。因为国有垄断企业或者具有自然垄断性,或者是稀缺资源的开发,如果没有政府(或其代理部门)的规制,企业出于追逐利润的天然本性,必然导致市场失灵,将无法保证其实现应有的公益性生产目标——满足社会对公用产品的普遍需求和产品廉价及其供应过程的可靠性、稳定性和安全性,或者导致社会经济发展的不可持续性。因此,与竞争性企业相比,国有垄断企业的最终控制权实质上是在政府手里,表现为国有垄断企业不能像一般竞争性企业那样随意进入或退出市场,政府对其产品或服务的质量、价格、数量、安全性、投资回报率、稀缺资源开发程度等方面有着更为直接、严格的规制。政府的这种控制权是有悖于我们习惯上所理解的竞争性企业中的所有权决定控制权的,也就是说,政府对国有垄断企业有着更为权威的控制作用,这种控制作用不会因国有垄断企业所有权存在形式的变化而变化,也不会因企业经营者的改变而改变。

由于政府拥有的控制权优先于所有权所形成的控制权,这就决定了国有垄断企业不能像竞争性企业那样依据股权来分配剩余索取权和剩余控制权,也决定了国有垄断企业在治理模式的选择上应当遵从“利益相关者共同治理模式”,而并非“股东利益至上”的传统治理模式。

根据传统“利益相关者治理模式”,企业对所有利益相关者同等重视,企业的目标是所有利益相关者价值最大化。这是一种理想状态,在现实中很难达到。詹森(Jensen,2001)曾提出:让企业所有的利益相关者价值同时达到最大化是不可能的,因为每一个利益相关者价值达到最大的时点是不同的;同时,管理人员事前预期每一个利益相关者的价值也是不现实的,因为在很多情况下利益相关者之间的利益关系是相互矛盾的。当然,“利益相关者治理模式”所强调的“企业要重视所有利益相关者的利益”有其现实意义,但对同一类型的企业来说,由于企业性质和企业不同发展阶段目标的不同,在所有的利益相关者中还是存在着优先的问题。对于国有垄断企业来说,由于政府及代表政府的规制机构对其具有绝对权威的控制作用,而从政府规制的实质以及政府规制的理论基础可以看出,政府所代表的是广大消费者的利益,追求的是整个社会的长期可持续发展,这就决定了国有垄断企业在关注所有利益相关者利益的同时,更加侧重于对公众和消费者利益的保护。

12.2.3　利益相关者共同治理模式

完善的公司治理结构是所有利益相关者之间权力配置上相互制衡,利益分配上和谐统一。国有垄断企业大多采用国有独资形式,而国有独资公司股东的唯一性,决定了其治理结构的先天性不足。为了弥补这种不足,在具体治理设计中应采用共同治理模式。

利益相关者的"共同治理"反映了企业治理结构的共决性。"利益相关者共同治理模式"有助于降低国有垄断企业的决策风险,提高其治理效率。例如,共同治理模式有助于克服国有垄断企业中存在的个人决策、集体负责的现象。共同治理要求重大决策由董事会集体表决、集体决策、集体负责。同时经理人代理行使日常生产经营决策权,并对其后果负责。一旦经理人采取以损害其他利益相关者的合法权益为代价追求自身利益的机会主义行为时,由董事会对其实施惩罚。监事会则代表除政府股东以外的利益相关者的利益,独立地监督董事会及经理人员的行为。另外,共同治理模式也有助于克服政府的"廉价投票权"难题。在政府成为唯一独立监督人时,廉价投票权难题是致命的。但共同治理引入独立董事、职工代表、债权人代表等治理主体,这就可以在客观上弱化政府的监督失灵问题。

12.3　国有垄断企业的共同治理

共同治理的核心是通过公司章程等正式制度安排来确保每个利益相关者具有平等参与企业所有权分配的机会;同时又依靠相互监督的机制来制衡各利益相关者的行为;适当的投票机制和利益约束机制则用来稳定合

作的基础,并达到各利益相关者行为统一于企业综合绩效提高这一共同目标之上。共同治理包括两个并行的机构:董事会和监事会。董事会中的共同治理机制确保各利益相关者有平等的机会参与公司重大决策;监事会中的共同治理机制则是确保各利益相关者平等地享有监督权,从而实现相互制衡。

12.3.1 董事会中的共同治理机制

董事会中的共同治理机制主要体现在董事会人员组成上。前面曾指出,公众和消费者是国有垄断企业最根本的利益相关者,但公众和消费者群体通常涵盖了整个社会,试图让如此广泛的公众和消费者群体作为利益相关者参与企业的治理实践,显然是不可能的。人民代表大会或其代理部门(人大国资委)天然地应当成为这类利益相关者的代表,或者说是受托人。因此,国有垄断企业的董事会人员组成,人大国资委派出的董事(职能上类似于独立董事)代表社会公共利益,发挥法律规制的作用;政府国资委派出的董事,代表国家股东利益。除以上两类董事外,还应有适量的职工代表和银行代表。

人大国资委派出的董事应当由富有管理经验的企业专家、专业人士、具有相关专业知识的教授、社会贤达人士等担任。他们参与董事会工作可以弥补其他董事专业知识不足以及局限于本位利益、经济利益和短期利益等缺陷。人大国资委派出的董事与企业没有直接利益关联,可以站在中立立场代表最广大社会公众的利益,确保国有垄断企业社会公共利益的目标取向,一方面与政府国资委派出的董事形成制衡(政府国资委派出的董事主要负责投资者利益的实现①),另一方面从公允的角度监督经理人行为,降低内部人价值转移导致的治理成本。

建立职工董事制度是完善董事会共同治理机制的一项重要内容。通

---

① 对于公益性国有企业,尽管也可以视为国有垄断企业,但这是最有必要的国有垄断企业。这类企业没有盈利目标,相反需要财政补贴,因此,这类企业最好划归财务部门直接管理。

过国际比较可发现,职工董事制度与各国的制度环境有关。大陆法系一直强调公司活动是劳资双方的一种伙伴关系,并坚持"所有制"是对责任的一种必不可少的解释,但这样的解释是不够的。因此,大陆法系国家大多建立了劳工代表参与董事会决策的制度。与大陆法系相反,英美法系不要求工人代表直接参加董事会,但这不等于说工人的权益得不到保障。因为英美法系国家已形成一个精心设计的集体谈判机制来解决劳资纠纷,工人的参与是同工会活动和政府的规定(如最低工资、工作时间、工作条件等)结合在一起的。由此可见,虽然职工进入董事会只是共同治理的一种机制,但职工参与多层次的决策却是普遍现象。中国让职工进入企业决策层有法律依据①;同时也应看到英美法系的企业外工会与集体谈判制在中国缺乏必要的法律运作基础,所以我们主张大陆法系所倡导的职工董事制度。

银行董事制度是完善董事会共同治理机制的一个有益补充。中国采取了"两业分离"模式,杜绝了银行参与公司决策的途径。但在现有的银企关系下,如果银行不能积极地干预企业行为,将无法保全债权权益,因为银行债权大多成为刚性的沉没资本,无法退出;而国有垄断企业申请破产的社会成本巨大,政府会出面干预,并且破产也会造成银行的巨额损失。因此,可考虑通过表决权代理制②或表决权信托制③实现对银行的权益保护。通过表决权代理制度,小股东在召开股东大会前把投票权委托给银行行使,银行可选一代表出席股东大会,代表小股东行使投票权。这样做可以绕开两业分离的法律障碍,充分发挥银行的信息优势和人力资源优势;同时银行代表进入董事会,也便于信息交流和权力平衡。

至于董事会中各方人员的组成比例,因为前面已明确了公众和消费者

---

① 2013 年修订的《公司法》第六十八条规定,国有独资公司设立董事会,董事会成员中应当有公司职工代表。董事会成员中的职工代表由公司职工代表大会选举产生。第四十四条规定,两个以上的国有企业或者其他两个以上的国有投资主体投资设立的有限责任公司,其董事会成员中应当有公司职工代表。董事会中的职工代表由公司职工通过职工代表大会、职工大会或者其他形式民主选举产生。

② 表决权代理制度是指股东委托其代表人行使表决权的制度,代理关系是一次性、可撤回的。

③ 表决权信托制度是指股东在一定期限内,以不可撤回的方式,将表决权让与其所指定的表决权受托人,以谋求表决权统一使用的信托制度。

是国有垄断企业优先关注的群体,因而代表其利益的人大国资委派出董事(或独立董事)在董事会中应占较高比例。政府国资委派出董事比例次之,职工董事比例再次,银行董事比例须视企业经营风险大小和资产负债率高低而定,一般不超过两个席位。

12.3.2　监事会中的共同治理机制

由于共同治理模式中监事会的功能定位是代表除政府股东以外的公司其他利益相关者对董事会和管理层的监督,故监事会应由职工代表监事、银行监事和独立监事组成。其中,职工监事由职工代表大会民主选举产生,银行代表监事由银行推举产生,独立监事由人大国资委选任产生。公众和消费者的利益与国有垄断企业的利益相关性最大,最具有参与监督的动机,监事会应集中代表他们的利益。因此,独立监事在监事会中应占一半席位以上,以保证人大国资委对董事会和管理层的监督作用,从而保障社会公共利益。

另外,监事会的监督重点是决策的正当性,以保证决策的制订程序和执行结果不会对除政府股东外的其他利益相关者的正当利益造成重大损害。在监督范围上,从有效保护利益相关者权益的角度出发,监事会的监督不应仅仅局限于财务监督,还应扩大和加强监事会的业务监督权。

在国有垄断企业公司治理的分权制衡框架下,除了强化基于利益相关者共同治理的内部治理机制外,还应逐步完善基于市场的外部治理机制,外部治理机制通过市场竞争发挥作用,市场竞争越充分,其作用的效果越佳。鉴于垄断领域开放程度低和经理人市场不健全的现实,完善外部治理机制,如控制权市场、经理人市场和产品市场,是国有垄断企业未来改革的方向。

12.4　本章小结

本章提出了政府规制下国有垄断企业公司治理的新思路,即建立政府规制的分权制衡新框架：在全国人民代表大会下设立一个专门的国有资产委员会(政府规制的国际普遍做法是通过由立法机构建立的独立规制委员会作为规制实施的主体)，同时将国有垄断企业双重目标的监管分解至不同部门，社会目标由人大国有资产委员会负责监管，经济目标由政府国有资产监督部门监管。此外，考虑到国有垄断企业是一个服务社会的经济系统，其营运目标是为所有利益相关者服务，因此应建立国有垄断企业的"利益相关者"治理模式，实现"利益相关者"的共同治理。

参 考 文 献

外文文献

[1] Alchian A, Demsetz H. Production, Information Costs, and Economic Organization[J]. *The American Economic Review*, 1972, 62(5).

[2] Allen F, Qian Jun, Qian Meijun. Law, Finance, and Economic Growth in China[J]. *Journal of Financial Economics*, 2005, 77(1).

[3] Ang J S, Cole R A, Lin J W. Agency Costs and Ownership Structure[J]. *The Journal of Finance*, 2000, 55(1).

[4] Barnard J W. Institutional Investors and the New Corporate Governance[J]. *North Carolina Law Review*, 1991, 69.

[5] Baumol W J, Panzar J C, Willig R D. *Contestable Market and the Theory of Industry Structure* [M]. San Diego, CA: Harcourt Brace Jovanovich, 1982.

[6] Bebchuk L A, Jolls C. Managerial Value Diversion and Shareholder Wealth[R]. NBER Working Paper, 1999(4).

[7] Berle A A, Means G C. *The Modern Corporation and Private Property* [M]. New York: Commerce Clearing House, Inc., 1932.

[8] Boardman A E, Vining A R. Ownership and Performance in Competitive Environments: A Comparison of the Performance of Private, Mixed, and State-Owned Enterprises [J]. *Journal of*

Law and Economics, 1989, 32(1).

[9] Boehmer E. Country Reports: Corporate Governance and Economic Performance (Germany). In Gugler K (ed.). *Corporate Governance and Economic Performance*[M]. Oxford: Oxford University Press, 2001.

[10] Botosan C A. Disclosure Level and the Cost of Equity Capital[J]. *The Accounting Review*, 1997, 72(3).

[11] Boycko M, Shleifer A, Vishny R W. Voucher Privatization[J]. *Journal of Financial Economics*, 1994, 35(2).

[12] Brown S J, Hillegeist S A. How Disclosure Quality Affects the Level of Information Asymmetry[J]. *Review of Accounting Studies*, 2007, 12(2 – 3).

[13] Byoun S. How and When Do Firms Adjust Their Capital Structures Toward Targets? [J]. *The Journal of Finance*, 2008, 63(6).

[14] Byrd J W, Hickman K A. Do Outside Directors Monitor Managers? [J]. *Journal of Financial Economics*, 1992, 32(2).

[15] Cadbury A. *Corporate Governance and Chairmanship: A Personal View*[M]. Oxford: Oxford University Press, 2002.

[16] Campbell J L, Chen H, Dhaliwal D S, et al. The Information Content of Mandatory Risk Factor Disclosures in Corporate Filings [J]. *Review of Accounting Studies*, 2014, 19(1).

[17] Chandler M A. The Politics of Public Enterprise. In Prichard J R S (ed.). *Crown Corporations in Canada: The Calculus of Instrument Choice*[M]. Toronto: Butterworths, 1983.

[18] Coase R H. The Nature of the Firm[J]. *Economica*, 1937, 4(16).

[19] Collier B, Pitkin S. *Corporatization and Privatization in Australia: A Collection of Papers Examining Legal, Economic and Policy Issues*[M]. Sydney: CCH, 1999.

[20] Coughlan A T, Schmidt R M. Executive Compensation, Management Turnover and Firm Performance: An Empirical Investigation[J]. *Journal of Accounting and Economics*, 1985(7).

[21] Dechow P M, Dichev I D. The Quality of Accruals and Earnings: The Role of Accrual Estimation Errors [J]. *The Accounting Review*, 2002, 77(s-1).

[22] Dechow P, Ge Weili, Schrand C. Understanding Earnings Quality: A Review of the Proxies, Their Determinants and Their Consequences[J]. *Journal of Accounting and Economics*, 2010, 50(2-3).

[23] Dewenter K L, Malatesta P H. Public Offerings of State-Owned and Privately-Owned Enterprises: An International Comparison [J]. *The Journal of Finance*, 1997, 52(4).

[24] Donaldson L, Davis J H. Stewardship Theory or Agency Theory: CEO Governance and Shareholder Returns [J]. *Australian Journal of Management*, 1991(6).

[25] Easterbrook F H, Fischel D R. *The Economic Structure of Corporate Law*[M]. Cambridge, MA: Harvard University Press, 1991.

[26] Eisenhardt K M. Agency Theory: An Assessment and Review [J]. *The Academy of Management Review*, 1989, 14(1).

[27] Estrin S, Rosevear A. Enterprise Performance and Ownership: The Case of Ukraine[J]. *European Economic Review*, 1999.

[28] Fama E F, Jensen M C. Agency Problems and Residual Claims [J]. *Journal of Law and Economics*, 1983, 26(2).

[29] Fama E F, Jensen M C. Separation of Ownership and Control[J]. *The Journal of Law and Economics*, 1983, 26(2).

[30] Field L C, Karpoff J M. Takeover Defenses of IPO Firms[J]. *The Journal of Finance*, 2002, 57(5).

[31] Finkelstein S, Hambrick D C. Chief Executive Compensation: A Study of the Intersection of Markets and Political Processes[J]. *Strategic Management Journal*, 1989, 10(2).

[32] Finkelstein S, Hambrick D C. *Strategic Leadership: Top Executives and Their Effect on Organization*[M]. Cincinnati, OH: South-Western College Pub, 1996.

[33] Firth M, Fung P M Y, Rui O M. Ownership, Two-tier Board Structure, and the Informativeness of Earnings — Evidence from China[J]. *Journal of Accounting and Public Policy*, 2007, 26(4).

[34] Francis J, Nanda D, Olsson P. Voluntary Disclosure, Earnings Quality, and Cost of Capital [J]. *Journal of Accounting Research*, 2008, 46(1).

[35] Garfinkel J A. New Evidence on the Effects of Federal Regulation on Insider Trading: The Insider Trading and Securities Fraud Enforcement Act (ITSFEA)[J]. *Journal of Corporate Finance*, 1997, 3(2).

[36] Glosten L R, Milgrom P R. Bid, Ask and Transaction Prices in a Specialist Market with Heterogeneously Informed Traders[J]. *Journal of Financial Economics*, 1985, 14(1).

[37] Graham D R, Kaplan D P, Sibley D S. Efficiency and Competition in the Airline Industry[J]. *The Bell Journal of Economics*, 1983, 14(1).

[38] Graham J R. How Big Are the Tax Benefits of Debt? [J]. *The Journal of Finance*, 2000, 55(5).

[39] Greene W H. *Econometric Analysis*[M]. 4th ed. Thousand Oaks, CA: Sage Publications, 2000.

[40] Grosfeld I, Tressel T. Competition and Ownership Structure: Substitutes or Complements? [J]. *Economics of Transition*, 2002, 10(3).

[41] Groves T, Hong Yongmiao, McMillan J, et al. Autonomy and Incentives in Chinese State Enterprises[J]. *The Quarterly Journal of Economics*, 1994, 109(1).

[42] Gul F A, Kim J-B, Qiu A A. Ownership Concentration, Foreign Shareholding, Audit Quality, and Stock Price Synchronicity: Evidence from China[J]. *Journal of Financial Economics*, 2010, 95(3).

[43] Hart O D. The Market Mechanism as an Incentive Scheme[J]. *The Bell Journal of Economics*, 1983, 14(2).

[44] He Lerong. An Integrated System of Corporate Governance: Regulation, Internal Control and Managerial Attributes. Dissertations available from ProQuest: Paper AAI3197684, 2005. http://repository. upenn. edu/dissertations/AAI3197684.

[45] Healy P M, Hutton A P, Palepu K G. Stock Performance and Intermediation Changes Surrounding Sustained Increases in Disclosure[J]. *Contemporary Accounting Research*, 1999, 16(3).

[46] Heflin F L, Shaw K W, Wild J J. Disclosure Policy and Market Liquidity: Impact of Depth Quotes and Order Sizes[J]. *Contemporary Accounting Research*, 2005, 22(4).

[47] Hermalin B E, Weisbach M S. The Effects of Board Composition and Direct Incentives on Firm Performance[J]. *Financial Management*, 1991, 20(4).

[48] Hermalin B E. The Effects of Competition on Executive Behavior [J]. *The Rand Journal of Economics*, 1992, 23(3).

[49] Huibers F, Perotti E C. The Performance of Privatization Stocks in Emerging Markets: The Role of Political Risk[J]. *Advances in Financial Economics*, 1999, 4(1).

[50] Jagannathan R, Srinivasan S B. Does Product Market Competition Reduce Agency Costs? [R]. Working Paper 7480, National

Bureau of Economic Research, Cambridge, MA, 2000.

[51] Januszewski S I, Koke J, Winter J K. Product Market Competition, Corporate Governance and Firm Performance: An Empirical Analysis for Germany[J]. *Research in Economics*, 2002, 56.

[52] Jensen M C, Meckling W H. Theory of the Firm: Managerial Behavior, Agency Costs and Ownership Structure[J]. *Journal of Financial Economics*, 1976, 3(4).

[53] Jensen M C, Murphy K J. Performance Pay and Top Management Incentives[J]. *Journal of Political Economy*, 1990, 98(2).

[54] Jones D C, Mygind N. The Nature and Determinants of Ownership Changes after Privatization: Evidence from Estonia [J]. *Journal of Comparative Economics*, 1999, 27(3).

[55] Kahn A E. *The Economics of Regulation: Principles and Institutions* (Vol. 2)[M]. New York: New York Wliey Press, 1970.

[56] Kessides I N. Infrastructure Privatization: Gone Too Far? Or Too Early to Tell? [R]. The PB Newsletter, 2005(3). http://www. privatizationbarometer. net/newsletter. php.

[57] Kirzner I M. *Competition and Entrepreneurship* [M]. Chicago: University of Chicago Press, 1973.

[58] Knight F. *Risk, Uncertainty and Profit* [M]. Boston and New York: Houghton Mifflin Co. , 1921.

[59] Kravet T, Muslu V. Textual Risk Disclosures and Investors' Risk Perceptions[J]. *Review of Accounting Studies*, 2013, 18(4).

[60] Kuznetsova O, Kuznetsova A. The State as a Shareholder: Responsibilities and Objectives[J]. *Europe-Asia Studies*, 1999, 51(3).

[61] La Porta R, Lopez-de-Silanes F, Shleifer A, et al. Investor Protection and Corporate Valuation[J]. *The Journal of Finance*,

2002, 57(3).

[62] La Porta R, Lopez-de-Silanes F, Shleifer A, et al. Law and Finance[J]. *Journal of Political Economy*, 1998, 106(6).

[63] La Porta R, Lopez-de-Silanes F, Shleifer A. Corporate Ownership Around the World[J]. *The Journal of Finance*, 1999, 54(2).

[64] La Porta R, Lopez-de-Silanes F. The Benefits of Privatization: Evidence from Mexico[J]. *The Quarterly Journal of Economics*, 1999, 114(4).

[65] Laffont J-J, Tirole J. *Competition in Telecommunications*[M]. Cambridge, MA: MIT Press, 2000.

[66] Laffont J-J, Tirole J. Using Cost Observation to Regulate Firms [J]. *Journal of Political Economy*, 1986, 94(3).

[67] Lambert R A. Contracting Theory and Accounting[J]. *Journal of Accounting and Economics*, 2001, 32(1－3).

[68] Lang M, Lundholm R. Corporate Disclosure Policy and Analyst Behavior[J]. *The Accounting Review*, 1996, 71(4).

[69] Lang M, Lundholm R. Cross-Sectional Determinants of Analyst Ratings of Corporate Disclosures [J]. *Journal of Accounting Research*, 1993, 31(2).

[70] Lau L J, QianYingyi, Roland G. Reform Without Losers: An Interpretation of China's Dual-Track Approach to Transition[J]. *Journal of Political Economy*, 2000, 108(1).

[71] Lee D R, Orr D. Two Laws of Survival for a Scriptive Government Policy. In Buchanan J M, Tullock G, Tollison R D (ed.), *Toward a Theory of the Rent-Seeking Society*[M]. College Station, TX: Texas A&M University Press, 1980.

[72] Leibenstein H. Allocative Efficiency vs. "X-Efficiency"[J]. *The American Economic Review*, 1966, 56(3).

[73] Lewellen W, Huntsman B. Managerial Pay and Corporate

Performance[J]. *The American Economic Review*, 1970(4).

[74] Loeb M, Magat W. A Decentralized Method for Utility Regulation[J]. *Journal of Law and Economics*, 1979, 22(2).

[75] Machlup F. Theories of the Firm: Marginalist, Behavioral, Managerial[J]. *The American Economic Review*, 1967, 57(1).

[76] Magill F N. *Survey of Social Science (Economics Series)* (Vol. 4)[M]. Ipswich, MA: Salem Press, Inc. , 1991.

[77] Margiotta M M, Miller R A. Managerial Compensation and the Cost of Moral Hazard[J]. *International Economic Review*, 2000, 41(3).

[78] McConnell J J, Servaes H. Additional Evidence on Equity Ownership and Corporate Value [J]. *Journal of Financial Economics*, 1990, 27.

[79] Meulbroek L K. An Empirical Analysis of Illegal Insider Trading [J]. *The Journal of Finance*, 1992, 47(5).

[80] Migué J-L, and Bélanger G, et al. Toward a General Theory of Managerial Discretion[J]. *Public Choice*, 1974, 17.

[81] Milkovich G T, Newman J M. *Compensation* [M]. 6th ed. McGraw-Hill Co. , 1999.

[82] Millward R, Parker D M. Public and Private Enterprise: Comparative Behavior and Relative Efficiency. In Millward R, Parker D M, Rosenthal L, et al (ed.), *Public Sector Economics* [M]. London and New York: Longman, 1983.

[83] Morck R, Shleifer A, Vishny R W. Management Ownership and Market Valuation: An Empirical Analysis [J]. *Journal of Financial Economics*, 1988, 20.

[84] Morck R, Yeung B, Yu W. The Information Content of Stock Markets: Why Do Emerging Markets Have Synchronous Stock Price Movements? [J]. *Journal of Financial Economics*, 2000,

58(1).

[85] Myerson R B. Incentive Compatibility and the Bargaining Problem [J]. *Econometrica*, 1979, 47(1).

[86] Nalebuff B J, Stiglitz J E. Information, Competition, and Markets [J]. *The American Economic Review*, 1983, 73(2).

[87] Nickell S J. Competition and Corporate Performance[J]. *Journal of Political Economy*, 1996, 114(4).

[88] Niskanen W A, Jr. *Bureaucracy and Representative Government* [M]. Chicago: Aldine, Atherton, Inc. , 1971.

[89] Pryke R. *The Nationalized Industries: Policies and Performance since 1968*[M]. Oxford: Martin Robinson, 1981.

[90] Rose N, Paul J, Sherpard A. Regulatory Constraints on CEO Compensation[J]. *Brooking Papers: Microecnomics*, 1993.

[91] Rosenstein S, Wyatt J G. Outside Directors, Board Independence, and Shareholder Wealth[J]. *Journal of Financial Economics*, 1990, 26(2).

[92] Roulstone D T. Analyst Following and Market Liquidity [J]. *Contemporary Accounting Research*, 2003, 20(3).

[93] Scharfstein D. Product-Market Competition and Managerial Slack [J]. *The Rand Journal of Economics*, 1988, 19(1).

[94] Schipper K. Required Disclosures in Financial Reports[J]. *The Accounting Review*, 2007, 82(2).

[95] Schumpeter J A. *The Theory of Economic Development: An Inquiry into Profits, Capital, Credit, Interest, and the Business Cycle*[M]. Cambridge, MA: Harvard University Press, 1934.

[96] Selten R, Ockenfels A. An Experimental Solidarity Game [J]. *Journal of Economic Behavior & Organization*, 1998, 34(4).

[97] Seyhun H N. Insiders' Profits, Costs of Trading, and Market Efficiency[J]. *Journal of Financial Economics*, 1986, 16(2).

[98] Shelton J R. Introduction. In OECD (ed.), Corporate Governance in Asia: A Comparative Perspective[R]. OECD, 2001.

[99] Shleifer A, Vishny R W. A Survey of Corporate Governance[J]. *The Journal of Finance*, 1997, 52(2).

[100] Shleifer A, Vishny R W. *The Grabbing Hand: Government Pathologies and Their Cures*[M]. Cambridge, MA: Harvard University Press, 1998.

[101] Sloan R. G. Accounting Earnings and Top Executive Compensation [J]. *Journal of Accounting and Economics*, 1993, 16(1 – 3).

[102] Stevens. Corporate Governance of State-Owned Enterprises in Best[J]. *Review of Economic Studies*, 2000, 24.

[103] Stigler G J. The Theory of Economic Regulation[J]. *The Bell Journal of Economics and Management Science*, 1971, 2(1).

[104] Tan Youchao, Zhu Zhenmei, Zeng Cheng, et al. Does External Finance Pressure Affect Corporate Disclosure of Chinese Non-State-Owned Enterprises? [J]. *International Review of Financial Analysis*, 2014, 36.

[105] Taussings F W, Baker W S. American Corporations and Their Executives: A Statistical Inquiry[J]. *The Quarterly Journal of Economics*, 1925, 40(1).

[106] Thompson J K, Sang-Mok Choi. Governance Systems for Collective Investment Schemes in OECD Countries[R]. OECD, 2001.

[107] Tirole J. *Corporate Governance*[M]. Mimeo, 1999.

[108] Tosi H L, Werner S, Katz J P, et al. How Much Does Performance Matter? A Meta-Analysis of CEO Pay Studies[J]. *Journal of Management*, 2000, 26(2).

[109] Verrecchia R E. Discretionary Disclosure[J]. *Journal of Accounting and Economics*, 1983, 5.

[110]　Vives X. Corporate Governance: Does it Matter? In Vives X (Ed.), *Corporate Governance: Theoretical and Empirical Perspectives*[M]. Cambridge University Press, 2000.

[111]　Walker M A. Who Benefits from Privatization. In Allan J R (ed.), *Public Enterprise in an Era of Change*[M]. Canadian Plains Research Center, University of Regina, 1998.

[112]　Wang Liu, Yung K. Do State Enterprises Manage Earnings More than Privately Owned Firms? The Case of China [J]. *Journal of Business Finance & Accounting*, 2011, 38(7 – 8).

[113]　Welker M. Disclosure Policy, Information Asymmetry, and Liquidity in Equity Markets [J]. *Contemporary Accounting Research*, 1995, 11(2).

[114]　Whincop M J. *Corporate Governance in Government Corporations*[M]. Ashgate Publishing Limited, 2005.

[115]　Yermack D. Higher Market Valuation of Companies with a Small Board of Directors[J]. *Journal of Financial Economics*, 1996, 40(2).

中文文献

[1]　白重恩,刘俏,陆洲,等.中国上市公司治理结构的实证研究[J].经济研究,2005(2).

[2]　白重恩,路江涌,陶志刚.国有企业改制效果的实证研究[J].经济研究,2006(8).

[3]　薄仙慧,吴联生.国有控股与机构投资者的治理效应:盈余管理视角[J].经济研究,2009(2).

[4]　曹正汉,罗必良.市场竞争与国企中的职位产权制度[J].经济学家,2000(4).

[5]　查尔斯·皮考特.公营企业的管理:法国经验[M]//左学金,程杭

生.中国国有企业改革治理:国际比较的视角.北京:社会科学文献出版社,2005.

[6] 常修泽,高明华.中国国民经济市场化的推进程度及发展思路[J].经济研究,1998(11).

[7] 陈冬华,陈信元,万华林.国有企业中的薪酬管制与在职消费[J].经济研究,2005(2).

[8] 陈富良.放松规制与强化规制:论转型经济中的政府规制改革[M].上海:上海三联文化传播有限公司,2001.

[9] 陈小悦,徐晓东.股权结构、企业绩效与投资者利益保护[J].经济研究,2001(11).

[10] 陈晓,江东.股权多元化、公司业绩与行业竞争性[J].经济研究,2000(8).

[11] 陈晓,王琨.关联交易、公司治理与国有股改革——来自我国资本市场的实证证据[J].经济研究,2005(4).

[12] 陈信元,陈冬华,万华林,等.地区差异、薪酬管制与高管腐败[J].管理世界,2009(11).

[13] 程启智.论国有资产运营的三种模式[J].经济研究,1995(9).

[14] 迟福林.走向开放和竞争的中国基础领域改革[M].北京:中国经济出版社,2001.

[15] 丹尼尔·F.史普博.管制与市场[M].上海:上海三联书店、上海人民出版社,1999.

[16] 董辅礽.从企业功能着眼分类改革国有企业[J].改革,1995(4).

[17] 杜传忠.激励规制理论研究综述[J].经济学动态,2003(2).

[18] 樊纲,高明华.国有资产形态转化与监管体制[J].开放导报,2005(2).

[19] 冯根福,赵健.现代公司治理结构新分析——兼评国内外现代公司治理结构研究的新进展[J].中国工业经济,2002(11).

[20] 冯子标,赵旭亮.国有经济市场化的实质[J].经济研究,1993(11).

[21] 高明华,等.国有企业在首都社会经济发展中的地位和作用.北京市

国资委重点课题,2008 年 1 月.

[22] 高明华,等.国有企业作用评价:指标体系与实证分析[C]//论坛文集编委会.改革开放与理论创新——第二届北京中青年社科理论人才"百人工程"学者论坛文集.北京:首都师范大学出版社,2008.

[23] 高明华,等.中国上市公司财务治理指数报告 2011[M].北京:经济科学出版社,2011.

[24] 高明华,等.中国上市公司高管薪酬指数报告 2009[M].北京:经济科学出版社,2010.

[25] 高明华,等.中国上市公司高管薪酬指数报告 2011[M].北京:经济科学出版社,2011.

[26] 高明华,等.中国上市公司企业家能力指数报告 2012[M].北京:经济科学出版社,2012.

[27] 高明华,等.中国上市公司信息披露指数报告 2010[M].北京:经济科学出版社,2010.

[28] 高明华,等.中国上市公司信息披露指数报告 2012[M].北京:经济科学出版社,2012.

[29] 高明华,杜雯翠,等.中国上市公司高管薪酬指数报告 2013[M].北京:经济科学出版社,2013.

[30] 高明华,杜雯翠,谭玥宁,等.关于发展混合所有制经济的若干问题[J].政治经济学评论,2014(4).

[31] 高明华,杜雯翠.国企如何分类改革和治理[J].改革内参,2013(46).

[32] 高明华,杜雯翠.国有企业负责人监督体系再解构:分类与分层[J].改革,2014(12).

[33] 高明华,杜雯翠.垄断企业高管薪酬:不足还是过度?[J].学海,2010(3).

[34] 高明华,刘金玲.独立董事和监事会的职权冲突及制度选择[J].中国社会科学院研究生院学报,2006(6).

[35] 高明华,马守莉.独立董事制度与公司绩效关系的实证分析——兼

论中国独立董事有效行权的制度环境[J].南开经济研究,2002(2).

[36] 高明华,苏然,方芳,等.中国上市公司董事会治理指数报告 2013 [M].北京:经济科学出版社,2013.

[37] 高明华,苏然,方芳.中国上市公司董事会治理评价及有效性检验 [J].经济学动态,2014(2).

[38] 高明华,万峰,等.中国上市公司企业家能力指数报告 2014[M].北京:经济科学出版社,2014.

[39] 高明华,王延明.自然垄断企业改革:政府规制和公司治理的融合 [J].中国社会科学院研究生院学报,2007(4).

[40] 高明华,杨丹,杜雯翠,等.国有企业分类改革与分类治理:基于七家国有企业的调研[J].经济社会体制比较,2014(2).

[41] 高明华,张会丽,等.中国上市公司财务治理指数报告 2013[M].北京:经济科学出版社,2013.

[42] 高明华,张祚禄,杨丹,等.中国上市公司自愿性信息披露指数报告 2014[M].北京:经济科学出版社,2014.

[43] 高明华.公司治理:理论演进与实证分析[M].北京:经济科学出版社,2001.

[44] 高明华.公司治理学[M].北京:中国经济出版社,2009.

[45] 高明华.关于建立国有资产运营体系的构想[J].南开学报,1994(3).

[46] 高明华.国企本性与红利走向[J].中国报道,2007(2).

[47] 高明华.国有经济战略性调整应坚持的基本思路[J].前线,2013(3).

[48] 高明华.权利配置与企业效率[M].北京:中国经济出版社,1999.

[49] 高明华.如何使企业承担社会责任[J].西部论丛,2007(5).

[50] 郭克莎.国有产权制度改革的模式和途径[J].经济研究,1995(1).

[51] 国有企业改革与效率课题组.国有企业改革:可供选择的方案[J].经济研究,1992(7).

[52] 郝大明.国有企业公司制改革效率的实证分析[J].经济研究,

2006(7).

[53] 何维达. 加入 WTO 后政府规制的改革与完善[N]. 光明日报,
2002-05-21.

[54] 胡契特. 转轨国家公司治理经验对中国的启示. 第五届国有垄断论
坛会议论文,2003.

[55] 胡一帆,宋敏,张俊喜. 竞争、产权、公司治理三大理论的相对重要性
及交互关系[J]. 经济研究,2005(9).

[56] 简新华. 委托代理风险与国有企业改革[J]. 经济研究,1998(9).

[57] 姜纬. 国有企业改革与委托人—代理人问题[J]. 经济研究,
1994(11).

[58] 经济合作与发展组织(OECD). OECD 国有企业公司治理指引
[M]. 李兆熙,译. 北京:中国财政经济出版社,2005.

[59] 经济合作与发展组织(OECD). 分散化的公共治理:代理机构、权利
主体和其他政府实体[M]. 北京:中信出版社,2004.

[60] 蓝定香. 建立现代产权制度与国有企业分类改革[J]. 经济体制改
革,2006(1).

[61] 李稻葵,武常岐. 国有企业改革:产权多元化还是改善经营管理
[J]. 经济学报,2005(1).

[62] 李稻葵. 转型经济中的模糊产权理论[J]. 经济研究,1995(4).

[63] 李瑞君. 法定代表人的不良权力行为危害严重[J]. 山东审计,
1999(2).

[64] 李涛. 国有股权、经营风险、预算软约束与公司业绩:中国上市公司
的实证发现[J]. 经济研究,2005(7).

[65] 李涛. 混合所有制公司中的国有股权:论国有股减持的理论基础
[J]. 经济研究,2002(8).

[66] 李维安,等. 公司治理[M]. 天津:南开大学出版社,2001.

[67] 李维安,李建标,张俊喜. 公司治理理论精要[M]. 北京:机械工业
出版社,2006.

[68] 李维安. 中国公司治理原则与国际比较[M]. 北京:中国财政经济

出版社,2001.

[69] 李增泉.激励机制与企业绩效——一项基于上市公司的实证研究[J].会计研究,2000(1).

[70] 梁能,尹尊声,李玲.公司治理结构:中国的实践与美国的经验[M].北京:中国人民大学出版社,2000.

[71] 林毅夫,蔡昉,李周.现代企业制度的内涵与国有企业改革方向[J].经济研究,1997(3).

[72] 林毅夫,蔡昉,李周.中国的奇迹:发展战略与经济改革[M].上海:上海三联书店、上海人民出版社,1996.

[73] 刘灿,张树民,宋光辉.我国国有垄断行业改革研究:管制与放松管制的理论与实践[M].成都:西南财经大学出版社,2005.

[74] 刘凤委,孙铮,李增泉.政府干预、行业竞争与薪酬契约——来自国有上市公司的经验证据[J].管理世界,2007(9).

[75] 刘纪鹏.缩股全流通可为资本市场利好[N].国际金融报,2002-11-25.

[76] 刘芍佳,孙霈,刘乃全.终极产权论、股权结构及公司绩效[J].经济研究,2003(4).

[77] 刘世锦.中国国有企业的性质与改革逻辑[J].经济研究,1995(4).

[78] 刘小玄,李利英.企业产权变革的效率分析[J].中国社会科学,2005(2).

[79] 刘小玄.民营化改制对中国产业效率的效果分析——2001年全国普查工业数据的分析[J].经济研究,2004(8).

[80] 刘小玄.中国工业企业的所有制结构对效率差异的影响——1995年全国工业企业普查数据的实证分析[J].经济研究,2000(2).

[81] 柳学信,戚聿东.我国垄断行业的公司治理模式改革[J].财经问题研究,2010(4).

[82] 卢东斌,魏翔,杨振.上市公司治理结构影响维度实证分析和模式创新研究——以我国国有控股垄断性产业中的上市公司为例[J].财贸经济,2008(9).

[83] 鲁桐.公司治理改革：国际经验与中国实践[M].北京：中国发展出版社,2004.

[84] 陆丁.看得见的手——市场经济中的政府职能[M].上海：上海人民出版社、智慧出版有限公司,1993.

[85] 罗宏,黄文华.国企分红、在职消费与公司业绩[J].管理世界,2008(9).

[86] 吕长江,赵宇恒.国有企业管理者激励效应研究——基于管理者权力的解释[J].管理世界,2008(11).

[87] 马传兵.公司治理的前沿理论[J].企业文明,2005(5).

[88] 曼库尔·奥尔森.国家兴衰探源：经济增长、滞胀与社会僵化[M].北京：商务印书馆,2001.

[89] 玫文.国有经济改革的观念转换与制度构想[J].经济研究,1993(10).

[90] 宁向东.公司治理理论[M].北京：中国发展出版社,2005.

[91] 平新乔,范瑛,郝朝艳.中国国有企业代理成本的实证分析[J].经济研究,2003(11).

[92] 戚聿东.自然垄断管制的理论与实践[J].当代财经,2001(12).

[93] 乔尔·赫尔曼,马克·施克曼.转轨国家的政府干预、腐败与政府被控——转型国家中企业与政府交易关系研究[J].王新颖,编译.经济体制比较研究,2002(5).

[94] 乔治·施蒂格勒.产业组织与政府管制[M].潘振民,译.上海：上海三联书店,1996.

[95] 青木昌彦,奥野正宽.经济体制的比较制度分析[M].北京：中国发展出版社,1999.

[96] 青木昌彦,钱颖一.转轨经济中的公司治理结构：内部人控制和银行的作用[M].北京：中国经济出版社,1995.

[97] 曲振涛,杨恺钧.规制经济学[M].上海：复旦大学出版社,2006.

[98] 任俊生.中国公共产品价格管制[M].北京：经济管理出版社,2002.

[99] 邵平,刘林,孔爱国.高管薪酬与公司业绩的敏感性因素分析——金融业的证据(2000~2005)[J].财经研究,2008(1).

[100] 沈宏亮.路径依赖、效率特征与政府规制的边际改进[J].改革,2011(3).

[101] 沈越.不对称的公司治理结构与治理机制:兼论我国公司治理的创新[J].北京师范大学学报(社会科学版),2005(3).

[102] 施东辉.转轨经济中的所有权与竞争:来自中国上市公司的经验证据[J].经济研究,2003(8).

[103] 史威.论国有垄断企业与外部人控制问题[J].经济纵横,2005(8).

[104] 宋华琳.行政国家下的权力分立:立足于美国法的初步观察[C]//李晓安.首都法学论坛:第1卷.北京:北京大学出版社,2005.

[105] 宋立刚,姚洋.改制对企业绩效的影响[J].中国社会科学,2005(2).

[106] 孙文.公司治理:自然垄断行业改革新视角[J].中国电力企业管理,2008(7).

[107] 孙永祥,黄祖辉.上市公司的股权结构与绩效[J].经济研究,1999(12).

[108] 孙永祥.所有权、融资结构与公司治理机制[J].经济研究,2001(1).

[109] 田国强.中国国营企业改革与经济体制平稳转轨的方式和步骤——中国经济改革的三阶段论[J].经济研究,1994(11).

[110] 田利辉.国有股权对上市公司绩效影响的 U 型曲线和政府股东两手论[J].经济研究,2005(10).

[111] 托马斯·J.伯格曼,维达·吉尔比纳斯·斯卡佩罗.薪酬决策[M].北京:中信出版社,2004.

[112] 王俊豪.政府管制经济学导论——基本理论及其在政府管制实践中的应用[M].北京:商务印书馆,2001.

[113] 王锐.垄断对我国行业收入分配的影响及对策研究[J].经济问题,2007(2).

[114] 魏刚.高级管理层激励与上市公司经营绩效[J].经济研究,

2000(3).

[115] 吴敬琏.现代公司与企业改革[M].天津:天津人民出版社,1994.

[116] 吴少凡,夏新平.国有股和法人股对公司业绩的影响——公用事业型上市公司的实证研究[J].南开管理评论,2004,7(1).

[117] 吴淑琨,席酉民.公司治理与中国企业改革[M].北京:机械工业出版社,2001.

[118] 吴淑琨.股权结构与公司绩效的 U 型关系研究——1997~2000 年上市公司的实证研究[J].中国工业经济,2002(1).

[119] 武常岐,钱婷.集团控制与国有企业治理[J].经济研究,2011(6).

[120] 夏立军,方轶强.政府控制、治理环境与公司价值——来自中国证券市场的经验证据[J].经济研究,2005(5).

[121] 萧功秦."软政权"与分利集团化:中国现代化的两重陷阱[J].战略与管理,1994(1).

[122] 小贾尔斯·伯吉斯.管制和反垄断经济学[M].上海:上海财经大学出版社,2003.

[123] 谢德仁.国有企业负债率悖论:提出与解读[J].经济研究,1999(9).

[124] 谢地,高光勇.城市公用事业运作方式转变与公司治理结构[J].城市燃气,2004(4).

[125] 谢地,景玉琴.论自然垄断与国有经济的关系——国际比较及中国视角[J].社会科学战线,2003(1).

[126] 辛清泉,谭伟强.市场化改革、企业业绩与国有企业经理薪酬[J].经济研究,2009(11).

[127] 徐小年,王燕.中国上市公司的所有制结构与公司治理[M]//梁能.公司治理结构:中国的实践与美国的经验.北京:中国人民大学出版社,2000.

[128] 许年行,吴世农.我国中小投资者法律保护影响股权集中度的变化吗?[J].经济学(季刊),2006(2).

[129] 杨瑞龙,张宇,韩小明,等.国有企业的分类改革战略(续)[J].教学

与研究,1998(3).

[130] 杨瑞龙,张宇,韩小明,等.国有企业的分类改革战略[J].教学与研究,1998(2).

[131] 杨瑞龙,周业安.企业的利益相关者理论及其应用[M].北京:经济科学出版社,2000.

[132] 杨瑞龙.国有企业治理结构创新的经济学分析[M].北京:中国人民人学出版社,2001.

[133] 杨晓维.控制、利益和国有企业产权改革方式的选择[J].经济研究,1994(12).

[134] 银温泉.国有企业改革三种基本思路的理论分析[J].经济研究,1993(9).

[135] 于东智,池国华.董事会规模、稳定性与公司绩效:理论与经验分析[J].经济研究,2004(4).

[136] 于东智.董事会、公司治理与绩效——对中国上市公司的经验分析[J].中国社会科学,2003(3).

[137] 于东智.转轨经济中的上市公司治理[M].北京:中国人民大学出版社,2002.

[138] 禹来.国有企业的外部人控制问题[J].管理世界,2002(2).

[139] 喻宝才.什么是国有企业的责任?[J].国企,2006(11).

[140] 约翰·维克斯,乔治·亚罗.私有化的经济学分析[M].康晓红,矫静,等,译.重庆:重庆出版社,2006.

[141] 约翰·伊特韦尔,默里·米尔盖特,彼得·纽曼.新帕尔格雷夫经济学大辞典:第四卷[M].北京:经济科学出版社,1996.

[142] 翟林瑜.从代理理论看国有企业改革的方向[J].经济研究,1995(2).

[143] 张春霖.改善国企公司治理关键何在?[J].财经,2005(11).

[144] 张红凤.西方规制经济学的变迁[M].北京:经济科学出版社,2005.

[145] 张军,王祺.权威、企业绩效与国有企业改革[J].中国社会科学,

2004(5).

[146] 张俊瑞,赵进文,张建.高级管理层激励与上市公司经营绩效相关性的实证分析[J].会计研究,2003(9).

[147] 张淑敏.国有企业分类改革的目标模式探讨[J].财经问题研究,2000(8).

[148] 张维迎.产权、激励与公司治理[M].北京:经济科学出版社,2005.

[149] 张维迎.公有制经济中的委托人—代理人关系:理论分析和政策含义[J].经济研究,1995(4).

[150] 张维迎.企业的企业家—契约理论[M].上海:上海三联书店、上海人民出版社,1995.

[151] 张维迎.西方企业理论的演进与最新发展[J].经济研究,1994(11).

[152] 张卓元.中国经济体制改革的总体回顾与展望[J].经济研究,1998(3).

[153] 郑红亮,王凤彬.中国公司治理结构改革研究:一个理论综述[J].管理世界,2000(3).

[154] 郑红亮.公司治理理论与中国国有企业改革[J].经济研究,1998(10).

[155] 植草益.微观规制经济学[M].北京:中国发展出版社,1992.

[156] 周叔莲.二十年来中国国有企业改革的回顾与展望[J].中国社会科学,1998(6).

[157] 周耀东.中国公用事业管制改革研究[M].上海:上海人民出版社,2005.

[158] 朱武祥,宋勇.股权结构与企业价值——对家电行业上市公司的实证分析[J].经济研究,2001(12).

[159] 邹风,陈晓."三分开"政策对董事会结构影响的实证研究[J].经济学(季刊),2004,3(2).

后　记

　　本书的写作最初起源于 2006 年我所承担的北京市哲学社会科学"十一五"规划项目"北京市自然垄断产业的公司治理研究"。在研究过程中，发现自然垄断产业的国有企业与其他国有垄断企业存在一个共性，即政府规制，而学术界很少有人把政府规制与公司治理放在一个框架下进行研究。一方面，研究国有垄断企业的公司治理较少考虑政府规制的影响，另一方面，研究政府对国有企业的规制也很少考虑公司治理的规范化问题。因此，研究政府规制下国有垄断企业的公司治理成为我们努力的一个方向。

　　2007 年，我承接了北京市国资委的重点课题"国有企业在北京市社会经济发展中的地位和作用"，得以有机会深入调研北京市重点国有企业。在调研中，我们发现，国有企业不是同质化的，存在不同类型，而不同类型的国有企业，其职能尽管不同，但政府规制和公司治理的差异性却不大，这引起我们进一步思考：具有差异化职能的不同国有企业，包括其中具有差异化职能的不同国有垄断企业，政府规制和公司治理也应该是差异化的，尽管有共性的成分。

　　2012 年以后，我连续主持承担了三个国际和国内关于国有企业改革和公司治理的重要项目：一是 SPF（英国战略繁荣基金）项目"The reform of China's SOEs in view of corporate governance regulation"；二是国家社科基金重点项目"深入推进国有经济战略性调整研究"；三是国家社科基金重大项目"发展混合所有制经济研究"。这三个项目使我能够集中精力，深入思考国有垄断企业的政府规制和公司治理的关系，这无疑是国有企业深化改革必须解决的一个重大理论问题，可以为国有企业改革和公司治理的规范化提供理论支撑。本书便是以上几个项目的一个综合性的阶段性研究成果。

在本书研究和写作过程中,我带领的研究团队给予我很大支持,尤其是每周二的讨论会给了我很多灵感。他们中既有我的同事,也有我的博士生。王延明博士(现任职于某私募公司)是我这本书的合作者,2007 年他进行博士论文选题时,我就把"政府规制与国有垄断企业公司治理"这个题目交给了他,他的博士论文完成得非常出色,其中很多闪光的思想和观点现在仍是适用的,尽管在论证上存在一些缺憾。蔡卫星博士(北京科技大学东凌经济管理学院讲师)、柯希嘉博士(中国劳动关系学院经济管理系讲师)、杜雯翠博士(首都经济贸易大学经济学院讲师)、曾诚博士(英国曼彻斯特大学商学院助理教授)、张会丽博士(北京师范大学经济与工商管理学院讲师)、杨丹博士(北京师范大学经济与工商管理学院讲师)、谭玥宁博士(中国社会科学院工业经济研究所博士后)、苏然博士(在读)等青年才俊都对本书作出了重要贡献。在此谨向他们表示衷心的感谢。当然,书中不足皆由我负责。

高明华

2015 年 3 月

图书在版编目(CIP)数据

政府规制与国有垄断企业公司治理/高明华,王延明著.
—上海:东方出版中心,2016.1
(公司治理与国企改革研究丛书)
ISBN 978-7-5473-0910-0

Ⅰ.①政… Ⅱ.①高… ②王… Ⅲ.①国有企业-企业
管理-政府管制-研究-中国
Ⅳ.①F279.241

中国版本图书馆 CIP 数据核字(2015)第 304249 号

责任编辑　　鲁培康
　　　　　　曹雪敏
封面设计　　郁　悦

政府规制与国有垄断企业公司治理

出版发行:东方出版中心
地　　址:上海市仙霞路 345 号
电　　话:62417400
邮政编码:200336
经　　销:全国新华书店
印　　刷:常熟新骅印刷有限公司
开　　本:710×1020 毫米　1/16
字　　数:240 千字
印　　张:18.25　插页 2
版　　次:2016 年 1 月第 1 版第 1 次印刷
ISBN 978-7-5473-0910-0
定　　价:53.00 元

东方出版中心邮购部　电话:(021)52069798

2023